U0950502

在北大红楼听讲座

第二辑

程皓 吕莎 宁召勇 ◇ 编

北京出版集团
北京出版社

图书在版编目（CIP）数据

在北大红楼听讲座．第二辑 / 程皓，吕莎，宁召勇编．-- 北京：北京出版社，2024. 10. -- ISBN 978-7-200-18727-4

Ⅰ．D235. 1

中国国家版本馆CIP数据核字第2024W4Y606号

责任编辑：高　琪
责任印制：燕雨萌
责任营销：王绍君
装帧设计：风尚传媒

在北大红楼听讲座　第二辑
ZAI BEIDA HONGLOU TING JIANGZUO　DI-ER JI
程皓　吕莎　宁召勇　编
*
北京出版集团
北京出版社　出版
（北京北三环中路6号）
邮政编码：100120
网　址：www.bph.com.cn
北京伦洋图书出版有限公司发行
北京汇瑞嘉合文化发展有限公司印刷
*
710毫米×1000毫米　16开本　16.5印张　220千字
2024年10月第1版　2024年10月第1次印刷
ISBN 978-7-200-18727-4
定价：98.00元
如有印装质量问题，由本社负责调换
质量监督电话：010-58572393

编者说明

2021年6月25日，习近平总书记带领十九届中央政治局同志开展第三十一次集体学习，到北大红楼参观“光辉伟业　红色序章——北大红楼与中国共产党早期北京革命活动主题展”时指出，北大红楼同建党紧密相关，这里是新文化运动的中心和五四运动的策源地，最早在我国传播马克思主义思想，也是我们党在北京早期革命活动的历史见证地，在建党过程中具有重要地位。

中国共产党早期北京革命活动纪念馆成立后，秉持“学术立馆、社教兴馆”的工作思路，高度重视伟大建党精神和中国共产党人精神谱系红色内涵的挖掘阐释，积极推动相关领域学术研究，积极开展特色社会教育活动，打造红色社教金品牌，讲好中国共产党的故事、革命的故事、英雄和烈士的故事。为深入挖掘北大红楼的红色文化资源，纪念馆打造“北大红楼大讲堂”学术平台，广邀中共党史、中国近现代史、文物与博物馆学等领域的专家学者，讲授中国共产党早期北京革命活动相关历史事件与人物。通过把党史学习教育“搬”进北大红楼，带领观众走近历史现场，重温激扬岁月，感受红色文化，赓续红色血脉，弘扬伟大建党精神。自2021年9月“北大红楼大讲堂”开讲以来，截至目前共举办30余期，深受社会各界广泛关注，探索出一条具有北大红楼特色的讲好中国共产党故事、弘扬革命传统和红色文化的有效途径。

为更广泛地惠及社会公众，纪念馆获得授权，整理部分专家授课内容，编辑成册，推出《在北大红楼听讲座》系列图书，并配以历史图片，为广大读者深入了解中国共产党早期波澜壮阔的历史、感受革命先驱的光辉思想提供更加便利的阅读体验。

《在北大红楼听讲座　第二辑》是“北大红楼大讲堂”学术成果的最

新转化，主要以新文化运动、五四运动、马克思主义在中国早期传播、习近平新时代中国特色社会主义思想为主题，全书由侯且岸、薛庆超、龙平平、孙郁、王宪明、杨琥、张珊珍、王学斌八位相关领域著名专家学者的讲稿编辑而成，主要反映北大红楼在新文化运动、五四运动、马克思主义在中国早期传播和中国共产党的孕育过程中的重要地位，深刻揭示北大红楼孕育和承载的伟大建党精神。在此，我们由衷感谢各位专家学者的精彩授课和辛勤付出，同时也由衷感谢中共北京市委党史研究室在成书过程中给予的专业指导。

本书整理自专家学者现场讲稿和视频，在编辑过程中或有疏漏之处，由衷欢迎广大读者提出宝贵意见和建议，我们一定持续提升，不断进步，把“北大红楼大讲堂”品牌做大做强，更好地服务社会公众。

中国共产党早期北京革命活动纪念馆

2024年6月

目录

在北大红楼听讲座

李大钊的建党思考与实践

主 讲 人：侯且岸[1]

主讲时间：2021 年 9 月 14 日

今年，是中国共产党成立 100 周年。值此百年华诞之际，我们更加怀念为中国共产党的创建、为中国人民解放事业和社会主义改革做出奠基性贡献的伟大革命先驱——李大钊。本次讲座我为大家介绍李大钊的建党思考与实践，分析如何继承他为我们留下的宝贵精神遗产。

一、新政党观

在早期中国共产党人中，李大钊的政党观最为独特。这种独特性主要表现在他结合辛亥革命后民国政治斗争的变化和军阀统治对近代政党政治的强烈冲击，从政治理性、政党与国家、政党与人民等方面进行了深入的理性反思，形成了自己的新政党观。

中国共产党创建初期的李大钊

① 北京师范大学历史学院“双一流”特聘教授，中国李大钊研究会副会长。

出于对当时共和制下的政党政治的强烈不满，李大钊猛烈地抨击了参与“党争”的各派势力，“彼等见夫共和国有所谓政党者矣，于是集乌合之众，各竖一帜……实则所谓稳健者，狡狯万恶之官僚也；急进者，蛮横躁妄之暴徒也；而折其衷者，则又将伺二者之隙以与鸡骛争食者也。以言党纲，有一主政，亦足以强吾国而福吾民。以言党德，有一得志，吾国必亡，吾民无噍类矣。此非过言也”[①]。李大钊针对政客们的一系列丑行断言：“吾国今之所谓党者，敲吾骨吸吾髓耳。”[②]

在李大钊看来，政党政治的腐败，使“人民厌弃政党已达极点”，他提出这些政党“都是趁火打劫，植党营私，呼朋啸侣，招摇撞骗”，既没有政党应有的精神，也没有组织纪律，更无法指望他们做出为人民谋福利的改革事业。[③]

显然，李大钊对民国以来的政党政治彻底失望，认为这些于国于民都是灾难。但着眼于国家和民族发展的大局，李大钊仍然以乐观而富有理性的精神阐释了自己理想的政党观。

首先，国家利益是高于政党利益的，因此政党必须没有私自的利益，要把政党利益同国家利益相连，他认为这是近代政党观与封建党争的根本区别所在。民国初年，面对党争和兵争带来的社会混乱，李大钊虽然感到忧虑，但他认识到克服危机必须要依靠政党。他认为“党非必祸国者也。且不惟非祸国者，用之得当，相为政竞，国且赖以昌焉。且不惟国可赖党以昌，凡立宪之政治精神，无不寄于政党，是政党又为立宪政治之产物矣”[④]，由此，营私的政党就可以变为造福国家和人民的政党。

其次，政党发展与文化密切相关，文化发展有助于推动政党政治的进

① 中国李大钊研究会编注：《李大钊全集》第一卷，人民出版社 2013 年版，第 7—8 页。
② 中国李大钊研究会编注：《李大钊全集》第一卷，人民出版社 2013 年版，第 8 页。
③ 中国李大钊研究会编注：《李大钊全集》第三卷，人民出版社 2013 年版，第 350 页。
④ 中国李大钊研究会编注：《李大钊全集》第一卷，人民出版社 2013 年版，第 1 页。

步。李大钊认为，中国近代政党形同散沙，“既无政党之精神，亦无团体的组织”，其根本原因在于“人类之社会的观念和组织的能力，和文化有相互的影响。文化高的民族，社会的观念和组织的能力，固然也高；亦为社会观念和组织能力既高，而文化始有进步”[①]。相对于欧美各国而言，中国人受“几千年专制之压迫，思想之束缚，和消极的、懒惰的、厌世的学说之浸染，闹得死气沉沉，组织的能力都退化了”[②]。因此中国迫切需要“强固精密的组织”来进行“彻底的大改革”。

再次，中国的社会革命和社会改造必须要有中心势力，即先进政党。李大钊认为，从中国整个政治格局看，作为先进政党的中心势力必不可少，同时它必须具备容纳其他各个力量的包容力。“为了要进行举国上下的根本改造，光靠打倒军阀、埋葬政客这种表面上堂皇的口号，那是很不可靠的事情，而且也是非常危险的。这种根本性的改造，无论哪个国家都必须有其中心不可。”[③]李大钊曾寄希望于“以国民党作为中心”，认为其“尚有容纳我们考虑问题的包容力。而且孙文氏具有理解人们主张的理解力”[④]。

最后，在中国近代革命的进程中，“革命党”是一种新的政党形式，它有指导思想，有明确的目标，并且与世界革命相联系。李大钊分析了孙中山的思想及其实践活动与中国近代革命的演变的关系，认为孙中山“整理了太平天国、三合会、哥老会一类的民间的民族的结社，改进了他们的思想，使入于革命的正轨”[⑤]。李大钊指出，孙中山于1905年在日本东京成立了中国同盟会，二次革命失败后又在东京改组中华革命党，

① 中国李大钊研究会编注：《李大钊全集》第三卷，人民出版社2013年版，第350页。
② 中国李大钊研究会编注：《李大钊全集》第三卷，人民出版社2013年版，第350页。
③ 中国李大钊研究会编注：《李大钊全集》第四卷，人民出版社2013年版，第222页。
④ 中国李大钊研究会编注：《李大钊全集》第四卷，人民出版社2013年版，第223页。
⑤ 中国李大钊研究会编注：《李大钊全集》第五卷，人民出版社2013年版，第130页。

1924 年在广州改组中国国民党，容纳中国共产党的分子，由此“使中国的国民运动与世界革命运动联成一体；使民族主义的秘密结社，过渡而扩成现代的工农团体，一体加入国民革命党；使少数革命的知识阶级的革命党，过渡而成为浩大的普遍的国民的群众党”①。李大钊提出，这是孙中山“在中国民族革命史上继往开来、铸新淘旧，把革命的基础，深植于本国工农民众，广结于世界革命民众的伟大功绩”②。

李大钊通过历史解析，勾勒出中国近代革命党发展轨迹及其基本特点。他的上述观点虽然是在不同历史背景下，针对不同问题有感而发的，但这些观点有内在逻辑理路，为我们理解中国政党政治提供了基本认知标准，具有重要的思想价值。

二、建党思路

李大钊的建党思路直接源于他的政党观，其核心内容就是“中心势力”论、“大团体”思想和“革命党”观念。

1921 年 3 月，李大钊写下《团体的训练与革新的事业》一文，这是他唯一一篇分析“党的建设”的文章，其中明确表示：我们要建立的“大团体”就是“社会主义团体”，它必须是“强固精密”的组织，它将使“中国彻底的大改革，或者有所附托”③。

李大钊回顾了世界政党的发展。他分析道：19 世纪以来，“政党之发达，则人类组织能力之进步，又极可惊”，欧美社会方面，只要两人以上就成一个团体，“他们团体生活之习惯，几若出自天性，由小扩大，所以议会、政党，亦都行之若素”，“所以社会事业才能这样发达”，而“最近

① 中国李大钊研究会编注：《李大钊全集》第五卷，人民出版社 2013 年版，第 130—131 页。

② 中国李大钊研究会编注：《李大钊全集》第三卷，人民出版社 2013 年版，第 131 页。

③ 中国李大钊研究会编注：《李大钊全集》第三卷，人民出版社 2013 年版，第 350 页。

1921 年 3 月，李大钊在《曙光》杂志第 2 卷第 2 号上发表了《团体的训练与革新的事业》

时代的劳动团体，以及各种社会党，组织更精密，势力更强大”，比如俄罗斯共产党有党员 60 万人，“这种团体的组织与训练，真正可骇”①。

对比之下，李大钊痛感中国的落伍源自政党的腐败，立志从团体的训练开始进行彻底的改革。他指出，五四运动以后产生了学生团体，但学生团体主要有“几许热心侠气”，团体的训练不充足。② 因此，必须“赶快组织一个大团体以与各国 C 派（即共产主义组织—— 引者注）的朋友相呼应”③。李大钊关于“大团体”的思想在实践中又有所充实，后来发展为“国共合作”，衍生出超越党派界限、政党利益并弥合了政治分歧的合作思路。从这个意义上来看，我们研究中国共产党的创立也不可能脱离“国共合作”。

第一次国共合作不是偶然的。当时，从表面上看国共两党需要合作，共同完成北伐。实际上，则是要通过合作来改造国民党，振兴整个国民革命。因为在孙中山看来，此时的国民党已完全失去活力，两党合

① 中国李大钊研究会编注：《李大钊全集》第三卷，人民出版社 2013 年版，第 348 页。
② 中国李大钊研究会编注：《李大钊全集》第三卷，人民出版社 2013 年版，第 349 页。
③ 中国李大钊研究会编注：《李大钊全集》第三卷，人民出版社 2013 年版，第 350 页。

作可以“加强和恢复它的血液的流动”[1]。辛亥革命后，孙中山对国民党心怀忧虑，思考它的病源所在。他在写于1918年的《建国方略》一文中，力倡“心理建设”，认为问题主要出在国民党党员“信仰不笃”。这里值得注意的问题是，孙中山是把解决认识论中存在的问题作为立党、建国的首要问题，切中国民党所存在问题的要害。因此，孙中山在《建国方略》中首先涉及了“心理建设”，之后才是有关实业计划的“物质建设”和有关民权的“社会建设”，并提出不仅要有“破坏的革命”，还要有“建设的革命”。

以“心理建设”为基础，孙中山力图从根本上改造国民党，使之成为国民革命的真正先锋。李大钊在《狱中自述》中写道：“孙中山先生因陈炯明之叛变，避居上海。钊曾亲赴上海与孙先生晤面，讨论振兴国民党以振兴中国之问题。曾忆有一次孙先生与我畅论其建国方略，亘数时间。”[2]虽是寥寥数语，但却是提出了一个重大的政治命题，即政党的兴衰与国家的兴亡的关系。他们都希望改造政党以救中国，认为这是时代的主题。

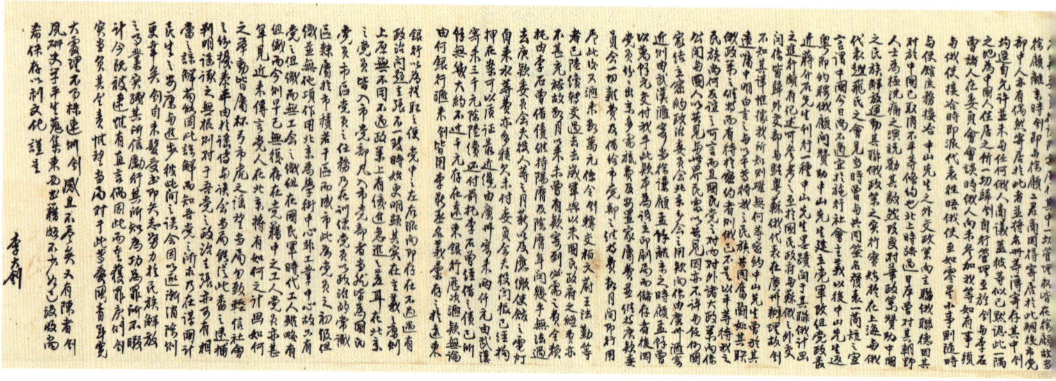

李大钊被捕后撰写的《狱中自述》

① 北京大学图书馆编:《李大钊史事综录》，北京大学出版社1989年版，第643页。
② 中国李大钊研究会编注:《李大钊全集》第五卷，人民出版社2013年版，第298页。

1923年10月19日，孙中山指定廖仲恺、汪精卫、张继、戴季陶、李大钊为国民党改组委员，并请孙伯兰密电李大钊来沪会商改组工作。1923年11月25日，《中国国民党改组宣言》正式发表，表示“务求主义详明，政策切实，而符民众所渴望”，“吾党奋斗之成功，将系乎此”①。

1923年4月，《向导》刊发了李大钊的《普遍全国的国民党》一文，这篇文章对孙中山的建党学说进行了理论上的丰富，同时也完善了李大钊的建党理论。李大钊在文中反思了国民党的根本弱点。他指出，对国民党来说，“‘推倒满洲’，是一个早熟的果实，反以延缓了国民运动的发育。自从第二次革命后，国民党受了北洋军阀重大的打击……国民党亦因此自儒，荒废了并且轻蔑了宣传和组织的工夫，只顾以武力抵抗武力，不大看重民众运动的势力，这不能不说是国民党的错误”②。显然，启蒙民众是未来国民党的中心工作。他接着写道：“今日的国民党，应该挺身而出，找寻那些呼唤的声音，去宣传去组织，树起旗帜来，让民众……结成一个向军阀与外国帝国主义作战的联合战线。”因为“一个政治革命的党，必须看重普遍的国民运动。要想发展普遍的国民的运动，必须有普遍的国民的组织”③。

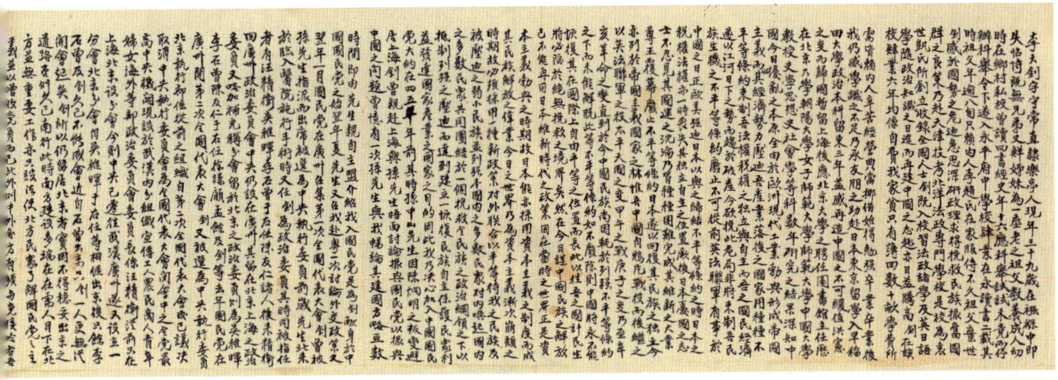

① 孙中山：《孙中山选集》下卷，人民出版社2011年版，第559页。

② 中国李大钊研究会编注：《李大钊全集》第四卷，人民出版社2013年版，第209页。

③ 中国李大钊研究会编注：《李大钊全集》第四卷，人民出版社2013年版，第209—210页。

综上所述，我们不难看出，李大钊的建党思路，特别是他特有的“大团体”思想随着中国政治情势的变化又有了新发展。在当时的情况下，李大钊寄希望于国民党能够最大限度地、最广泛地团结全体国民，成为全国的中心势力，担当起国民革命的重任。随着国民革命的深入，李大钊更加感受到政党的重要性，他希望在孙中山思想的影响下，国民党“实具有中心位置”，“过渡而成为浩大的普遍的国民的群众党”，并使中国国民运动与世界革命运动相联结。① 他预言：“中山主义所指导的中国国民革命的成功，亦必要影响到英国，经过英国影响到欧洲，到全世界。”②

三、革命实践

李大钊领导的北京共产党早期组织以北京大学为中心开展革命活动，使北京大学成为中国革命的摇篮和中国共产党的孕育地之一。

第一次世界大战后，在五四时期出现的进步社会思潮和俄国十月革命的双重影响下，中国思想界发生了近代以来最大的思想变动，其主要标志就是马克思主义和社会主义的广泛传播，而尤以社会主义更具实践意义。此刻，李大钊已进入北京大学，担任图书馆主任。因为对“欧洲文明之权威大生疑念”，他开始反思“其文明之真价”③，在比较研究中结合中华文明之特点，探索中国社会主义发展的可能性。其实，李大钊在日本留学期间，就已经接触并了解了社会主义思潮和西方社会主义学说，但那只是局限于书本和课堂。真正触发他进行深入研究的源头是他与时任北京大学教授的胡适之间发生的一场关乎中华民族命运的讨论，即关于问题与主义的讨论。从这场讨论中，李大钊得到启示，必须在理论上对社会主义做更加深入的研究，其中尤其要关注主义、理论与实践的结合方式。

① 中国李大钊研究会编注：《李大钊全集》第五卷，人民出版社 2013 年版，第 131 页。
② 中国李大钊研究会编注：《李大钊全集》第五卷，人民出版社 2013 年版，第 199 页。
③ 中国李大钊研究会编注：《李大钊全集》第二卷，人民出版社 2013 年版，第 316 页。

李大钊在与胡适的讨论中提出，社会主义者“必须要研究怎样可以把他的理想尽量应用于环绕着他的实境”[①]。他同时提醒胡适，要在宣传主义的过程中注意滥用主义的危险固然存在，但不能“因为安福派也来讲社会主义，就停止了我们正义的宣传。因为有了假冒牌号的人，我们愈发应该一面宣传我们的主义，一面就种种问题研究实用的方法，好去本着主义作实际的运动，免得阿猫、阿狗、鹦鹉、留声机来混我们骗大家”[②]。

李大钊还耐心说服胡适，主义和问题原本就是不可分割的。他提出：“所以我们的社会运动，一方面固然要研究实际的问题，一方面也要宣传理想的主义。这是交相为用的，这是并行不悖的。”[③]他还认为，问题的“根本解决以前，还须有相当的准备活动才是”[④]。他所说的“准备活动”包括了要有目的、有计划、有组织的实践活动。

李大钊认为，必须要对社会主义学说进行必要的学理的探究。1921年1月，他发表了《中国的社会主义及其实行方法的考察》一文，其中明确指出，社会主义在中国的实现是必然的，但绝非易事，“为了使一般人民了解什么是社会主义，应首先翻译各国最简明扼要的关于社会主义的名著，进而深入研究中国与社会主义的关系及其实行的方法”[⑤]。然而，讨论理论与实践关系和研究社会主义的平台《每周评论》被北洋政府查封了。为了坚持对社会主义的研究，李大钊在北京大学领导建立了马克思学说研究会和社会主义研究会，后者的宗旨是“集合有信仰和有能力研究社会主义的同志，互助的来研究并传播社会主义思想”[⑥]。

---

① 中国李大钊研究会编注：《李大钊全集》第三卷，人民出版社2013年版，第55页。
② 中国李大钊研究会编注：《李大钊全集》第三卷，人民出版社2013年版，第54页。
③ 中国李大钊研究会编注：《李大钊全集》第三卷，人民出版社2013年版，第50页。
④ 中国李大钊研究会编注：《李大钊全集》第三卷，人民出版社2013年版，第55页。
⑤ 中国李大钊研究会编注：《李大钊全集》第三卷，人民出版社2013年版，第329页。
⑥ 北京大学图书馆编：《李大钊史事综录》，北京大学出版社1989年版，第486页。

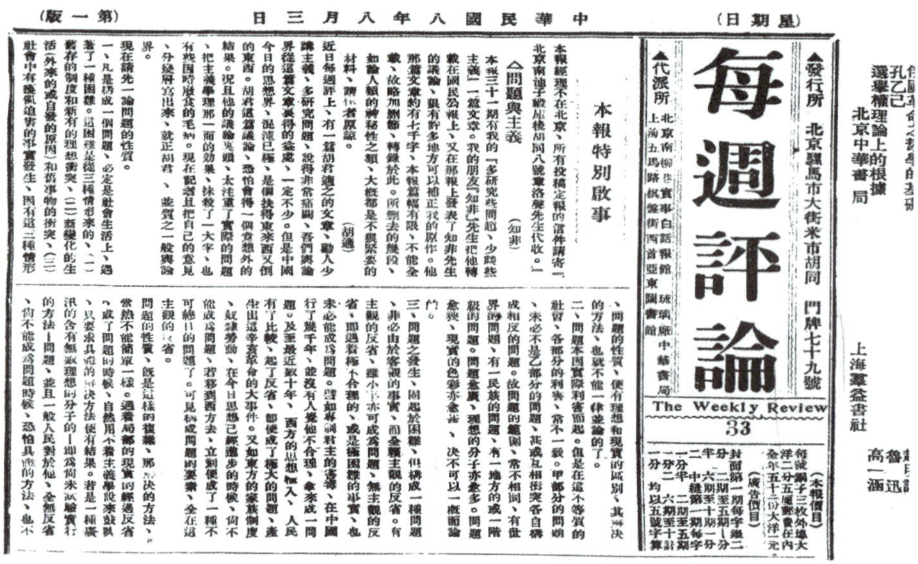
(星期日) 中華民國八年八月三日 (第一版)

每週評論

▲發行所 北京騾馬市大街米市胡同門牌七十九號

▲代派所 北京南柳巷實事白話報館 琉璃廠中華書局 上海五馬路棋盤街西首亞東圖書館

The Weekly Review

33

(本報價目) 每號銅子三枚外埠大洋二分五厘郵費在內 全年五十二份大洋一元

(廣告價目) 封面第一期每字銀二分 二期至五期每字一分 六期至十期一分 中縫第一期每字二分 二期至五期 六期至十五期 均以五號字計算

本報特別啟事

本報經理不在北京、所有投稿定報的信件請寄「北京南池子緞庫後胡同八號章洛聲先生代收。」

◇問題與主義

(知非)

本報三十一期有我的『多研究些問題、少談些主義』一篇文章。我的朋友『知非』先生把他轉載在國民公報上、又在那報上發表了知非先生的議論、狠有許多地方可以補正我的原作。他那篇文章約有七千字、本報篇幅有限、不能全載、故略加删節、轉錄於此。所删去的幾段、如論人類的神秘性之類、大概都是不狠緊要的材料、請作者原諒。 (胡適)

近日每週評上、有一篇胡君適之的文章、勸人少講主義、多研究問題、說得非常痛快、吾們輿論界從這篇文章裏得的益處、一定不少。但是中國今日的思想界、混沌已極、是個扶得東來西又倒的東西。胡君這篇議論、恐怕會得一個意想外的結果。況且他的議論鬼頭、太注重了實際的問題、把主義學理那一面的効果、抹殺了一大半、也有幾因噎廢食的毛病。現在記者且把自己的意見、分幾層寫出來、就正胡君、 並質之一般輿論界。

現在請先一論問題的性質。

一、凡是構成一個問題、必定是社會生活上、遇著了一種困難。這困難是從三種情形來的、(一)舊存的制度和新有的理想衝突、(二)新變化的生活(外來的或自發的原因)和舊事物的衝突、(三)社會中有幾個迫害的事實發生、因有這三種情形、問題的性質、便有理想和現實的區別、其解決的方法、也就不能一律並論的了。

二、問題本因實際利害而起。但是在這不等質的社會、各部分的利害、常不一致。甲部分的問題、未必不是乙部分的問題、甚或互相衝突各自構成相反的問題。故問題的範圍、常不相同、有世界的問題、有一民族的問題、有一地方的或一階級的問題。問題愈廣、理想的分子亦愈多。問題愈狹、現實的色彩亦愈甚、 決不可以一概而論的。

三、問題之發生、固起於困難、但構成一種問題、非必由於客觀的事實、而全賴主觀的反省。有主觀的反省、雖小事亦可成爲問題、無主觀的反省、即遇着極不合理的、或是極困難的事實、也未必能成爲問題。譬如專制君主的毒害、在中國行了幾千年、並沒有人覺他不合理、拿來成一問題。及至最近數十年、西方的思想輸入、人民有了比較、起了反省、郎便成了極大的問題、產生出這辛亥革命的大事件。又如東方的家族制度、奴隸勞動、在今日思想已經進步的時候、尚不能成爲問題、若移到西方去、立刻便成了一種不可終日的問題了。可見構成問題的要素、全在這主觀的反省。

問題的性質、既是這樣的複雜、那解決的方法、當然不能簡單一樣。遇着局部的現實的經過反省、成了問題的時候、自然用不着主義學說來鼓吹、只要求具體的解決方法便有結果。若是一種廣汎的含有無數理想的分子的—即爲尚未試驗實行的方法—問題、並且一般人民對於他、全無反省、尚不能成爲問題時候、恐怕具體的方法、也不

孔乙己 魯迅

選舉權理論上的根據 高一涵

北京中華書局 上海羣益書社

《每周评论》第 33 号刊登的《问题与主义》

社会主义研究会成立后即邀请罗素做有关社会主义的演讲，并决定编译“社会主义丛书”。李大钊指出，“在现阶段应着力介绍优秀书籍，组织编辑研究丛书，作为它的第一编已出版《基尔特社会主义》一书”，“目前正在翻译中，今后将陆续出版的书籍还有数种”。[①]

李大钊将社会主义理论研究与教学有机结合，通过教学途径扩大社会主义的影响，并以此作为社会主义研究会活动的重要组成部分。从 1920 年 9 月始，李大钊为北京大学政治学系、史学系、经济学系本科学生讲授唯物史观、社会主义史、社会主义与社会运动等课程。《社会主义与社会运动》是李大钊授课的讲义之一，根据北京大学本科经济学系三年级（1921 级）学生邵纯熙的听课笔记整理而成，这是李大钊的一份非常重要的讲稿。在这份讲稿中，李大钊对社会主义在全世界的发展趋势及其实现的道路做出了精辟的分析和预见。他指出：“现代世界各国社会主义有统一之倾向，大

① 中国李大钊研究会编注：《李大钊全集》第三卷，人民出版社 2013 年版，第 329 页。

体的方向群趋于马克思主义”，“此倾向固吾辈所宜知，然各国所有的特色亦岂可忽略”。[①]他又说：“因各地、各时之情形之同，务求其适合者行之，遂发生共性与特性结合的一种新制度（共性是普遍者，特性是随时随地不同者），故中国将来发生之时，必与英、德、俄……有异。”[②]

李大钊对世界社会主义发展总趋向的展望，对各国社会主义“特色”和“异点”的强调，为各国社会主义者提供了一条认知科学社会主义的新的理路，沿着这条理路进行探索，“求其适合者行之”[③]，必然会探寻出具有各国、各民族不同特点的社会主义道路。

在与胡适讨论社会主义的同时，李大钊于1919年在《新青年》六卷五号、六号上发表了《我的马克思主义观》一文。文章开门见山提出，“马克思的书卷帙浩繁，学理深晦”，尤其是《资本论》三卷，而“我们对‘马克思主义’的研究极其贫弱”，要“使这为世界改造原动的学说，在我们的思辨中，有点正确的解释”。[④]在这篇对马克思学说进行“思辨”的文章中，李大钊在中国第一次将社会主义的概念和人民联系在一起，提出“社会主义的实现，离开人民本身，是万万作不到的，这是马克思主义一个绝大的功绩”[⑤]。他特别强调：“社会主义有必然性的说，坚人对于社会主义的信仰，信他必然发生，于宣传社会主义上，的确有如耶教福音经典的效力。”[⑥]他主张以唯物史观和认识论为导引，探讨社会主义与资本主义的关系，并尝试把理论研究的重点放在最富思辨价值和实践意义的《资本论》上。

① 中国李大钊研究会编注：《李大钊全集》第四卷，人民出版社2013年版，第299页。
② 中国李大钊研究会编注：《李大钊全集》第四卷，人民出版社2013年版，第248页。
③ 中国李大钊研究会编注：《李大钊全集》第四卷，人民出版社2013年版，第248页。
④ 中国李大钊研究会编注：《李大钊全集》第三卷，人民出版社2013年版，第1—2页。
⑤ 中国李大钊研究会编注：《李大钊全集》第三卷，人民出版社2013年版，第20页。
⑥ 中国李大钊研究会编注：《李大钊全集》第三卷，人民出版社2013年版，第20页。

社会主义作为学理的研究从北京大学开始后，直接推动了在北大建立党团组织的实践活动。社会主义研究会与北京早期党、团组织建立的时间几乎相同，只是各自使命不同，但都被李大钊看作是社会主义实践。这个实践亦包括重点训练有知识、有朝气的青年学生，改造五四时代的学生团体，以实现“大团体”的“强固精密”。

1920 年 9 月至 11 月间，北京共产党早期组织和北京社会主义青年团成立。李大钊尤其关注社会主义青年团的建立，他亲自出任执行委员。至 1923 年，北京社会主义青年团已有一定规模，“近增团员，计各校已 250 余人，皆谋主义之发展，改造社会，拥护工友，推翻军阀为目的”[①]。随后，北方各地在李大钊和北京大学等高校学生的帮助下相继建团，其中天津社会主义青年团建于 1920 年 11 月，太原社会主义青年团建于 1921 年 4 月，唐山社会主义青年团建于 1921 年 7 月。这就出现了一个奇特的政治现象，社会主义青年团要早于共产党诞生。在当时，确实存在着党团不分的状况。

这种现象与李大钊受到日本社会主义运动的启发有很大关系。1898 年，日本共产党创始人片山潜等人在日本建立了社会主义研究会；两年后，改组为社会主义协会。1906 年，日本社会党诞生。1920 年 12 月，日本多个社会主义团体组成社会主义同盟。[②] 北京大学社会主义研究会和北京社会主义青年团均成立于此时。可以想见，李大钊试图以社会主义信奉者的“大团体”方式组建新式政党。在中国北方的特殊条件下，他采取了以“建团”优先的方法，团结更多的青年朋友组建同盟，自然也使得党团界限并不明显，导致“党团不分”。这是完全可以理解的历史现象。

① 北京大学图书馆编：《李大钊史事综录》，北京大学出版社 1989 年版，第 512 页。
② 北京大学图书馆编：《李大钊史事综录》，北京大学出版社 1989 年版，第 548 页。

综上所述，北京共产党早期组织及其革命活动的实践，证明了以李大钊为代表的中国共产党人并未完全依循苏俄模式建党。他们从中国实际出发，探索符合自身特点的革命方略，努力实现自主建党。这是一份宝贵的思想遗产，体现了早期共产党人的“初心”。

四、精神遗产

今天，新的历史条件要求我们用李大钊所倡导的理性来认识李大钊和他未竟的事业。在对这一重要问题的认识中特别需要具备一个自由而宏大的认知视野，将李大钊首先看作是民族的李大钊。我们要把李大钊放到广阔的中西双重文化背景中给以精细审慎的分析；我们还要从知识与社会生活层面去感悟人性，让李大钊回归民间、回归生活，真正理解作为学人和长者的李大钊。总之，我们要还原出一个文化的李大钊、人性的李大钊。以此为基，才能逐步发掘出真正的“李大钊精神”。

如果将“精神”定义为从人的思想意识中择选出的、具有真知性的精华，体现人的思想的最高境界，那么从李大钊的思想中，我们可以发掘出哪些独特的精神呢？有五种精神值得倡扬：“国家至上与人民至上”精神、“调和与有容”精神、“民彝与平民”精神、“自反与迎受”精神、“求真与求实”精神。[①] 这些理性精神是五四时期的思想产物，也是中华民族宝贵的精神遗产。这些崇高的精神在李大钊身上都有所体现。比如，在新文化运动中，中国先进知识分子不仅参照西方近代文明，反思了中国传统文化，同时也理性批判了西方文明，其中贯穿了求真、求实的理性精神，而这种精神在李大钊身上体现得最为突出。

1917 年 1 月至 2 月，李大钊在为政治刊物《甲寅日刊》撰稿的文章

① 侯且岸：《大钊精神永存》,《北京党史》2009 年第 6 期。

中谈及了“调和”问题，同时也强调了要有原则、理性地探究真理。他指出，“余信世界文明日进。此真理者，必能基于科学，循其逻辑之境，以表现于人类各个之智察，非传说之迷信所得而蔽也”[①]，“吾人欲寻真理之所在，当先知我之所在，即其我之身份、知识、境遇以求逻辑上真实之本分”[②]。论事析理，亦但求其真实之境而已。针对当时孔子之道入宪的问题，他说：“孔子之道也，佛法也，耶教也，未尝不本此真理而成也。然既称为真理，毕竟宇宙之间无古今、无中外，常有此真实之一境，非孔子、释迦、耶稣辈之私有物也。”[③] 因此，它们合于“我之所在”“逻辑上真实之本分”，“我则取之”；“否者，斥之”。[④]

长期以来，一直存在着这样一种思想误区：一些人习惯于用某篇文章作为某人接受某种主义的标志，而在很大程度上忽视了人的思想发展变化过程，忽视了思想家对主义进行理性审视的科学态度。因此，为了更深入地理解李大钊的真理观，可以深入剖析一下他对马克思主义和社会主义的科学态度。

如上所述，在中国近现代思想发展进程中，对社会主义进行严肃的“学理”探讨是从李大钊开始的。在他之前，一些学者在其著述中片段式地译介过马克思生平和社会主义学说，但都仅限于一般性介绍。而李大钊对社会主义的介绍建立在对“学理”的探究之上。他深刻认识到，马克思主义是科学，接受了马克思主义不等于能全面、准确理解其理论内涵、思想内容等。他说：“拼上半生的工夫来研究马克思，也不过仅能就他已刊的著书中，把他反复陈述的主张得个要领，究不能算是完全了解‘马克思主义’的。”[⑤] 同时，李大钊坚持决不盲从西方文明，而是以理性的态度对

① 中国李大钊研究会编注：《李大钊全集》第一卷，人民出版社 2013 年版，第 426 页。
② 中国李大钊研究会编注：《李大钊全集》第一卷，人民出版社 2013 年版，第 427 页。
③ 中国李大钊研究会编注：《李大钊全集》第一卷，人民出版社 2013 年版，第 426 页。
④ 中国李大钊研究会编注：《李大钊全集》第一卷，人民出版社 2013 年版，第 427 页。
⑤ 中国李大钊研究会编注：《李大钊全集》第一卷，人民出版社 2013 年版，第 1 页。

待，尤其注重马克思主义与中国国情的结合。

李大钊所做出的最重要的理论贡献，反映在其主持的《新青年》的“马克思研究号”上发表的《我的马克思主义观》一文中。这篇文章是中国人系统介绍马克思学说的开山之作，而这篇文章的深刻内涵在今天还有待于重新认识。长期以来，我们一直习惯于用传统的观点，即马克思主义的三个来源与三个组成部分来界定李大钊关于马克思主义的认识，即从本本出发，而不是从实践出发动态分析理论，更不是从认识论角度观察问题。而李大钊明确强调，要用“思辨”的态度对待这“世界改造原动的学说”[①]。

应该说,《我的马克思主义观》是五四运动的产物，该文以“我”字当头，反抗奴性，充分展现了五四运动的启蒙精神。该文还立足于中国的实际，坚持独立思考，正确对待西方文明。正如李大钊在《强力与自由政治》一文中提出立言原则:“彼西洋学者，因其所处之时势、境遇、社会各不相同，则其著书立说，以为救济矫正之者，亦不能不从之而异。吾辈立言，不察中国今日之情形，不审西洋哲人之时境，甲引丙以驳乙，乙又引丁以驳甲，盲人瞎马，梦中说梦，殊虑犯胡适之先生所谓‘奴性逻辑’之嫌，此为今日立言之大忌。”[②]

① 侯且岸:《〈我的马克思主义观〉: 中国共产党理论史的奠基之作》,《新视野》2011 年第 6 期。
② 中国李大钊研究会编注:《李大钊全集》第二卷，人民出版社 2013 年版，第 301—302 页。

李大钊的社会主义理论与实践

主 讲 人：侯且岸[1]

主讲时间：2022 年 3 月 9 日

一、从认识论看问题

关于李大钊的社会主义思想，一直是李大钊研究中引人关注的问题。早在 31 年前，为庆祝中国共产党成立 70 周年，中国李大钊研究会与北京大学联合在北京隆重召开了“李大钊与中国社会主义道路”学术讨论会，成为李大钊研究史上一次重要的盛会，对李大钊社会主义思想研究产生了不可忽视的推动作用。

如今已经 30 多年过去了，随着学术研究的深入，我们发现，有些问题确实还有待于进一步解析。结合在研究中存在的疑惑，尤其是研究中的方法论问题，显得格外突出，颇值得反思。在对公众的宣传中，同样存在着很多问题。

通常，我们对理想和思想传统的理解是抽象的、原则性的，因此具有

① 北京师范大学历史学院“双一流”特聘教授，中国李大钊研究会副会长。

浓厚的主观臆断色彩，表述方法往往是概括和提取出若干论断、结论，然后据此来填充所需要的事实。显然，这样的分析、理解方式已经偏离了历史唯物主义的方法论，人为地造成了逻辑和历史的割裂，致使丰富的思想传统失去了具体的、历史的内涵，流于空泛。同时，也使理想失去了必要的理性支撑，被束之高阁。

有鉴于此，我们需要从认识论着手，去发掘真实的“思想存在”，动态还原历史过程、逻辑推理过程，从中展现思想的矛盾与冲突，梳理思想传统，生成对传统的理性认知。其中具体的分析，就要涉及历史人物、著述，以及其思想形成的背景。

给认识论定义，是一个复杂的哲学问题，也是理论史研究的焦点。就我的理解，认识论是主观见之于客观的方法论，其核心是实践。在整个认知过程中，必须体现逻辑和历史的一致。马克思主义的认识论源于《资本论》的论述方法。恩格斯在《卡尔·马克思〈政治经济学批判〉》中指出，“对经济学的批判，即使按照已经得到的方法，也可以采取两种方式：按照历史或者按照逻辑”。因此，“历史从哪里开始，思想的进程也应从哪里开始”。我们“采取这个方法时，逻辑的发展完全不必限于纯抽象的领域。相反，它需要历史的例证，需要不断接触现实”。①

在李大钊思想研究中，对认识论问题的研究一直是一个薄弱环节。长期以来，我们并没有真正搞清楚关于“问题与主义”的讨论中的“主义”究竟是何物？事实上，它所涉及的主义是当时人们格外关切的现实的反映——社会主义在中国的存在与发展的可能性。同时，我们也完全忽略了其中所蕴含的深刻的认识论内涵。

---

① 《马克思恩格斯全集》第十三卷，人民出版社 1962 年版，第 532、535 页。

要知道，在讨论中，李大钊将问题提升到认识论的高度来认知，正确地提出了“理论与实际”“理论与实践”关系的重大哲学命题，从而开启中国共产党理论史之先河。这也就是说，透过“问题与主义”之争的表象，我们捕捉到李大钊思想的真正超越，并从中真切地感受到理性的生成。因此，我认为，考察李大钊思想的内涵，需要建构理性的思维，使用“理在事中”“实事求是”的方法，才能获取真谛。

我们绝不能孤立地罗列他的文章的观点（事实上，我们不少以往的研究就是这样做的，习惯于用教条化的标准，将李大钊的观点与马克思学说简单对号入座，如果没有达到想象中的“一致”，就被归于“不成熟”，这已成为研究者先入为主的思维定式），而是要联系他在同一时期的思想活动，分析他在同一时期的相关文章，围绕具体问题，梳理思想脉络，展示思想变化。

我们要抓住理论与实际的结合这一关键性的认识论命题进行具体分析，还原当时的历史，从动态中揭示李大钊特有的“马克思主义观”“社会主义观”的内在价值。

二、对社会主义理论的探究

在五四社会思潮的影响下，尤其是俄国十月革命的感召下，李大钊开始了对社会主义的艰辛探索。然而，他的认知理路却是和其他早期共产主义者不同的。一方面，他在日本留学期间就已经对西方社会主义学说和社会主义思潮有所了解；另一方面，他从与胡适的讨论中得到启示，更重视从学理意义上对社会主义做深入的理论探究。

在研究中我注意到：1920 年下半年，李大钊并没有参与因罗素来华所引起的“上海共产党”方面和张东荪、梁启超等进行的所谓“社会主义论战”，他只是通过一篇短文表明了自己的态度，以及对罗素的观点被曲解感到不满[①]，而后便将更多的精力投入到深入的理论研究中去[②]。

今天看来，他的取舍是正确的、理性的。事实上，当时所谓的“论战”实质上是“语录战”“情感战”，与实际的理论研究不仅无补，反而有害。“论战”的双方各持己见，在论争中游离了主题，争论的焦点并不在社会主义的本质，而是凸显在实现社会主义的方式、手段上革命与改良的根本对立。

与此形成鲜明的对照，李大钊认为，尽管“中国谈各种社会主义的都有人了”[③]，但对于社会主义学说必须进行“学理”上的探究。就在罗素在北京大学发表演讲的当月底（1921 年 1 月），李大钊发表了《中国的社会主义及其实行方法的考察》一文。

他在文中明确指出，社会主义在中国的实现是必然的，但是绝非易事，所以必须做认真的研究。“为了使一般人民了解什么是社会主义，应首先翻译各国最简明扼要的关于社会主义的名著，进而深入研究中国与社会主义的关系及其实行的方法。”

李大钊等人在北京大学相继发起组织了马克思学说研究会、社会主义研究会。前者在启事中申明，这是一个研究马克思学说，“分工互助的共学组织”。后者的宗旨则说得很明白：“集合有信仰和有能力研究社会主义的同志，互助的来研究并传播社会主义思想。”[④]

应该说，在五四时期的北京大学，上述两个重要的学术团体特别值得关注。它们都是在李大钊的关怀和倡导下自发成立的校园学术、理论实体。

---

① 李大钊：《社会主义下之实业》，原载《曙光》第二卷第二号，后收入《李大钊全集》第三卷，人民出版社 2013 年版，第 353 页。

② 李大钊：《社会主义下之实业》，原载《曙光》第二卷第二号，后收入《李大钊全集》第三卷，人民出版社 2013 年版，第 353 页。

③ 李大钊：《团体的训练与革新的事业》，《李大钊全集》第三卷，人民出版社 2013 年版，第 350 页。

④ 北京大学图书馆、北京李大钊研究会编：《李大钊史事综录》，北京大学出版社 1989 年版，第 486 页。

在中国共产党理论史上占有不容忽视的历史地位。然而特别遗憾的是，长期以来，我们对它们缺乏深入的研究，语焉不详，甚至还产生了曲解。

全面分析两者的地位和作用，需做另文处理。

这里我想提供一些重要的史料根据和线索，使大家对它们的成立及其活动有基本的了解。

据《北京大学日刊》的记载，社会主义研究会的“成立通告”发表在1920年12月4日，马克思学说研究会的“成立启事”则发表于1921年11月17日。两者的成立时间相差近一年。

李大钊列名于社会主义研究会发起人名单之首，但未出现在马克思学说研究会的发起人中。对此，时任北京大学学生会主席、马克思学说研究会发起人之一的朱务善（1896—1971）回忆，“是因为当时我们组织上考虑到：他是党的领导人，对外界说，他还是一个教授和一个马克思学说理论家的身份出现的，所以开始时李大钊同志并未出头露面，而只是在党内

馬克思學說研究會通告（三）

《北京大学日刊》上刊登的《马克思学说研究会通告（三）》

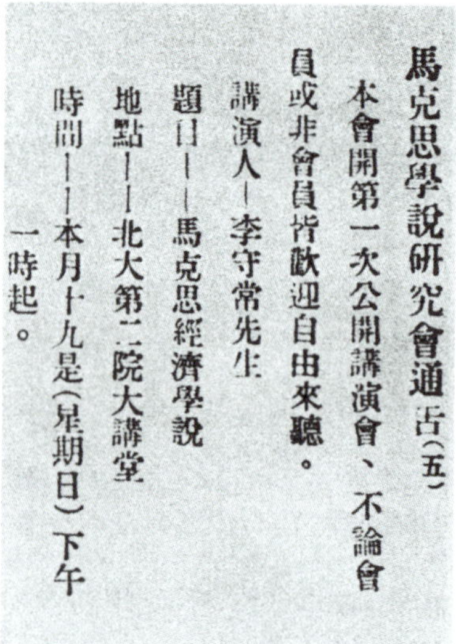
馬克思學說研究會通告（五）

本會開第一次公開講演會、不論會員或非會員皆歡迎自由來聽。

講演人——李守常先生

題目——馬克思經濟學說

地點——北大第二院大講堂

時間——本月十九是（星期日）下午一時起。

《马克思学说研究会通告（五）》

指导”[1]。

这里，还需指出，两个研究会对参加者的要求有所不同。社会主义研究会要求入会者“有研究能力”，可以“互助的来研究”；而马克思学说研究会只是提出“有兴味的愿意研究马氏学说的人，都可以做本会底会员”。前者限定北大教师、同学，后者则不限，京内、京外均可。这样，就导致后者的人数要多于前者。

从列名于社会主义研究会发起者名单的人来看，8 人分别来自政治学系（李大钊系本科政治学系教授，兼任史学系教授，自 1920 年 7 月，由图书馆主任改为教授，1920 年 9 月起讲授“唯物史观研究”）、法律系、哲学系。其中，陈顾远、郭弼藩在攻读本科期间就编辑《奋斗》杂志，以奋斗社身份列为发起人。

1923 年，陈顾远本科毕业留校任教。1920 年至 1923 年，他发表《孟子政治哲学》《墨子政治哲学》《地方自治通论》三部专著，其毕业论文《中国古代婚姻史》，1925 年由商务印书馆出版，足见其研究之能力绝非虚言。

这里还涉及一个问题需要澄清，即两个研究会与北京共产主义组织的关系，因为有一种说法，它们“为北京共产主义组织奠定了理论基础”，“为中国共产党的成立创造了条件”。我们要弄清楚这个问题，有一份历史文献很重要，这就是张国焘（1897—1979）在中国共产党第一次全国代表大会上所做的《北京共产主义组织的报告》。该报告指出，北

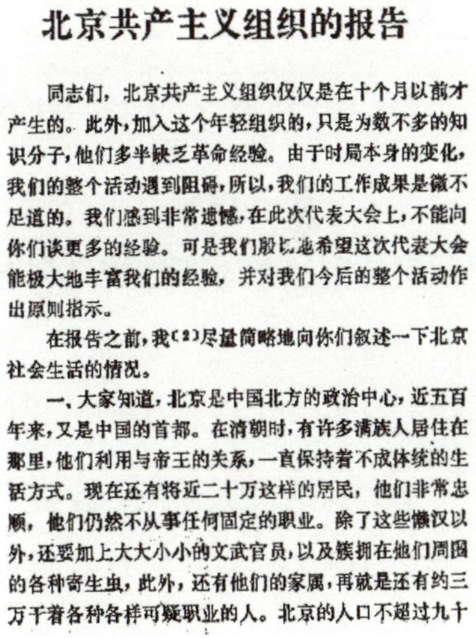

北京共产主义组织的报告

同志们，北京共产主义组织仅仅是在十个月以前才产生的。此外，加入这个年轻组织的，只是为数不多的知识分子，他们多半缺乏革命经验。由于时局本身的变化，我们的整个活动遇到阻碍，所以，我们的工作成果是微不足道的。我们感到非常遗憾，在此次代表大会上，不能向你们谈更多的经验。可是我们殷切地希望这次代表大会能极大地丰富我们的经验，并对我们今后的整个活动作出原则指示。

在报告之前，我(2)尽量简略地向你们叙述一下北京社会生活的情况。

一、大家知道，北京是中国北方的政治中心，近五百年来，又是中国的首都。在清朝时，有许多满族人居住在那里，他们利用与帝王的关系，一直保持着不成体统的生活方式。现在还有将近二十万这样的居民，他们非常忠顺，他们仍然不从事任何固定的职业。除了这些懒汉以外，还要加上大大小小的文武官员，以及簇拥在他们周围的各种寄生虫，此外，还有他们的家属，再就是还有约三万干着各种各样可疑职业的人。北京的人口不超过九十

《北京共产主义组织的报告》

[1] 参见《五四时期的社团》（二）。

京共产主义组织成立于1920年10月，但是并没有提及两个研究会。

这说明，理论研究的问题当时没有引起足够的重视，特别是来自共产国际的代表对理论没有多少兴趣，他们甚至讥讽关注于理论研究的人是“研究系”。而李大钊则不同，他是党内唯一给两个研究会提供切实指导和帮助的人。这亦可以看作是李大钊与北京大学之间的理论之缘。

社会主义研究会决定编译“社会主义丛书”，分甲种和乙种，翻译社会主义研究集，发表社会主义论文。据李大钊的介绍，社会主义研究会成立后，即“邀请罗素博士作了有关社会主义的演讲”。“在现阶段应着力介绍优秀书籍，组织编辑研究丛书，作为它的第一编已出版《基尔特社会主义》一书。”“目前正在翻译中，今后将陆续出版的书籍还有数种。”①

可见，李大钊主张的理论翻译是充满包容性的，他并不十分介意被时人视为对立的社会主义观，如基尔特社会主义、费边社会主义、宗教社会主义等。恰恰相反，他要通过翻译不断丰富学理，并努力把这些有争议的理论翻译介绍给国内读者。

三、对社会主义多元化的理解

李大钊是一位颇具世界眼光的思想家，他的思想有丰富的西学背景，但他又特别注意对西学的科学态度，既有包容，又有批判。如同他对新思潮所采取的“迎受”原则，“一面要有容人并存的雅量，一面更要有自信独守的坚操”②。

李大钊的视野开阔、涉猎广泛。他的社会主义思想源自对西方各种社会主义思潮的探究，源自从西方文明源流对唯物史观的全面把握。

---

① 李大钊：《中国的社会主义及其实行方法的考察》，原载《新支那》（日文），后收入《李大钊全集》第三卷，人民出版社2013年版，第329页。

② 李大钊：《新旧思潮之激战》，《李大钊全集》第二卷，人民出版社2013年版，第431页。

社会主义学说毕竟是西方文明的产物，为了搞清楚马克思的社会主义与其他社会主义流派的异同，更有效地使社会主义学说与中国的新文明发展实际结合起来，李大钊在《我的马克思主义观》《社会主义与社会运动》《桑西门的历史思想》《美利坚之宗教新村运动》等文章中，对包括马克思主义在内的欧美各种社会主义流派进行了比较研究。

颇为引人注目的是，李大钊花费了很多篇幅，着力对 19 世纪英国的社会主义流派加以评论，而其中介绍得最为集中、最为详细的一位是约翰·罗斯金（John Ruskin，1819—1900）。

据美国学者欧内斯特·巴克所著《英国政治思想赫伯特·斯宾塞到现代》一书介绍：罗斯金“在传播为社会主义鸣锣开道的思想所做的工作超过任何其他英国作家”。罗斯金“宣扬在唯物主义时代精神具有至高无上的地位”，“认为很有必要发现和信任明智的统治者”；他是“希腊经济学理论的信徒”，“抨击对财富的崇拜和对竞争的迷信”。

他主张“用合作（“如同一家人一样”，柏拉图也是这样类比的）代替竞争”；他还“力求以道德来阐释政治经济学并给予政治经济学以应有的地位，即把它作为一门从属科学，忠实地为政治学这门主要科学服务”，并“同伦理学联系起来加以研究”。很显然，罗斯金的社会主义学说带有浓厚的人本色彩。

李大钊尤其推崇罗斯金主张的“心物调和改造论”。他说：“马克思即主张阶级斗争，以为欲改良劳动者之生活，只在阶级斗争。此纯由物质方面去改造。托尔斯泰（Tolstoy）主张从心的方面去改造。罗斯金（Ruskin）主张心物调节，故二者均须改造。”[①]

李大钊又说：“近来哲学上有一种新理想主义出现，可以修正马氏的

① 李大钊：《社会主义与社会运动》，《李大钊全集》第四卷，人民出版社2013年版，第293、295页。

唯物论，而救其偏蔽。各国社会主义者，也都有注重于伦理的运动、人道的运动的倾向，这也未必不是社会改造的曙光，人类真正历史的前兆。我们于此可以断定，在这经济构造建立于阶级对立的时期，这互助的理想、伦理的观念，也未曾有过一日消灭，不过因他常为经济构造所毁灭，始至不能实现。”①

李大钊还特地引用罗斯金的名言做《阶级竞争与互助》一文的立论。该文的开篇语即是罗氏的话：“竞争的法则，常是死亡的法则。协合的法则，常是生存法则。”李大钊认为，“这是互助的思想”，“是社会主义者共同一致认定的基础”。由此可以看出，李大钊的思想深受罗斯金学说的影响。他的“物心两面改造论”实际上是源于罗斯金。

从国际共产主义运动的历史发展来看，自从马克思主义产生以来，确实存在着一种令人憎恶的“庸俗唯物主义”倾向。恩格斯曾经尖锐地批判过德国资产阶级哲学家保尔·巴尔特把马克思主义唯物史观歪曲成宿命论的谬说；也对有人采取教条主义的态度，把唯物主义当成“套语”“标签”，鼓吹“经济唯物主义”进行过严肃的批评。

同时，恩格斯自己也公开承认，在马克思主义初创时期和随后的一段时间里，为了同唯心史观做斗争，他和马克思不得不强调被他们的论敌所否定的“经济决定论原则”，着重揭示政治、思想所赖以产生、存在、发展的经济根源。这样，就导致对社会意识形态的特点和相对独立性“强调的不够”，“在这方面我们两人都有同样的过错”。②

在中国马克思主义的初创时期，李大钊能相当敏锐地捕捉到这种“强调的不够”的“过错”，指出马克思主义本身存在着某些“偏蔽”，强调新文明的建设既要进行物质的改造，也要进行精神的改造，这的确是难能

① 李大钊：《我的马克思主义观》，《李大钊全集》第三卷，人民出版社 2013 年版，第 22 页。

② 恩格斯：《恩格斯致弗·梅林》，《马克思恩格斯全集》第四卷，人民出版社 1962 年版，第 500 页。

可贵的，说明当他最初接受马克思主义的同时并不盲从，而是对马克思的学说采取了科学、认真、求实的态度。

李大钊对社会主义的认识始终是多元的，他尊重世界上各种社会主义思潮的存在，但又充分考虑文化环境、社会基础的差异，认定社会主义是一种共性与个性相统一的社会制度，而最为重要的则是尊重差异、包容差异。

在介绍美利坚社会主义运动时，李大钊这样写道，“社会主义一语，有很多的解释”。如果“不细论，简单一句话说出他的普通概念来，就是反对现在经济组织的精神和运动。各家的学说虽有殊异，而于此点，却大抵相同”。眼下，各种学说和方法，“在欧洲遂没有得着适当的机会以为充分的试验。而在美利坚纯然一个新天地，既有丰富而且低廉的土地足以供他们的试验，又没有像欧土的反对势力来阻挠他们，所以他们得以自由试验他们的理想”。[①]

1923 年，在《社会主义与社会运动》中，李大钊对社会主义在全世界的发展趋势及其实现的道路做出了非常精辟的分析和预见。他指出：“现代世界各国社会主义有统一之倾向，大体的方向群趋于马克思主义。”“此倾向固吾辈所宜知，然所有的特色亦岂可忽略。”

他又说：“因各地、各时之情形不同，务求其适合者行之，遂发生共性与特性结合的一种新制度（共性是普遍者，特性是随时随地不同者），故中国将来发生之时，必与英、德、俄……有异。”[②]这种对于世界社会主义发展总趋向的展望，对各国社会主义“特色”和“异点”的强调，为各国社会主义者提供了一条科学社会主义的新的认知理路，沿着这条理路进行探索，“求其适合者行之”，自然就会探寻出具有各国、各民族不同特点的社会主义道路。

---

① 李大钊：《美利坚之宗教新村运动》，《李大钊全集》第三卷，人民出版社 2013 年版，第 194—195 页。

② 李大钊：《社会主义与社会运动》，《李大钊全集》第四卷，人民出版社 2013 年版，第 248 页。

收入《李大钊全集》第四卷（人民出版社 2013 年版）的《社会主义与社会运动》，是一篇十分重要的历史文献，对于研究李大钊的社会主义思想具有珍贵的历史价值。但严格说来，它并不是一篇严谨的学术理论文章（因国共合作事务繁忙，当时李大钊已很难集中精力写作，可参见《彭述之回忆录》），而是李大钊授课的讲义，后根据北京大学本科经济学系三年级（1921 级）学生邵纯熙（浙江余姚人）的听课笔记整理而成。

我们从《北京大学日刊》发现了李大钊授课的线索。该刊 1924 年 1 月 5 日刊出学校注册部布告，说明：李大钊先生因事出京（1 月 4 日离京赴广州出席国民党第一次全国代表大会——引者注），其所授政治、经济两系之《社会主义与社会运动》暂时请假，回校后再行补讲。1924 年 5 月，李大钊代表中国共产党赴莫斯科出席共产国际五大，直到年底归国。因此，这门课的授课时间应在 1923 年 9 月至 1924 年 5 月。

在这篇讲义记录稿中，按照讲课内容的排列，主要包括：一、社会主义的定义，二、关于社会主义的种种误解，三、社会主义与平民主义的区别，四、社会主义与学问、艺术之关系，五、法国 19 世纪之社会主义家，六、英国初期之社会主义者，七、基督教社会主义者，八、费边社会主义（Fabian Society），九、行会社会主义（Guild Socialism）。

在每一部分中，李大钊都介绍了大量教学参考书，以西文为主。他重点分析了各国有代表性的社会主义者、各种社会主义流派、宗教社会主义及其主要观点。但却唯独没有俄国社会主义，这很令人不解。我理解，这是李大钊按照“社会主义史”的逻辑组织的课程。

事实上，李大钊对俄国社会主义还是有专门研究的。1921 年 1 月至 7 月，他曾发表《俄罗斯革命的过去、现在及将来》《俄罗斯革命的过去及现在》，从全面分析俄国革命入手，阐释俄国的社会主义。在他看来，我们必须了解俄罗斯民族、俄罗斯文化，才能真正懂得俄国革命，以及俄国“革命的社会主义”（此概念出自《Bolshevism[①]的胜利》）。以此为参照，才会找到认识中国革命的方法，以及中国社会主义道路。

这里值得我们思考的是，李大钊认为，“俄国全人口中约有一万万不是斯拉夫族。‘沙’的俄罗斯是一个极大极复杂的民众，全靠独裁政治的军权集合成的，在八百万方英里的面积内通行一百零三种语言，各民族间的风俗、习惯、传说、血统、宗教全不相同，在这些民众间寻不出统一的俄罗斯精神，因为他们只是俄罗斯的一部分，专靠外界的约束才伏于‘沙’权威之下的”。因此，他不敢预测俄罗斯的未来，“前途情形如何，不敢断定”。

李大钊认为，社会主义作为“有力的政治运动”在中国发生同样是不可避免的。至于要实现社会主义，他认为，“必须经过三阶段：一、政权的夺取；二、生产及交换机关的社会化；三、生产分配及一般执行事务的组织”。就夺取政权来说，采取平和的手段往往流于失败，“非取革命的手段不可”[②]。

但是，他也同时认为，“至若实现其手段，各不相同，有谓必须革命者；有主张不必剧烈革命者；有谓渐渐进行改革达到目的，用平和手段者”[③]。他明确承认：“G.S.[④]在英国带有平和性质，缺乏革命之性质。然在现代阶级斗争时代，想以平和手段，将生产完全归其管理，实属不易。”[⑤]

1923年11月初，李大钊赴沪，协助解决国民党改组问题。其间，他顺访上海大学，应邓中夏之邀，在该校社会问题研究会发表演讲《社会主义释疑》，以纪念俄国“十月革命”六周年。在演讲中，他针对社会问题的根本解决，着力说明社会主义是一种“社会改造运动”。

---

① 布尔什维克主义。——编者注

② 李大钊：《社会主义下的经济组织》，《李大钊全集》第四卷，人民出版社2013年版，第165页。

③ 李大钊：《社会主义与社会运动》，《李大钊全集》第四卷，人民出版社2013年版，第248页。

④ Guild Socialism的缩写，即行会社会主义。——编者注

⑤ 李大钊：《社会主义与社会运动》，《李大钊全集》第四卷，人民出版社2013年版，第305页。

李大钊指出:“社会主义是使生产品为有计划的增值，为极公平的分配，要整理生产的方法。这样一来，能够使我们人人都能安逸享福，过那一种很好的精神和物质生活。”因此，“社会主义是要富的，不是要穷的，是整理生产的，不是破坏生产的”。他还提出，要实现“美感社会主义”，使人们享受到“人生的乐趣”。

辛亥革命以后，孙中山一直对国民党心怀忧虑，思考它的病源所在。在其《建国方略》(1918)中，他力倡“心理建设”，觉得问题主要出在国民党党员“信仰不笃”。他认为:“吾党之士，于革命宗旨，革命方略，亦难免有信仰不笃，奉行不力之咎也；而其所以然者，非尽关乎功成利达而移心，实多以思想错误而懈志也。”

“此思想之错误为何？即‘知之非艰，行之惟艰’(此说出自《尚书》——引者注)之说也”[①]。据此，他集中分析和批判了所谓的“知易行难”说。这里，我们应当特别注意的问题是，孙中山是把解决认识论作为立党、建国的首要问题，其核心切中国民党所存在问题的要害所在，意义非同寻常。

表面上看，他将党人的“思想错误”归于“知易行难”的传统思维影响所致，力倡“知难行易”之反题；实际上，在抽象的“知行观”哲思背后隐含着更为深入的思考——对信仰和理想的理性追求，对主义和革命目标的理性界定，对党的纲领和行动的理性反思。

因此，他在《建国方略》中首先涉及的便是“心理建设”(孙文学说)问题，而后他才谈“物质建设”(实业计划)、“社会建设”(民权初步)，这被孙中山看作“非常之建设”。他提出：不仅要有“破坏的革命”，还要有“建设的革命”。

---

① 《孙中山选集》上卷，人民出版社 1956 年版，第 105 页。

四、关于“问题与主义”的讨论

李大钊的社会主义思想富有其特殊的理路和理论内涵，这一内涵的形成正是他与胡适进行“问题与主义”关系讨论的结果。他们之间的讨论是学者之间有益的交流，其实是共识大于分歧，完全没有像后人别有用心地演绎的那般根本对立。如今，在这个问题上，学术界、党史学界已经基本接受了我在16年前的观点。①

大家知道，为了《我的马克思主义观》一文在《新青年》刊出前的最后定稿②，李大钊在组织了“少年中国学会”的成立大会后，利用暑期，到昌黎五峰山小住。在此期间，他也同时为《每周评论》撰稿，涉及与胡适关于“问题与主义”的讨论；为他所主持的《少年中国》撰稿，即《“少年中国”的“少年运动”》(发表于1919年9月15日，第1卷第3期)。

在五峰山上，与自然的接触，五峰胜境为他营造了良好的心境，他还撰写了游记和诗文。他以滦河为喻，自诩为“新生活的创造者”。以往我们在研究中，往往忽略了《我的马克思主义观》的写作背景和创作环境。今天看来，的确是一大缺失。

与《新青年》一样,《每周评论》也是当时一份进步的政治刊物，只是它所登载的文章以时事评论为主，主要出自《新派人物》之手，栏目包括《国内外大事述评》《社论》《文艺时评》《随感录》《新文艺》《国内劳动状况》《通信》《评论之评论》《读者言论》《新刊批评》《选论》等，其基本宗旨是“主张公理、反对强权”。该刊创刊于1918年12月22日，至1919年8月31日被北洋政府封禁，前后共出版37号。

关于“问题与主义”的讨论始自第28号，终至第37号。涉及的文章

---

① 侯且岸:《关于“问题与主义”之公案的历史还原》,《中国特色社会主义研究》2006年第6期。

② 本期《新青年》，即六卷五号，因五四运动拖期出版，至1919年9月方才出版。

五峰山

包括：胡适的《欢迎我们的兄弟——“星期评论”》（第 28 号）、《多研究些问题、少谈些“主义”！》（第 31 号）、《三论问题与主义》（第 36 号）、《四论问题与主义》（第 37 号），李大钊的《再论问题与主义》（第 35 号），知非（蓝公武，早年留学日本、德国，曾翻译康德的《纯粹理性批判》，解放战争时期加入中国共产党，1957 年逝世）的《问题与主义》。

李大钊当时在五峰山上所写的正是《再论问题与主义》。因此，必须把《我的马克思主义观》和《再论问题与主义》两篇文章联系起来考察，而使两文相通的关节点正在于理论与实际的结合关系。

在与胡适的讨论中，胡适所责难的主要是“主义与实际”的脱节。他在文章中首先指明了当时思想舆论界的主要“危险”。在他眼中，当时“舆论界的大危险，就是偏向纸上的学说，不去实地考察中国今日的社会需要究

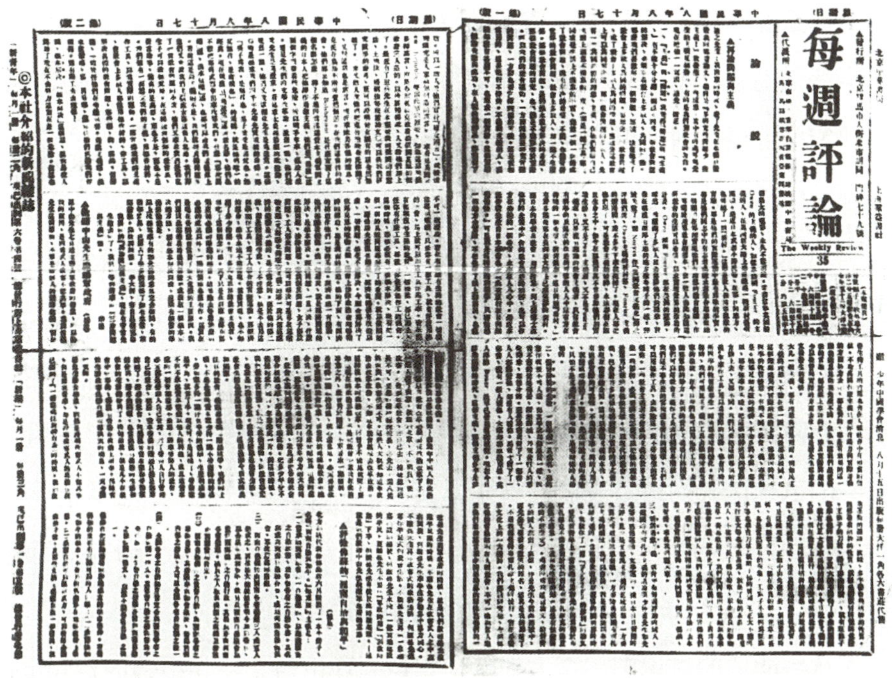
每週評論

The Weekly Review

《每周评论》第35号刊登的《再论问题与主义》

竟是什么东西。那些提倡尊孔祀天的人固然是不懂得现时社会的需要。那些迷信军国民主义或无政府主义的人就可算是懂得现时社会的需要吗？”

“要知道舆论家的第一天职就是要细心考察社会的实在情形。一切学理、一切主义，都只是这种考察的工具。有了学理做参考材料，便可使我们容易懂得所考察的情形，容易明白某种情形有什么意义，应该用什么救济的方法。”[①] 他专门以社会主义为例说明“主义”的弱点在于使“具体的计划，变成一个抽象的名词”，而“世间没有一个抽象名词能把某人某派的具体主张都包括在里面”。因此，要谨防有人用“抽象名词来骗人”[②]。

① 胡适：《问题与主义》，原载《每周评论》第31号，后收入《胡适文集》第二卷，北京大学出版社1998年版，第249—252页。

② 胡适在这里是有所指向的，特指皖系军阀王揖唐，其时任众议院议长，也在奢谈“社会主义”。抗战时期，王揖唐出任伪华北政务委员会委员长，1948年9月，被处以极刑。

胡适非常担心人们会曲解他的意思，所以特别说明：请读者们“不要误会我的意思，我并不是劝人不研究一切学说和一切‘主义’，学理是我们研究问题的一种工具”，“种种学说和主义，我们都应该研究。有了许多学理做材料，见了具体的问题方才能寻出一个解决的方法”①。他特别告诫人们，绝不能“避难就易”，要懂得“研究问题是极困难的事，高谈主义是极容易的事”②。

对此，李大钊坦然承认，“不论高揭什么主义，只要你肯竭力向实际运动的方向努力去做，都是对的，都是有效果的。这一点我的意见稍与先生不同，但也承认我们最近发表的言论，偏于纸上空谈的多，涉及实际问题的少，以后誓向实际的方面去做。这是读先生那篇论文（指《多研究些问题、少谈些“主义”！》——引者注）后发生的觉悟”③。

从与胡适的讨论中，李大钊特别意识到理论与实际相结合的特殊重要性。他鲜明地提出：“大凡一个主义，都有理想与实用两面。例如民主主义的理想，不论在那一国，大致都很相同。把这个理想适用到实际的政治上去，那就因时、因所、因事的性质，有些不同。社会主义，亦复如是。他那互助友谊的精神，不论是科学派、空想派，都拿他来作基础。把这个精神适用到实际的方法上去，又都不同。”

“我们只要把这个那个的主义，拿来作工具，用以为实际的运动，他会因时、因所、因事的性质情形生一种适应环境的变化。”作为“一个社会主义者，为使他的主义在世界上发生一些影响，必须要研究怎样可以把

---

① 胡适：《问题与主义》，原载《每周评论》第31号，后收入《胡适文集》第二卷，北京大学出版社1998年版，第249—252页。

② 胡适在这里是有所指向的，特指皖系军阀王揖唐，其时任众议院议长，也在奢谈“社会主义”。抗战时期，王揖唐出任伪华北政务委员会委员长，1948年9月，被处以极刑。

③ 李大钊：《再论问题与主义》，原载《每周评论》第35号，后收入《李大钊全集》第三卷，人民出版社2013年版，第49—55页。

他的理想尽量应用于环绕着他的实境”①。

李大钊耐心纠正胡适的某些偏颇，他坚信“主义”和“问题”是不可分的，问题的“根本解决”，需要主义的引导。“所以我们的社会运动，一方面固然要研究实际的问题，一方面也要宣传理想的主义。这是交相为用的，这是并行不悖的。”至于对问题的“根本解决”，李大钊也没有绝对化。他并不否认，在问题的“根本解决以前，还须有相当的准备活动才是”②。

我观察到，在《我的马克思主义观》③中，李大钊也明确谈到理论与现实（实在环境）的关系，甚至以“思辨”的态度评论马克思观点。“一个学说的成立，与其时代环境，有莫大的关系。”要知道，正是有了特定的环境，“才造成了马氏的唯物史观。有了这种经济现象，才反映以成马氏的学说主义，而马氏自己却忘了此点”。“平心而论马氏的学说主义，实在是一个时代的产物；在马氏时代，实在是一个最大的发见。我们现在固然不可拿这一个时代一种环境造成的学说，去解释一切历史，或者就那样整个拿来，应用于我们生存的社会，也却不可抹煞他那时代的价值，和那特别的发见。”

应当指出，在《我的马克思主义观》中，李大钊着力分析的概念同样是耐人寻味的。我发现：李大钊没有提到共产主义、列宁主义、俄国的社会主义革命、无产阶级专政理论。这是他的疏忽，还是他缺乏有关的书籍参考，我不得而知。但是，这毕竟是一个很大的疑问。其实，这也正好说明李大钊在选择，在分辨。最后，他尝试把研究的重点放在最富思辨价值和实在意义的《资本论》、唯物史观和社会主义理论上。

---

① 李大钊:《再论问题与主义》，原载《每周评论》第35号，后收入《李大钊全集》第三卷，人民出版社2013年版，第49—55页。

② 李大钊:《再论问题与主义》，原载《每周评论》第35号，后收入《李大钊全集》第三卷，人民出版社2013年版，第49—55页。

③ 中国李大钊研究会编注:《李大钊全集》第三卷，人民出版社2013年版，第1—40页。

坚持把马克思主义基本原理同中国具体实际相结合、同中华优秀传统文化相结合

——学习《习近平谈治国理政》第四卷

主 讲 人：薛庆超[1]
主讲时间：2022年9月21日

中国共产党成立以来，坚持把马克思主义基本原理同中国具体实际相结合、同中华优秀传统文化相结合，领导人民浴血奋战、百折不挠，创造了新民主主义革命的伟大成就；自力更生、发愤图强，创造了社会主义革命和建设的伟大成就；解放思想、锐意进取，创造了改革开放和社会主义现代化建设的伟大成就；自信自强、守正创新，创造了新时代中国特色社会主义的伟大成就。《习近平谈治国理政》第四卷，收录习近平2020年2月3日至2022年5月10日的讲话、谈话、演讲、致辞、指示、贺信等109篇，共21个专题。其中，有大量论述坚持把马克思主义基本原理同中国具体实际相结合、同中华优秀传统文化相结合的重要文

① 原中共中央党史研究室宣传教育局副局长。

献。现在，着重汇报学习《习近平谈治国理政》第四卷坚持把马克思主义基本原理同中国具体实际相结合、同中华优秀传统文化相结合新论断的体会。

一、从中华优秀传统文化中汲取治国理政的深邃历史智慧和政治智慧，始终不渝地坚持马克思主义中国化

习近平指出，中华民族具有5000多年连绵不断的文明历史，创造了博大精深的中华文化，为人类文明进步作出了不可磨灭的贡献。经过几千年的沧桑岁月，把我国56个民族13亿多人紧紧凝聚在一起的，是我们共同经历的非凡奋斗，是我们共同创造的美好家园，是我们共同培育的民族精神，而贯穿其中的、最重要的是我们共同坚守的理想信念。[①] 习近平注重发掘中华优秀传统文化，追根溯源，正本清源，拨乱反正，推陈出新，返璞归真，点石成金，从中汲取实现中华民族伟大复兴的强大精神力量，高度提升中华优秀传统文化历史地位："中华文明，不仅对中国发展产生了深刻影响，而且对人类文明进步作出了重大贡献。"[②]

中华优秀传统文化是中华民族生存、延续、发展，并自立于世界民族之林的根脉和魂魄。2013年11月26日，习近平到山东曲阜孔府考察期间，专程来到孔子研究院，仔细观看孔子研究院创建以来的系列研究成果，饶有兴趣地翻阅关于孔子研究的著作和刊物，看到《孔子家语通解》《论语诠解》两本书时，他一边翻阅一边说："这两本书我要仔细看看。"随后，习近平同从事孔子研究的专家、学者座谈，仔细听取他们的发言。习近平表示，中华民族有着源远流长的传统文化，也一定能创造中华文化新的辉

① 习近平：《在十二届全国人大一次会议闭幕会上的讲话》，2013年3月。

② 习近平：《在纪念孔子诞辰2565周年国际学术研讨会暨国际儒学联合会第五届会员大会开幕会上的讲话》（2014年9月24日），2014年9月25日《人民日报》。

煌。研究孔子和儒家思想要坚持历史唯物主义立场，坚持古为今用，去粗取精，去伪存真，因势利导，深化研究，使其在新的时代条件下发挥积极作用。在纪念孔子诞辰 2565 周年国际学术研讨会暨国际儒学联合会第五届会员大会开幕会上，习近平郑重宣布：“孔子创立的儒家学说以及在此基础上发展起来的儒家思想，对中华文明产生了深刻影响，是中国传统文化的重要组成部分。儒家思想同中华民族形成和发展过程中所产生的其他思想文化一道，记载了中华民族自古以来在建设家园的奋斗中开展的精神活动、进行的理性思维、创造的文化成果，反映了中华民族的精神追求，是中华民族生生不息、发展壮大的重要滋养。中华文明，不仅对中国发展产生了深刻影响，而且对人类文明进步作出了重大贡献。”[①] 习近平明确指出：“从历史的角度看，包括儒家思想在内的中国传统思想文化中的优秀成分，对中华文明形成并延续发展几千年而从未中断，对形成和维护中国团结统一的政治局面，对形成和巩固中国多民族和合一体的大家庭，对形成和丰富中华民族精神，对激励中华儿女维护民族独立、反抗外来侵略，对推动中国社会发展进步、促进中国社会利益和社会关系平衡，都发挥了十分重要的作用。”[②] 同时，习近平经常运用中华优秀传统文化的经典著作——孔子的《论语》来阐发问题。2013 年 6 月习近平在墨西哥参议院作《促进共同发展　共创美好未来》演讲，用《论语 · 卫灵公》“己所不欲，勿施于人”说明不同社会制度的国家要和平共处，互相尊重。2014 年 10 月习近平《在文艺工作座谈会上的讲话》，用《论语 · 季氏》“远人不服，则修文德以来之”来说明中华民族自古以来“以德服人”的传统文化。习近平在《摆脱贫困》[③] 中

① 习近平：《在纪念孔子诞辰 2565 周年国际学术研讨会暨国际儒学联合会第五届会员大会开幕会上的讲话》（2014 年 9 月 24 日），2014 年 9 月 25 日《人民日报》。

② 习近平：《在纪念孔子诞辰 2565 周年国际学术研讨会暨国际儒学联合会第五届会员大会开幕会上的讲话》（2014 年 9 月 24 日），2014 年 9 月 25 日《人民日报》。

③《摆脱贫困》一书由福建人民出版社于 1992 年 7 月出版。

用《论语·子罕》“三军可夺帅也，匹夫不可夺志也”来说明脱贫攻坚首先要立志，意志坚定，坚韧不拔，则无坚不摧。孔子历来认为“名不正则言不顺，言不顺则事不成”，因此孔子强调凡事要“正名”。习近平的上述论述就是对包括孔子和儒家学说在内的中华优秀传统文化的根本性“正名”。

在岳麓书院追根溯源，追寻中国共产党实事求是思想路线源头。始终不渝坚持中国共产党马克思主义中国化的正确方向。长沙岳麓山具有深厚历史文化底蕴。岳麓书院成立后，秉持务实学风，反对脱离实际，反对埋头钻研故纸堆，反对清议空谈，倡导“经世致用”“经邦济世”，把“实事求是”作为校训，代代相传，极大地影响了湖南青年。关于这一点，从岳麓书院种植的树木也可以看出来——凡是岳麓书院种树，不仅要会开花，还要能结果。古代先贤教书育人，用心良苦，由此可见一斑。青年毛泽东在湖南第一师范学校读书期间，经常与志同道合的蔡和森、罗学瓒、张昆弟等到岳麓书院体验古代历史文化，相聚岳麓山爱晚亭纵论天下，探索救国救民之道。1952 年长沙在岳麓山重修爱晚亭时，湖南大学校长李达致书毛泽东题写亭额，毛泽东饱蘸浓墨，一挥而就，“爱晚亭”三个大字，跃然纸上。但是，鲜为人知的是，中国共产党实事求是思想路线与岳麓山有着密切的历史渊源。“实事求是”最早出自“二十四史”《汉书·河间献王刘德传》“修学好古，实事求是”。1916 年起青年毛泽东多次在湖南大学筹备处所属的岳麓书院半学斋寓居，累计一年多时间，每天与岳麓书院讲堂“实事求是”的匾额朝夕相处，留下不可磨灭的深刻印象。20 世纪 40 年代初期中国人民抗日战争时期，中国共产党开展整风运动，毛泽东古为今用，点石成金，赋予“实事求是”崭新的政治内涵。毛泽东在《改造我们的学习》中号召全党坚持实事求是的思想路线。他指出，“实事”就是客观存在着的一切事物，“是”就是客观事物的内部联系，即规律性，“求”就是我们去研究。[1]1943年毛泽东为中共中央党校题写校训“实事求是”。1945年中国共产党第七次全国代表大会正式将“实事求是”载入党章，确立中国共产党实事求是思想路线。在此期间，毛泽东为《七大纪念册》题词“实事求是，力戒空谈”，发给每一位中共七大代表。中共十一届三中全会前夕，邓小平在中央工作会议作《解放思想，实事求是，团结一致向前看》的重要讲话。他指出：“一个党，一个国家，一个民族，如果一切从本本出发，思想僵化，迷信盛行，那它就不能前进，它的生机就停止了，就要亡党亡国。只有解放思想，坚持实事求是，一切从实际出发，理论联系实际，我们的社会主义现代化建设才能顺利进行，我们党的马列主义、毛泽东思想的理论也才能顺利发展。”[2]他强调：“实事求是，是无产阶级世界观的基础，是马克思主义的思想基础。过去我们搞革命所取得的一切胜利，是靠实事求是；现在我们要实现四个现代化，同样要靠实事求是。”[3]

在中共十一届五中全会上，邓小平强调：“实事求是，一切从实际出发，理论联系实际，坚持实践是检验真理的标准，这就是我们党的思想路线。”[4]中共十二大通过的《中国共产党章程》规定：坚持解放思想，实事求是，与时俱进，求真务实。党的思想路线是一切从实际出发，理论联系实际，实事求是，在实践中检验真理和发展真理。全党必须坚持这条思想路线，积极探索，大胆试验，开拓创新，创造性地开展工作，不断研究新情况，总结新经验，解决新问题，在实践中丰富和发展马克思主义，推进马克思主义中国化。邓小平晚年在南方谈话中再次郑重强调：“实事求是是马克思主义的精髓。要提倡这个，不要提倡本本。我们改革开放的成

① 《毛泽东选集》第三卷，人民出版社1991年版，第801页。
② 《邓小平文选》第二卷，人民出版社1994年版，第143页。
③ 《邓小平文选》第二卷，人民出版社1994年版，第143页。
④ 《邓小平文选》第二卷，人民出版社1994年版，第279页。

功，不是靠本本，而是靠实践，靠实事求是。农村搞家庭联产承包，这个发明权是农民的。农村改革中的好多东西，都是基层创造出来，我们把它拿来加工提高作为全国的指导。实践是检验真理的唯一标准。我读的书并不多，就是一条，相信毛主席讲的实事求是。过去我们打仗靠这个，现在搞建设、搞改革也靠这个。”①

中国特色社会主义新时代，习近平2020年到湖南调研期间，登上岳麓山，在湖南大学岳麓书院指出“岳麓书院是党的实事求是思想路线的一个策源地”。9月17日下午，岳麓山细雨蒙蒙，荷花带露。习近平走进千年学府岳麓书院时，首先映入眼帘的是震撼五岳的“惟楚有才，于斯为盛”八个大字。在岳麓书院中心讲堂前，习近平久久凝望“实事求是”的巨幅匾额，语重心长地对大家说：“毛主席当年就是在这里熏陶出来的，实事求是就来源于这里。共产党怎么能成功呢？当年在石库门，在南湖上那么一条船，那么十几个人，到今天这一步。这里面的道路一定要搞清楚，一定要把真理本土化。”习近平的话，是对中国共产党坚持实事求是思想路线的深刻总结，是对中国共产党坚持马克思主义中国化的深刻总结。同时，“实事求是”也体现在习近平湖南调研过程中。为了谋划中华人民共和国国民经济和社会发展第十四个五年规划纲要蓝图，他在湖南调查研究，问计于民，主持召开基层代表座谈会，与村党支部书记、乡村教师、扶贫干部、农民工、种粮大户、快递小哥、餐馆店主等来自基层的代表们齐聚一堂，听取他们的发言，同他们深入交流。习近平总书记言传身教的就是实事求是的作风。中国共产党百年奋斗，一以贯之，解放思想，实事求是，与时俱进，求真务实，始终不渝地坚持将马克思主义基本原理与中国革命、建设和改革开放的具体实际相结合，创造了前无古人的历史辉煌。

---

① 《邓小平文选》第二卷，人民出版社1994年版，第382页。

中华优秀传统文化“国以民为本，社稷亦为民而立”是坚持以人民为中心的发展思想的历史渊源。中华优秀传统文化蕴含丰富的民本思想。西周时期一方面把皇帝奉为至高无上的“天子”，另一方面从殷商灭亡中认识到“民之所欲，天必从之”。春秋时期王室衰微，诸侯争霸，天下大乱，“礼崩乐坏”，促使统治阶层的有识之士逐渐认识到“政之所兴，在顺民心，政之所废，在逆民心”。在此基础上，孔子提出“节用而爱人，使民以时”思想，孟子提出“民为贵，社稷次之，君为轻”的思想，提示统治者要“爱民”“利民”，轻徭薄赋，听政于民，与民同乐，标志着中国古代民本思想基本形成。到了宋代，学识渊博，著述甚多的朱熹，成为著名思想家、哲学家和教育家，其编撰的《四书集注》尤为著名。毛泽东少年时代在韶山私塾曾熟读《四书集注》，对其中的《孟子》印象尤其深刻。孟子主张“尚志”即树立雄心壮志，认为“五百年必有王者兴，其间必有名世者”。“夫天未欲治平天下也；如欲治平天下，当今之世，舍我其谁也？”孟子主张立志要有“恒心”，持之以恒，“专心致志”。中华优秀传统文化认为，宝剑锋从磨砺出，梅花香自苦寒来。孟子主张立志需要磨砺。《四书集注》给后人以深刻影响。毛泽东多次引用《孟子·告子下》：“天将降大任于是人也，必先苦其心志，劳其筋骨，饿其体肤，空乏其身，行拂乱其所为，所以动心忍性，曾益其所不能。……生于忧患而死于安乐也。”青年毛泽东在湖南第一师范学校的课堂笔记《讲堂录》中写道：“惟安贫者能成事，故曰咬得菜根，百事可做。”朱熹集孔孟以来儒学之大成，对中国古代民本思想做了深入阐发，提出“国以民为本”“平易近民，为政之本”等民本思想和“取信于民”“富民为本”等具体主张。2018 年 6 月，习近平总书记在第十九届中共中央政治局第六次集体学习时引用的“国以民为本，社稷亦为民而立”就出自朱熹《四书集注》。这是朱熹对孟子“民为贵，社稷次之，君为轻”思想做出的进一步阐释，意思是说“国家以人民为根本，也是为人民而设立”。习近平强调，加强党的政治建设，要紧扣民心这个最大的政治，把赢得民心民意、汇集民智民力作为重要着力点。习近平还指出：毛泽东同志要求全党同志必须全心全意为人民服务，邓小平同志要求我们做工作必须考虑群众拥护不拥护、赞成不赞成、高兴不高兴、答应不答应，江泽民同志提出我们党要始终代表中国最广大人民根本利益，胡锦涛同志提出必须把实现好、维护好、发展好最广大人民根本利益作为一切工作的出发点和落脚点，我们这一届党中央明确提出“人民对美好生活的向往，就是我们的奋斗目标”，是一以贯之的。在前进征途上，只要我们党始终坚持人民利益高于一切，紧紧依靠人民，就能永远立于不败之地。①

从中共十八大闭幕后习近平强调“人民对美好生活的向往就是我们的奋斗目标”到中共十九大正式确立以人民为中心的发展思想，从“全面建成小康社会”的实践创造和理论创新到中共十九届六中全会《中共中央关于党的百年奋斗重大成就和历史经验的决议》论述“坚持人民至上”，可以看到，马克思主义基本原理认为人民群众是历史的创造者，中华优秀传统文化主张“以民为本”，中国特色社会主义新时代确立以人民为中心的发展思想，中共十九届六中全会强调“坚持人民至上”，实现了中国特色社会主义新时代“坚持把马克思主义基本原理同中国具体实际相结合、同中华优秀传统文化相结合”的新飞跃，树立了马克思主义基本原理、中华优秀传统文化和马克思主义中国化相结合的典范。中共十九届六中全会强调，全党必须永远保持同人民群众的血肉联系，践行以人民为中心的发展思想，不断实现好、维护好、发展好最广大人民根本利益，团结带领全国各族人民不断为美好生活而奋斗。

① 习近平：《在十八届中央政治局第七次集体学习时的讲话》，2013年6月25日。

《富春山居图》与“打造各具特色的现代版‘富春山居图’”。“绿水青山就是金山银山”理念响彻中华大地，造福中华民族。中华优秀传统文化包含着无数传世之作，著名的《富春山居图》就是其中之一。它是元代画家黄公望1350年创作的纸本水墨画，被誉为中国十大传世名画之一。该画本是黄公望为师弟郑樗（无用师）所绘，前半卷《剩山图》现存浙江省博物馆，后半卷《无用师卷》则藏于中国台北“故宫博物院”。《富春山居图》寄托着作者对祖国大好河山无限深沉的挚爱，用如椽巨笔绘就千古不朽的传世作品，名义上是将富春江两岸的山山水水尽收画卷，实际上蕴含着作者对中华大地壮丽河山的无限眷恋。《富春山居图》属于中华民族的国宝，2011年6月前后两段曾在中国台北首度合璧展出。中国特色社会主义新时代，习近平将中华优秀传统文化的古代精品《富春山居图》与中国共产党实现乡村振兴战略紧密联结在一起，令人拍案叫绝。

2018年9月21日，中共第十九届中央政治局以“实施乡村振兴战略”为主题进行集体学习。习近平指出：“要科学把握乡村的差异性，因村制宜，精准施策，打造各具特色的现代版‘富春山居图’。”实现中华民族伟大复兴的关键是实现乡村振兴，习近平关注的浙江省安吉县天荒坪镇余村树立了“打造各具特色的现代版‘富春山居图’”的样板。余村位于天目山下，属于江南地貌，由于受到三面环山地形限制，交通不便，不利于引进大型工业企业，也不利于发展规模化农业。20世纪80年代起，余村1000多人“靠山吃山”办起了三个采石场和一个水泥厂，许多村民在矿上务工。余村集体经济年收入一度达到300多万元，成为安吉县首富村。2003年到2005年间，浙江建设“生态省”，安吉建设“生态县”，根据全省大局，余村陆续关停了原有的矿山、水泥厂，全村集体经济年收入由300多万元降到20多万元。2003年4月9日，当时的中共浙江省委书记习近平第一次到安吉县调查研究。他实地调研了竹子博览园、抽水蓄能电站、白茶生产基地等，深入了解安吉县“生态立县”的做法与经验。2005 年 8 月 15 日，习近平第二次到安吉县调查研究，在天荒坪镇余村听取各级干部的工作汇报。最后，习近平十分肯定地说：“刚才你们讲了，下决心停掉一些矿山，这个都是高明之举。绿水青山就是金山银山。”安吉调研结束后，习近平回到杭州，8 月 24 日在《浙江日报》“之江新语”专栏发表短论，详细阐述“绿水青山就是金山银山”的新发展理念。这是习近平提出“绿水青山就是金山银山”生态文明思想的源头。从此，浙江省成为“绿水青山就是金山银山”的首倡省，安吉县成为“绿水青山就是金山银山”的发源县，余村成为“绿水青山就是金山银山”的发源地。习近平关于“绿水青山就是金山银山”的生态文明发展理念为余村发展指明了前进方向。浙江省“七山一水两分田”，突出特点是山地多平原少，具有十分明显的山清水秀的生态优势。习近平提出：“如果能够把这些生态环境优势转化为生态农业、生态工业、生态旅游等生态经济的优势，那么绿水青山也就变成了金山银山。”习近平言简意赅，要言不烦；余村人感到拨云见日，一语中的。此后，余村扬长避短，发掘优势，充分利用长三角腹地的有利区位，充分发挥“绿水青山就是金山银山”的独特魅力，着力发展旅游经济，走上“绿水青山就是金山银山”的绿色发展之路。余村决定，关停全部矿山、水泥厂，修复冷水洞水库，拆除溪边违法建筑。整个余村，河流畅通，溪水清澈，竹苞松茂，鹊峙鸾停，鸟语花香，花木扶疏，“不是仙境胜似仙境”，生态文明资源获得空前发展。村民们抓住机遇，“八仙过海，各显神通”。有的村民清理溪道，加固堤岸，设计溪道坡度落差，开办溪流漂流项目；有的村民因地制宜，开办农家乐；有的村民整修房屋，兴办民宿。绿色发展改善了余村的公共设施，“栽下梧桐树，引来金凤凰”。余村之美，美在生态，余村“绿水青山就是金山银山”的绿色发展之路吸引了众多旅游者，每天都有大量游客到余村观光旅游，体验余村的生态文明环境，目不暇顾，流连忘返。绿色余村，各业兴旺，收入增加，成为全面推进乡村振兴的“明星村”和现代版“富春山居图”最具代表性村庄，提前进入小康行列。2020 年 3 月 30 日，习近平冒着蒙蒙细雨再次来到余村，欣喜地看到，曲径通幽，粮丰林茂，青山叠嶂，流水潺潺，道路干净，村子整洁，楼房成群，错落有致，树木青翠，花园洋房，一点不输城市。习近平触景生情，抚今追昔：“这次来看完全不一样了，美丽乡村建设在余村变成了现实。余村现在取得的成绩证明，绿色发展的路子是正确的，路子选对了就要坚持走下去。”2021 年的余村，农家乐、民宿、漂流、果蔬采摘等一系列休闲旅游产业兴旺发达，蒸蒸日上。“万事开头难”，浙江在实施“绿水青山就是金山银山”发展理念方面开了一个好头，完全契合中国人民对美好生活的向往，很快使“绿水青山就是金山银山”的口号响彻中华大地。全国各地农村、山区竞相效法，农家乐、旅游村、特色小镇，犹如百花齐放，百家争鸣；旅游农业、观光农业、采摘农业、高科技农业，万紫千红，异彩纷呈，极大地促进了全国各地生态文明的发展。与此同时，“绿水青山就是金山银山”的生态文明发展理念得到了世界舆论的高度评价。现在，浙江省已率先成为“绿水青山就是金山银山”的绿色发展省，安吉县已成为“绿水青山就是金山银山”的绿色标杆县，余村已成为“绿水青山就是金山银山”的绿色示范村。实践证明，2005 年习近平在浙江安吉余村首倡“绿水青山就是金山银山”，是一个改变中国农村发展理念的科学论断，指引着中国走出了一条绿色发展之路。现在，升级版、现代版的“富春山居图”正在中国大地成为现实。

从曲阜孔子研究院到重新评价中华文化，从岳麓书院追寻“实事求是”根脉到福建朱熹园倡导以时代精神激活中华优秀传统文化的生命力，从古代《富春山居图》到打造各具特色的展现乡村振兴美好生活的现代版“富春山居图”，习近平运用中华优秀传统文化指导工作，教育干部，启迪思维，达到炉火纯青、出神入化的程度。

二、中华民族的先人憧憬“小康”，中国人民世世代代期盼“小康”。中国特色社会主义新时代“全面建成小康社会”

在中华文明发展史上，从西周开始，“小康”成为勤劳勇敢智慧的中国人民世世代代的期盼。改革开放初期，邓小平描绘了实现“小康”的宏伟蓝图，中国共产党接续奋斗，中国特色社会主义新时代实现“全面建成小康社会”目标，铸就中华民族气壮山河的恢宏史诗。

“全面建成小康社会”汲取中华优秀传统文化期盼“小康”的精髓。《诗经》是中华民族第一部诗歌总集，西周时期从民间采风汇集而成。《诗经》的“民亦劳止，汔可小康；惠此中国，以绥四方”是中华民族对“小康”最早的文字记忆。中华民族先人认为，小康意味着安定、富足的生活状态。改革开放初期提出“小康”就是“中国式的现代化”奋斗目标。1979 年 3 月邓小平提出“中国式的现代化”新概念。他说，我同外国人谈话，用了一个新名词“中国式的现代化”，到 20 世纪末，我们大概只能达到发达国家 70 年代的水平。1979 年 12 月，日本首相大平正芳访问中国。这是实现中日邦交正常化后第一位访华的日本首相。此时此刻，中国已经实现以经济建设为中心的历史性转变，实事求是深入人心，解放思想如火如荼，改革开放成为民族共识。中国大地，举国上下，政通人和，气象万千。12 月 6 日，邓小平会见大平正芳首相，对其访华表示热烈欢迎。邓小平说大平首相一行这次来中国访问，不仅能够发展中日两国友好合作关系，而且对国际形势将产生重大的积极影响，再过 20 多天就进入 80 年代，希望首相阁下这次访华的成果至少要管上 80 年代。大平正芳说日中两国领导人推心置腹地交换意见是很有意义的，日本政府和国民对这次访华寄予很大的期望，他渴望通过双方富有成果的会谈能进一步加深和扩大日中友好合作关系。然后，邓小平与大平正芳进行实质性会谈，双方就广泛关心的问题交换看法。在会谈中，邓小平第一次提出著名的“小康”目标。大平正芳问：中国根据自己独立的立场提出了宏伟的现代化规划，将来会是什么样的情况，整个现代化的蓝图是如何构思的？邓小平胸有成竹，开门见山，直奔主题，直截了当地回答：“我们要实现的四个现代化，是中国式的四个现代化。我们的四个现代化的概念，不是像你们那样的现代化的概念，而是‘小康之家’。”[①] 中国共产党对建设小康社会一以贯之，持之以恒，一抓到底，志在必得。中共十二大确定全面开创社会主义现代化建设新局面，正式把实现“小康”作为中国经济发展的战略目标。中共十三大阐述中国处于社会主义初级阶段，确立“以经济建设为中心，坚持四项基本原则，坚持改革开放”的社会主义初级阶段基本路线。中共十四大提出加快改革开放和现代化建设步伐，夺取有中国特色社会主义事业的更大胜利。中共十五大要求高举邓小平理论伟大旗帜，把建设有中国特色社会主义事业全面推向 21 世纪。中共十六大系统论述全面建设小康社会，开创中国特色社会主义事业新局面。中共中央综观全局，面向未来，认为 21 世纪头 20 年，对中国来说是一个必须紧紧抓住并且可以大有作为的重要战略机遇期。根据中共十五大提出的，到 2010 年中国共产党建党 100 年和中华人民共和国成立 100 年的发展目标，要在 20 世纪头 20 年，集中力量，全面建设惠及十几亿人口的更高水平的小康社会，使经济更加发展、民

① 《邓小平文选》第二卷，人民出版社 1994 年版，第 238 页。

主更加健全、科教更加进步、文化更加繁荣、社会更加和谐、人民生活更加殷实。这是实现中国社会主义现代化建设第三步战略目标必经的承上启下的发展阶段，也是完善社会主义市场经济体制和扩大对外开放的关键阶段。经过这个阶段的建设，再继续奋斗几十年，到21世纪中叶基本实现现代化，把中国建成富强、民主、文明的社会主义国家。中国共产党全面建设小康社会目标，是中国特色社会主义经济、政治、文化全面发展的目标，是与加快推进现代化相统一的目标，符合中国国情和现代化建设实际，符合人民愿望，意义十分重大。实现全面建设小康社会目标，祖国将更加繁荣富强，人民生活将更加幸福美好，中国特色社会主义将进一步显示巨大的优越性。中共十七大提出高举中国特色社会主义伟大旗帜，为夺取全面建设小康社会新胜利而奋斗的任务，确定实现全面建设小康社会奋斗目标的新要求。必须适应国内外形势的新变化，顺应各族人民过上更好生活的新期待，把握经济社会发展趋势和规律，坚持中国特色社会主义经济建设、政治建设、文化建设、社会建设的基本目标和基本政策构成的基本纲领，在中共十六大确立的全面建设小康社会目标的基础上对中国发展提出新的更高要求。这就是：增强发展协调性，努力实现经济又好又快发展。扩大社会主义民主，更好保障人民权益和社会公平正义。加强文化建设，明显提高全民族文明素质。加快发展社会事业，全面改善人民生活。建设生态文明，基本形成节约能源资源和保护生态环境的产业结构、增长方式、消费模式。循环经济形成较大规模，可再生能源比重显著上升。

习近平在美国讲述“全面建成小康社会”的“梁家河故事”。中共十八大提出“坚定不移沿着中国特色社会主义道路前进，为全面建成小康社会而奋斗”。从这时起，习近平将“全面建设小康社会”改为“全面建成小康社会”。2013年习近平向国际社会宣布，中国未来的目标是到

2020年全面建成惠及十几亿人口的小康社会。中共十九大宣布“决胜全面建成小康社会，夺取新时代中国特色社会主义伟大胜利”。从中共十九大起，习近平将“全面建成小康社会”改为“决胜全面建成小康社会”，并对“小康”念念不忘，抓住不放，知难而进，一抓到底。从习近平访问美国期间在西雅图中美友好组织欢迎会上的演讲，可以追根溯源，找到他“决胜全面建成小康社会”的“初心”所在。2015年9月22日傍晚，习近平在美国西雅图出席华盛顿州政府和美国友好团体联合欢迎宴会并发表演讲。他根据自己亲身经历，满怀深情地向美国听众讲述中国发展历程。习近平说：“新中国成立以来特别是改革开放以来，中国走过了一段很不平凡的历程，我们这一代中国人对此有着切身的体会。上世纪60年代末，我才十几岁，就从北京到中国陕西省延安市一个叫梁家河的小村庄插队当农民，在那儿度过了7年时光。那时候，我和乡亲们都住在土窑里、睡在土炕上，乡亲们生活十分贫困，经常是几个月吃不到一块肉。我了解乡亲们最需要什么！后来，我当了这个村子的党支部书记，带领乡亲们发展生产。我了解老百姓需要什么。我很期盼的一件事，就是让乡亲们饱餐一顿肉，并且经常吃上肉。但是，这个心愿在当时是很难实现的。”[①] 这时，出席西雅图社会各界热烈欢迎中华人民共和国主席习近平晚宴的各界代表人物聚精会神，认真聆听习近平的即席演讲，在现场直接感受到了这位东方大国领袖的非凡经历与远见卓识。习近平继续说：“今年春节，我回到这个小村子。梁家河修起了柏油路，乡亲们住上了砖瓦房，用上了互联网，老人们享有基本养老，村民们有医疗保险，孩子们可以接受良好教育，当然吃肉已经不成问题。这使我更加深刻地认识到，中国梦是人民的梦，必须同中国人民对美好生活的向往结

① 《习近平谈治国理政》第二卷，外文出版社2017年版，第29页。

合起来才能取得成功。梁家河这个小村庄的变化，是改革开放以来中国社会发展进步的一个缩影。我们用了 30 多年时间，使中国经济总量跃居世界第二，13 亿多人摆脱了物质短缺，总体达到小康水平，享有前所未有的尊严和权利。这不仅是中国人民生活的巨大变化，也是人类文明的巨大进步，更是中国对世界和平与发展事业的重要贡献。”① 最后，习近平强调：“同时，我们也清醒认识到，中国仍然是世界上最大的发展中国家。中国的人均国内生产总值仅相当于全球平均水平的三分之二、美国的七分之一，排在世界第 80 位左右。按照我们自己的标准，中国还有 7000 多万贫困人口。如果按照世界银行的标准，中国则还有两亿多人生活在贫困线以下。中国城乡有 7000 多万低保人口，还有 8500 多万残疾人。这两年，我去了中国很多贫困地区，看望了很多贫困家庭，他们渴望幸福生活的眼神深深印在我的脑海里。”② 习近平的“中国故事”和真挚感情得到美国嘉宾发自内心的强烈情感共鸣，演讲结束时，全场爆发经久不息的热烈掌声。通过习近平的演讲，美国听众认识到追求美好生活的梦想不分国家与民族。中国人民实现国家富强、民族振兴、人民幸福的中国梦与实现持久和平、共同繁荣的世界梦并不矛盾。中国人民和平、发展、合作、共赢的中国梦，与美国人民的美好梦想，与世界各国人民的美好梦想，并行不悖，息息相通。只要中国人民与美国人民、世界人民由追求美好生活的向往紧紧联系在一起，相互支持、相互帮助，就一定能够成功构建“人类命运共同体”，将世界发展与进步推向前进。

习近平讲述中国人民追求美好幸福“小康”生活产生极大效果。习近平在美国西雅图根据亲身经历的演讲，以真情实感赢得美国听众的热烈反响。中国改革开放以来的社会进步与经济发展，“中国梦”的朴素

---

① 《习近平谈治国理政》第二卷，外文出版社 2017 年版，第 29—30 页。
② 《习近平谈治国理政》第二卷，外文出版社 2017 年版，第 30 页。

内涵与中华民族的千年期盼，中国人民实现全面建成小康社会的不懈奋斗，受到美国听众的高度评价。美国星巴克董事会名誉主席霍华德·舒尔茨是听众之一。他随着习近平的深情讲述，在自己的脑海里深深印上了“梁家河”这个地名。2020 年 11 月 9 日，舒尔茨致函习近平主席：“时至今日，我仍记得您那天分享的关于梁家河的故事。您提到，重访梁家河，其翻天覆地的变化正是中国过去 40 年改革开放成就的缩影。在您的领导下，中国于 2020 年实现了全面建成小康社会的宏伟目标。我对中国人民和中国文化充满敬意。中国梦所蕴含的‘对美好生活的向往’让我联想到美国梦。”舒尔茨表示，尽管当前中美双边关系正经历一些波折，我相信中美友谊始终根植于两国人民。发生在中国陕西梁家河的故事，让舒尔茨对习近平阐述的中国梦和美国梦的共通之处有了更深的理解。2021 年 1 月 6 日，舒尔茨惊喜地收到了习近平的回信。据《人民日报》报道，“习近平在复信中强调，在中国共产党领导下，14 亿中国人民为全面建成小康社会、建设社会主义现代化进行长期艰苦努力。中国开启全面建设社会主义现代化国家新征程，将为包括星巴克等美国企业在内的世界各国企业在华发展提供更加广阔的空间。希望星巴克公司为推动中美经贸合作和两国关系发展作出积极努力”。舒尔茨感到非常振奋。在全面建成小康社会历史性进程中，陕西省延安市梁家河的乡亲们，从原来居住土窑土炕，吃饭酸菜粗粮，发展到出门柏油路，住宅砖瓦房，接通互联网，家家彩电和冰箱。梁家河农民向往的小康生活已经成为现实，中国人民对小康生活的向往以日新月异的速度成为活生生的现实。

习近平深入贫困地区创造性提出“精准扶贫”建成“小康村”。2013 年 11 月，习近平来到湖南省地处山区的贫困地区，又是少数民族地区的湘西土家族苗族自治州花垣县排碧乡十八洞村调研。当时，十八洞村是闻名遐迩的贫困村。习近平在十八洞村走访“低保户”“特困户”，看民居、揭米仓、进猪圈，实地调研村民的生产和生活情况，仔细了解村里的水、路、电和教育、医疗等方方面面存在的问题。然后，他和村干部、村民代表等一起座谈推动十八洞村奔向“小康”的举措。在这次调研中，习近平首次提出“精准扶贫”。他说抓扶贫开发，既要整体联动、有共性的要求和措施，又要突出重点、加强对特困村和特困户的帮扶。根据习近平“精准扶贫”新概念，中国共产党确定“精准扶贫”战略，成效显著。2016 年 3 月 8 日，习近平来到北京人民大会堂东大厅出席全国人大会议的湖南代表团现场，一开口就问：“去年有多少人娶媳妇？”全国人大代表、湘西土家族苗族自治州州长回答：“7 个。”听着习近平与州长的对话，与会代表开心地笑了。习近平问的正是十八洞村的情况。这天上午习近平参加湖南代表团会议。州长发言中回忆了习近平到十八洞村调研的情景。习近平说，他正式提出“精准扶贫”就是在十八洞村，前几天中央电视台报道的十八洞村脱贫进展情况，他都看了。接着，习近平又问：“现在人均收入有多少了？”州长回答：“您当年来的时候是 1680 元，现在已经增加到 3580 元。”州长说，十八洞村百姓收入增加，村容村貌变化，已成为全省文明村和旅游定点村，村民笑容多了，求发展愿望强了，连大龄男青年解决“脱单”问题也容易了。习近平提出“精准扶贫”“脱贫攻坚”，把“小康不小康，关键看老乡”作为“全面建成小康社会”的“硬指标”，使愈来愈多处于经济、文化落后状态的“弱势群体”和贫困地区过上了丰衣足食的幸福生活。从中华民族古代憧憬“小康”到邓小平提出“小康之家”，从“建设小康”到“全面建成小康社会”，习近平既继承前人又不断创新，引领着“全面建成小康社会”的发展方向。

“在扶贫的路上，不能落下一个贫困家庭，丢下一个贫困群众。”为了带领中国人民尽快实现“小康”，习近平经常到革命老区、少数民族地区、贫困地区、边疆地区和山区调查研究，亲力亲为，分类指导，务求实效。华北地区太行山区的河北省阜平县骆驼湾村和顾家台村，西南地区的云南省鲁甸地震灾区，井冈山深处的江西茅坪乡神山村，革命战争时期晋察冀边区首府阜平县革命老区，“坚持二十八年红旗不倒”的大别山革命老区等，都留下了习近平深入实际、调查研究、推进扶贫开发的足迹。2015 年 10 月，习近平在“减贫与发展高层论坛”指出：“我到过中国绝大部分最贫困的地区，包括陕西、甘肃、宁夏、贵州、云南、广西、西藏、新疆等地。这两年，我又去了十几个贫困地区，到乡亲们家中，同他们聊天。他们的生活存在困难，我感到揪心。他们生活每好一点，我都感到高兴。”习近平在关于制定国家“十三五”规划建议的说明中指出：“我们不能一边宣布全面建成了小康社会，另一边还有几千万人口的生活水平处在扶贫标准线以下，这既影响人民群众对全面建成小康社会的满意度，也影响国际社会对我国全面建成小康社会的认可度。”2015 年习近平等中共中央政治局常委与地方党政主要负责人全部出席中央扶贫开发工作会议，表现了中央和各地负责人关于消除绝对贫困、决胜全面建成小康社会的一致信念。随后，公布《中共中央、国务院关于打赢脱贫攻坚战的决定》。2016 年春节前夕，习近平在江西考察时强调：“在扶贫的路上，不能落下一个贫困家庭，丢下一个贫困群众。”2016 年 3 月 8 日，习近平参加“两会”期间湖南代表团审议时，更加明确地要求：“抓工作不能狗熊掰棒子，去过的每个地方都要抓反馈。”他公开了一个“秘密”——凡是他实地考察过的这些地方，有关部门都要派人进行“回访”，有的事前打招呼，有的事前不打招呼。他强调：“要坚持以民为本，民有所想所求，我们就要帮助他们，为他们服务。”习近平提出“决胜全面建成小康社会”，顺天理，接地气，得人心，促发展，提升党的民望，凝聚全民共识，是中国共产党为实现中华民族伟大复兴做出的重大贡献。在中国共产党成立百年之际，习近平庄严宣告，经过全党全国各族人民持续奋斗，我们实现了第一个百年奋斗目标，在中华大地上全面建成了小康社会，历史性地解决了绝对贫困问题，正在意气风发向着全面建成社会主义现代化强国的第二个百年奋斗目标迈进。①

中共十九届六中全会强调，全党必须永远保持同人民群众的血肉联系，践行以人民为中心的发展思想，不断实现好、维护好、发展好最广大人民根本利益，团结带领全国各族人民不断为美好生活而奋斗。从中华优秀传统文化“民惟邦本”的民本思想到新时代“坚持人民至上”，习近平新时代中国特色社会主义思想，源远流长，守正创新，与时偕行，与时俱进，指引着中国人民开启全面建成社会主义现代化强国新征程，乘风破浪，砥砺前行。

三、“中华优秀传统文化是中华民族的突出优势，是我们最深厚的文化软实力。”② 激活中外交往的历史记忆，倡议共建“一带一路”

中国属于社会主义国家，坚持和平共处五项原则。中国发展给世界带来的是机遇而不是战争，是和平而不是动乱，是发展而不是挑战。

中国是世界的一部分，中国的发展永远离不开世界。中国的发展在人类发展史上具有非同寻常的重要地位。中国改革开放初期的基本状况是百废待兴，百业待举，基本国情是资金少，基础差，底子薄，人口多。1987年4月26日，邓小平指出：“中国科学技术落后，困难比较多，特别是人口太多，现在就有十亿五千万，增加人民的收入很不容易，短期内要摆脱

① 习近平：《在庆祝中国共产党成立100周年大会上的讲话》，2021年7月1日。
② 习近平：《在全国宣传思想工作会议上的讲话》，2013年8月21日《人民日报》。

贫困落后状态很不容易。”[1]为此，中国以“面向现代化，面向世界，面向未来”的雄伟胆略和气魄实行改革开放，以无与伦比的广阔视野向整个世界敞开胸怀，史无前例地实施“引进来”发展战略，大力引进外国资金、现代化工业设备、现代科学技术和现代管理经验，为我所用，实现了中国的跨越式发展。实践证明“改革开放是决定当代中国前途命运的关键一招”。经过40多年聚精会神的快速发展，中国经济以“速度高”“增长快”“块头大”为特征，进入推动世界经济发展的“第一方阵”，成为引领世界经济发展的重要“引擎”，为世界发展特别是为发展中国家提供了“中国道路”“中国方案”“中国智慧”“中国经验”。中国发展了，中国怎么办？中国以实际行动回报世界——这就是中国特色社会主义新时代实施“引进来”与“走出去”相结合发展理念的根本所在。其中，引人注目的就是中国倡导与世界各国共商“一带一路”，共建“一带一路”，共享“一带一路”发展成果。联合国秘书长古特雷斯说，期待“一带一路”倡议与联合国2030年可持续发展议程携手，造福世界。“全球化”概念首倡者之一马丁·阿尔布劳表示，“一带一路”显然与全球经济一体化息息相关，通过扩大共同利益，密切彼此联系，是中国助推世界经济发展的良好途径。

中国成为世界第二大经济体。世界经济发展离不开中国。中国汉代时期汉武帝派张骞通西域。开辟以长安为起点，经甘肃、新疆到中亚、西亚，连接地中海各国的陆上通道，进行经济贸易活动。因为这条道路最初的主要功能是运输中国丝绸，1877年一位德国地质地理学家把中国与中亚、中国与印度以丝绸贸易为媒介的西域通道命名为“丝绸之路”，此即“陆上丝绸之路”。“海上丝绸之路”则是古代中国与外国交通贸易和文化交往的海上通道，也是最古老的海上航线，由于以南海为中心又称为“南

① 《邓小平文选》第三卷，人民出版社1994年版，第224页。

海丝绸之路”。习近平提出与有关国家共建“‘一带一路’丝绸之路经济带”和“21世纪海上丝绸之路”，主要目的是依靠中国与有关国家双边、多边机制，借助行之有效的区域合作平台，激活历史上“丝绸之路”的历史基因，借用“丝绸之路”的历史符号，高举和平发展旗帜，发展中国与沿线国家的经济合作伙伴关系，共同打造政治互信、经济融合、文化包容的利益共同体、命运共同体和责任共同体。2013年秋天，习近平访问哈萨克斯坦和印度尼西亚期间，先后提出共同建设“丝绸之路经济带”与“21世纪海上丝绸之路”，共同构成“一带一路”的重大倡议。“一带一路”倡议为世界经济发展，特别是发展中国家发展带来重大历史性机遇。从此“一带一路”建设在中国与有关国家的互惠合作中不断发展，已成为范围最广、规模最大的国际合作平台和最受欢迎的国际公共产品。

随着中外合作不断深入，“一带一路”建设正沿着高质量发展方向不断前进。2021年是中国经济和社会发展第十四个五年规划纲要开局之年，“一带一路”建设迎着风云变幻的国际形势，砥砺前行，不断取得积极成效。2021年上半年，我国与“一带一路”沿线国家货物贸易额8245.5亿美元，同比增长37.9%。另据中华人民共和国商务部2021年9月发布的数据，2021年前8个月，我国企业在“一带一路”沿线对56个国家非金融类直接投资128.9亿美元，同比增长9.2%，在沿线国家新签承包工程合同额达到708.9亿美元。在非洲尼日利亚，由中国企业设计建设的西非首条双线标准轨铁路——拉伊铁路顺利通车，结束了尼日利亚第一大城市拉各斯没有现代化铁路的历史，有效改善当地交通拥堵，大大促进了物资交流和经济发展。在印度尼西亚首都雅加达，建设雅加达至万隆高铁（雅万高铁）的最后一批钢轨已经从中国运抵目的地。雅万高铁建设钢轨焊接、铺设工作全面展开。这是中国首个海外高铁项目，也是东南亚第一条最高设计时速350公里的高铁，全长142.3公里，途经9个市县，全线共设 4 座车站，由中国提供贷款，中国与印尼企业合作建设和运营，预计费用 55 亿美元，75% 来自中国国家开发银行。雅万高铁建成后，雅加达至万隆的铁路运行时间将从原来 3 个多小时缩短至 40 分钟，为民众出行、带动沿线产业发展、提升区域经济社会发展水平提供了“捷径”。“一带一路”作为中国推动构建“人类命运共同体”的重要实践平台，彰显中国的责任担当和世界情怀。

2021 年习近平在博鳌亚洲论坛年会指出，“一带一路”是大家携手前进的阳光大道，不是某一方的私家小路，追求的是发展，崇尚的是共赢，传递的是希望。我们将同各方继续高质量共建“一带一路”，践行共商共建共享原则，弘扬开放、绿色、廉洁理念，努力实现高标准、惠民生、可持续目标。我们将建设更紧密的卫生合作伙伴关系，更紧密的互联互通伙伴关系，更紧密的绿色发展伙伴关系，更紧密的开放包容伙伴关系，为人类走向共同繁荣做出积极贡献。习近平还向“一带一路”亚太区域国际合作高级别会议发表书面致辞，在亚太经合组织领导人非正式会议宣示同世界和亚太各国实现更高水平的互利共赢。在习近平推动下，高质量共建“一带一路”持续走深走实。“一带一路”倡议以来得到越来越多国家的积极响应。到 2021 年已经有 172 个国家和国际组织与中国签署 200 多份共建“一带一路”合作文件，推动建立 90 多个双边合作机制。共建“一带一路”国家基础设施联通不断深化，国际互联互通水平持续提升，一大批合作项目落地生根，开花结果。

“一带一路”贯通古今联结中外，“中欧班列”浩浩荡荡奔腾向前。古代“丝绸之路”通过贸易互通，将中国与欧洲和世界联结在一起。21 世纪中国倡议共建“一带一路”，将“丝绸之路”升级为“丝绸之路经济带”。于是，连接中国重庆、新疆和欧洲的铁路上出现了“渝新欧班列”。在重庆铁路枢纽站担任“铁路调度员”的小伙子和姑娘们，高兴地自称已成为“国际协调员”。“渝新欧”国际铁路联运大通道全长 1 万多公里，从中国重庆、新疆，经过哈萨克、俄罗斯、白俄罗斯、波兰，直达德国。经过有关国家共同努力，重庆开往欧洲的“渝新欧班列”连续不断，比中国到德国的海上运输时间节约 20 多天，经济效益非常显著。“渝新欧国际物流大通道”开通以来，营运水平不断提高。同时，从中国开往欧洲的“中欧班列”数量迅猛增长，时限大幅压缩，物流成本显著降低，服务平台不断完善，货物品类日益丰富，影响力不断增强。中国与欧洲互通有无，实现双赢，“中欧班列”货物品类日益丰富，从小商品和电子产品到纺织品、汽车及配件、机械装备、家具等，从最初单向运营发展到双向运营，西班牙红酒、波兰牛奶、保加利亚玫瑰精油、德国汽车和啤酒等，搭上“中欧班列”进入中国市场。目前，依托新亚欧大陆桥和西伯利亚大陆桥，形成西、中、东三条中欧铁路运输通道，“中欧班列”开行城市不断增加，到达欧洲的国家和城市持续增多。英国是义乌在欧洲的第一大贸易伙伴，2016 年 1 月至 10 月义乌对英国进出口贸易额达 5.69 亿美元。2017 年 1 月 1 日，满载中国商品的“义乌—欧洲班列”从中国浙江义乌始发，由新疆阿拉山口口岸出境，经哈萨克、俄罗斯、白俄罗斯、波兰、德国、法国，穿过英吉利海峡隧道，18 天到达伦敦。英国广播公司（BBC）高度赞赏“一带一路”，认为“中国用现代科技重新打通了古代亚欧大陆的丝绸之路，非常了不起！”2021 年在浙江义乌铁路口岸可以看到，满载着德国啤酒、钢材和日用消费品的“中欧班列”不断驶入站台。2021 年“中欧班列”开行数量、质量取得逆势增长，5 月至 8 月连续 4 个月单月开行超过 1300 列，并首次实现“不停车”快速通关。在“一带一路”沿线快速流动的货物催生出跨境电商“中欧班列 + 海外仓”的全新业态。如今中欧班列累计开行超过 4 万列，打通 73 条运行线路，通过东、中、西三大物流通道，通达欧洲 23 个国家 170 多个城市，成为稳定全球供应的“钢铁驼队”、中国与欧洲以及世界发展经济贸易的“钢铁纽带”。“中欧班列”将中国与欧洲更加紧密地联结在一起。中华优秀传统文化“丝绸之路”升级版的“一带一路”成为联结中国与欧洲经济发展的重要纽带。

“北斗导航”指引方向，为共建“一带一路”国家带来便捷服务。中国经济发展助力世界经济发展呈现着全方位多领域多渠道态势。2021年“仰望星空”，中国发射在太空中的30颗北斗导航卫星不分昼夜为共建“一带一路”国家和地区提供着导航服务。从最新的北斗系统覆盖分布图可以看到颜色越黄表示信号越强，“一带一路”沿线全部处在北斗系统强信号区间，越来越多的共建“一带一路”国家享受到北斗导航带来的便捷服务。现在，中国与共建“一带一路”国家贸易畅通，合作发展，各方面经济联系日益深化。2013年至2020年中国与沿线国家货物贸易额累计达到9.2万亿美元。世界银行发布的最新评估报告指出，到2030年共建“一带一路”有望帮助世界上760万人摆脱极端贫困，帮助3200万人摆脱中度贫困。中国提出“一带一路”倡议以来，始终坚持共商、共建、共享，“一带一路”建设正沿着高质量发展方向推进，让世界共享“中国发展”“中国倡议”“中国智慧”的成果。中国与有关国家高质量共建“一带一路”已结出累累硕果，惠及发展中国家，也惠及全世界。

习近平指出：“中华民族历来是一个爱好和平的民族，爱好和平在儒家思想中也有很深的渊源。中国人自古就推崇‘协和万邦’、‘亲仁善邻，国之宝也’、‘四海之内皆兄弟也’、‘远亲不如近邻’、‘亲望亲好，邻望邻好’、‘国虽大，好战必亡’等和平思想。爱好和平的思想深深嵌入了中华民族的精神世界，今天依然是中国处理国际关系的基本理念。”[①] 中国改革

① 习近平：《在纪念孔子诞辰2565周年国际学术研讨会暨国际儒学联合会第五届会员大会开幕会上的讲话》（2014年9月24日），2014年9月25日《人民日报》。

开放以来经济发展和社会进步的实践证明，中国的经济发展与社会进步离不开世界，同时中国的发展与进步又推动着世界的发展与进步。贯通古今的“一带一路”树立了典范。

四、中国特色社会主义新时代全面系统阐发中华优秀传统文化，有力推进马克思主义中国化，为世界提供“中国智慧”

中国共产党源自中华民族，植根中华大地，服务中国人民，是中华文明和中华文化的继承者、发展者和创新者。中国共产党百年奋斗和马克思主义中国化三次历史性飞跃，蕴含着对中华优秀传统文化进行创造性转化和创新性发展的重要内容。毛泽东运用马克思主义辩证法将中华传统文化区分为“民主性的精华”和“封建性的糟粕”两部分，倡导“吸取其精华，排泄其糟粕”。邓小平从中华优秀传统文化“小康”得到启迪，在社会主义发展史上独创性地提出建设小康社会。江泽民从中华优秀传统文化提取以德治国的历史基因，实现中华民族跨世纪发展。胡锦涛认为“中华文明历来注重以民为本，尊重人的尊严和价值”，从中汲取政治智慧，强调以人为本、科学发展。习近平全面、系统、全新阐发中华优秀传统文化，推进马克思主义中国化，为世界提供了“中国智慧”。

“坚持把马克思主义基本原理同中国具体实际相结合、同中华优秀传统文化相结合”，马克思主义中国化植根五千多年中华文化。中国特色社会主义新时代习近平将中华优秀传统文化提升到新阶段。2021 年 3 月习近平在福建考察时强调，我们走中国特色社会主义道路，一定要推进马克思主义中国化。如果没有中华五千年文明，哪里有什么中国特色？如果不是中国特色，哪有我们今天这么成功的中国特色社会主义道路？我们要特别重视挖掘中华五千年文明中的精华，把弘扬优秀传统文化同马克思主义立场、观点、方法结合起来，坚定不移走中国特色社会主义道路。[①]习近平的这一全新阐发，深刻揭示中国共产党实现马克思主义中国化的内在逻辑，指出了中国共产党将诞生在欧洲西部的马克思主义与亚洲东方的中国实际相结合，使马克思主义在中华大地落地生根，开花结果，成为参天大树的真谛所在。中华民族之所以有五千多年长盛不衰的强大凝聚力、向心力、感召力、影响力和坚韧发展的内在动力，根本原因就在于中华优秀传统文化是中华民族的“老根”、“血脉”和精神命脉。自古以来，无论风霜雷电、严寒酷暑，无论艰难险阻、惊涛骇浪，无论刀砍斧劈、强敌入侵，只要这样的“根脉”存在，中华民族就能够战胜困难，顽强屹立，顶风傲雪，焕发出古藤新花的勃勃生机。尤其是强敌压境，天塌地陷，有中华民族“血脉”相连，就能够凝聚人心，汇聚成抵御一切外侮、战胜自然灾害的强大力量。中国共产党正是将马克思主义基本原理与中国实际相结合，认识中国国情，激活中华民族优秀传统文化，赢得了革命、建设和改革的百年辉煌，实现马克思主义中国化三次历史性飞跃，形成21世纪马克思主义。当代中国马克思主义重要特征，就是具有中国风格和中国气派，立足中国历史沃土，汲取中华文化智慧，具有中华文明基因，达到了马克思主义中国化新境界。

“坚持把马克思主义基本原理同中国具体实际相结合、同中华优秀传统文化相结合”，是马克思主义中国化新论断。在马克思主义中国化“开山之作”毛泽东思想重要载体毛泽东著作里，毛泽东没有着眼于从理论上构建思想体系，而是着力于用马克思主义基本原理解决中国革命实际问题。为此，毛泽东著作大量运用中华优秀传统文化的成语、典故、故事、寓言、诗词、神话、小说、传说、人物、战争、战役、战斗、战例等阐发

① 《人民日报》2021年3月24日。

马克思主义的立场、观点和方法，深入浅出，通俗易懂，晓畅明白，朗朗上口，为解决中国革命基本问题提供了指南。邓小平理论运用“不管黑猫白猫，只要抓住老鼠就是好猫”来说明马克思主义关于生产关系必须适应生产力发展的规律，用“小康”来阐发中国社会主义初级阶段经济发展的基本目标；“三个代表”重要思想汲取古代“为政以德”理念，提出“把依法治国与以德治国紧密结合起来”的治国方略。科学发展观汲取古代民本思想“民为邦本，本固邦宁”来阐发“以人为本”，实现科学发展和社会进步。中国共产党成立百年之际，习近平根据中华民族五千多年长盛不衰的悠久历史和独一无二的中华文明，明确指出：中国共产党的百年经验就是“坚持把马克思主义基本原理同中国具体实际相结合、同中华优秀传统文化相结合”[①]。这个论断进一步拓展当代中国马克思主义的丰富内涵。石破天惊，振聋发聩，大得党心，大得民心，大得人心。中华民族为什么能够创造五千多年光辉灿烂的古代文明和朝气蓬勃的现代文明，历久弥新，长盛不衰？中国遭到日本帝国主义侵略时，为什么能够万众一心结成抗日民族统一战线，“用我们的血肉筑成我们新的长城”？中华民族遭到危难和大灾大难时，全世界中国人和华人华侨华裔为什么能够“山川异域，风月同天”[②]？中华民族五十六个民族为什么能够亲密和谐、像“石榴籽”一样紧密团结？中国化马克思主义为什么能够植根中华大地，汲取中华文明，根深叶茂，与时俱进，成为引领中华民族前进的指导思想？习近平做了回答，因为中华优秀传统文化是“中华民族的基因”，是“民族文化血脉”，是“中华民族的精神命脉”，是中华民族共同的“精神家园”。《中共中央关于党的百年奋斗重大成就和历史经验的决议》指出：“习近平新时代中国特色社会主义思想是当代

① 习近平：《在庆祝中国共产党成立 100 周年大会上的讲话》，2021 年 7 月 1 日。
② ［唐］长屋：《绣袈裟衣缘》：“山川异域，风月同天。寄诸佛子，共结来缘。”

中国马克思主义、二十一世纪马克思主义，是中华文化和中国精神的时代精华，实现了马克思主义中国化新的飞跃。”①

“坚持把马克思主义基本原理同中国具体实际相结合、同中华优秀传统文化相结合”，丰富、发展、拓宽马克思主义中国化深厚内涵。中国共产党横空出世，立刻开始马克思主义中国化的建构，根据马克思主义基本原理研究中国国情、中国历史与中国革命特点。为此，毛泽东写了《中国社会各阶级的分析》《湖南农民运动考察报告》《中国的红色政权为什么能够存在》《井冈山的斗争》《星星之火可以燎原》《反对本本主义》《实践论》《矛盾论》《中国革命战争的战略问题》《中国革命和中国共产党》《〈共产党人〉发刊词》《新民主主义论》等著作，提出“中国革命斗争的胜利要靠中国同志了解中国情况”，奠定马克思主义中国化的理论基础，开创农村包围城市、武装夺取政权的中国革命道路。邓小平引领中国改革开放，首先发表《解放思想，实事求是，团结一致向前看》的“改革开放宣言书”，继而强调，把马克思主义基本原理与中国的实际情况结合起来，“走自己的路，建设有中国特色的社会主义”，开辟中国特色社会主义道路。习近平根据马克思主义基本原理，凝聚五千多年中华文明底蕴，创造性运用中华优秀传统文化治国理政，在中国全面建成小康社会。他根据21世纪中国与世界的发展变化，激活中华优秀传统文化的历史基因，倡议“一带一路”，助力世界发展，提出构建“人类命运共同体”，向世界提供“中国智慧”，创立习近平新时代中国特色社会主义思想。中共十八大以来“实施中华优秀传统文化传承发展工程，推动中华优秀传统文化创造性转化、创新性发展”②，丰富、发展、拓宽马克思主义中国化的深厚内涵。“坚持理论创新”是中国共产党百年奋斗重要经验之一。

① 《中共中央关于党的百年奋斗重大成就和历史经验的决议》，2021年11月12日《人民日报》。
② 《中共中央关于党的百年奋斗重大成就和历史经验的决议》，2021年11月12日《人民日报》。

马克思主义是立党立国、兴党强国的根本指导思想。马克思主义理论不是教条而是行动指南，必须随着实践发展而发展，必须中国化才能落地生根、本土化才能深入人心。中国共产党之所以能够领导人民历经曲折走向辉煌，完成中国其他各种政治力量不可能完成的艰巨任务，“根本在于坚持解放思想、实事求是、与时俱进、求真务实，坚持把马克思主义基本原理同中国具体实际相结合、同中华优秀传统文化相结合，坚持实践是检验真理的唯一标准，坚持一切从实际出发，及时回答时代之问、人民之问，不断推进马克思主义中国化时代化”。[①]“坚持把马克思主义基本原理同中国具体实际相结合、同中华优秀传统文化相结合”，进一步彰显马克思主义中国化的深度和广度，进一步体现马克思主义中国化的历史渊源，进一步提升中华优秀传统文化的持久魅力和广泛影响力，进一步增强对全世界中国人和华人华侨华裔的凝聚力和号召力，对实现中华民族伟大复兴有重要意义，对构建“人类命运共同体”有重要意义，对实现祖国统一大业有重要意义。尤其是中华优秀传统文化作为中国人民联结香港、澳门和台湾同胞的共同血脉和共同精神家园，对实现祖国统一具有特殊的无可估量的意义。

“坚持把马克思主义基本原理同中国具体实际相结合、同中华优秀传统文化相结合”，为应对 21 世纪各种挑战提供了“中国智慧”。当前，世界正在发生令人眼花缭乱的、前所未有的巨大变化。气候问题、环境问题、大气问题、反恐问题、战乱问题、难民问题、民族问题、宗教问题、毒品问题、金融问题、贸易问题、领土问题、海洋问题、疫情问题，以及全球化与反全球化问题、维护多边主义与坚持单边主义问题等，此伏彼起，潮起潮落。如何破解这些难题，中华优秀传统文化可以提供相应的答案。习近平指出，中华优秀传统文化在 21 世纪仍然具有深刻的现实

① 《中共中央关于党的百年奋斗重大成就和历史经验的决议》，2021 年 11 月 12 日《人民日报》。

意义："世界上一些有识之士认为，包括儒家思想在内的中国优秀传统文化中蕴藏着解决当代人类面临的难题的重要启示，比如，关于道法自然、天人合一的思想，关于天下为公、大同世界的思想，关于自强不息、厚德载物的思想，关于以民为本、安民富民乐民的思想，关于为政以德、政者正也的思想，关于苟日新日日新又日新、革故鼎新、与时俱进的思想，关于脚踏实地、实事求是的思想，关于经世致用、知行合一、躬行实践的思想，关于集思广益、博施众利、群策群力的思想，关于仁者爱人、以德立人的思想，关于以诚待人、讲信修睦的思想，关于清廉从政、勤勉奉公的思想，关于俭约自守、力戒奢华的思想，关于中和、泰和、求同存异、和而不同、和谐相处的思想，关于安不忘危、存不忘亡、治不忘乱、居安思危的思想，等等。中华优秀传统文化的丰富哲学思想、人文精神、教化思想、道德理念等，可以为人们认识和改造世界提供有益启迪，可以为治国理政提供有益启示，也可以为道德建设提供有益启发。对传统文化中适合于调理社会关系和鼓励人们向上向善的内容，我们要结合时代条件加以继承和发扬，赋予其新的涵义。希望中国和各国学者相互交流、相互切磋，把这个课题研究好，让中国优秀传统文化同世界各国优秀文化一道造福人类。"① 弘扬五千多年中华文明，推动构建"人类命运共同体"，习近平全面提升中华优秀传统文化具有重要历史意义和深远现实意义。

"坚持把马克思主义基本原理同中国具体实际相结合、同中华优秀传统文化相结合"，为彰显中国形象提供强大"软实力"。《中共中央关于党的百年奋斗重大成就和历史经验的决议》指出："中华优秀传统文化是中华民族的突出优势，是我们在世界文化激荡中站稳脚跟的根基，必须结合新的时代条件传承和弘扬好。"② 当代中国日益走近世界舞台的中央，中华

① 习近平：《在纪念孔子诞辰 2565 周年国际学术研讨会暨国际儒学联合会第五届会员大会开幕会上的讲话》（2014 年 9 月 24 日），2014 年 9 月 25 日《人民日报》。

② 《中共中央关于党的百年奋斗重大成就和历史经验的决议》，2021 年 11 月 12 日《人民日报》。

优秀传统文化是中国走向世界的最可靠、最根本、最能令人信服的“软实力”。我们要立足中华文明，胸怀“国之大事”，眼观五洲风云，不断提升中华文化影响力。要把握天下大势、区分不同对象、精准选择题材，“讲好中国故事”。特别要主动宣介习近平新时代中国特色社会主义思想，主动讲好中国共产党治国理政的故事、中国人民奋斗圆梦的故事、中国坚持和平发展合作共赢的故事，让世界更好地了解中国。中华优秀传统文化是中华民族的文化根脉，其蕴含的思想观念、人文精神、道德规范，不仅是我们中国人思想和精神的内核，对解决人类问题也有重要价值。要把优秀传统文化的精神标志提炼出来、展示出来，把优秀传统文化中具有当代价值、世界意义的文化精髓提炼出来、展示出来，让中华优秀传统文化惠及中国、惠及世界，造福人类，彪炳千秋。

伟大觉醒与伟大的建党精神

主 讲 人：龙平平[①]

主讲时间：2022 年 8 月 26 日

习近平总书记指出：“一百年前，中国共产党的先驱们创建了中国共产党，形成了坚持真理、坚守理想，践行初心、担当使命，不怕牺牲、英勇斗争，对党忠诚、不负人民的伟大建党精神，这是中国共产党的精神之源。”

中国共产党从何而来？习近平总书记说：“在中国人民和中华民族的伟大觉醒中，在马克思列宁主义同中国工人运动的紧密结合中，中国共产党应运而生。”这里有两个关键词——“伟大觉醒”和“马克思列宁主义”，这也是电视剧《觉醒年代》的主题词。

何谓觉醒？为什么要觉醒？是在什么基础上觉醒？觉醒的标准是什么？中国共产党的先驱们当初究竟是怎么想的？

清朝秀才出身对中国传统文化有很深造诣的陈独秀当初为什么没有从博大精深的中国传统文化中去寻找救国的出路，而要舍近求远，不远万里

① 原中共中央文献研究室副秘书长、第三编研部主任。

从欧洲引进马克思主义，以此为指导建立中国共产党呢？

重大革命历史题材电视剧《觉醒年代》，全景式反映新文化运动、五四运动的时代风云，艺术地再现马克思主义在中国的早期传播和中国共产党创建过程，揭示了中国共产党的建立是历史的必然选择这个主题。

1915 年 9 月 15 日，陈独秀在上海创办月刊《青年杂志》，次年更名为《新青年》，树起民主和科学两面大旗。《青年杂志》的出版标志着新文化运动的蓬勃兴起

建党精神溯源

以往反映建党题材的影视剧都是聚焦 1921 年党的一大，展现中国共产党的建立过程。《觉醒年代》讲的是中国共产党创建的时代背景和原因，揭示了党成立的历史必然性。

中国共产党是马克思主义和中国实际相结合的产物。马克思主义是党的指导思想，但马克思主义是舶来品，不是中国产的，是从外国引进的。而且，按照马克思主义的科学社会主义理论，中国这样一个古老落后的东方大国，是没有条件搞社会主义的。陈独秀、李大钊当初为什么不从博大精深的中国传统文化中寻找“药方”，而要从国外引进和接受马克思主义，他们是怎样找到社会主义这条道路的？

这需要从新文化运动说起。

《觉醒年代》叙事的时间段是1915年到1921年，共6年。选择这6年，是经过反复琢磨的。这 6 年，世界上发生了两件大事：第一次世界大战和俄国十月革命。第一次世界大战结束，巴黎和会确定的凡尔赛体系架构了帝国主义重新瓜分世界的新格局；俄国的十月革命则诞生了世界上第一个社会主义国家。这两件事影响甚至主导了整个20世纪世界的走向。这6年，中国国内相继发生了新文化运动、五四运动和中国共产党的成立三件大事，真正地打开了中国从封建走向民主，从农耕传统走向现代文明，从封闭走向开放的历史阀门。这6年，实际为中华民族伟大复兴奠定了基础。今天中国的一切，皆是从这6年衍生而来的。习近平总书记指出的，五四精神是中国精神和中国力量的生命力所在，讲的就是这个道理。

新文化运动、五四运动和中国共产党的建立，这三件大事都是陈独秀、李大钊领导的，只有把它作为一个整体来展现，才能够讲清楚中国共产党的由来。但是，我之前做过调查，很多人，尤其是青年人并不清楚新文化运动、五四运动与中国共产党建立的关系。所以，我想通过《觉醒年代》把它们之间的关系讲清楚。

新文化运动是鸦片战争之后中国志士仁人苦苦探索救国药方过程中一场具有革命性的接力运动。按陈独秀自己的说法，他创办《新青年》就是要帮助中国人实现最后觉悟之最后觉悟。所谓“最后觉悟之最后觉悟”，就是伦理的觉悟、道德的觉悟，实际上是文化的觉悟。在陈独秀看来，鸦片战争之后，中国人的觉悟分三步。第一步觉悟是实业救国。魏源、李鸿章这些人认识到技不如人，主张师夷之长技以制夷，这就有了洋务运动、北洋水师和最早的民族工业。第二步觉悟是改制和革命。从康有为到孙中山，认识到制度不如人，主张改良与革命，这就有了戊戌变法和辛亥革命。但这些都没有解决中国的根本问题。陈独秀认为，技术不行、制度不行，归根到底是人不行，人的素质不行，实际上是思想不行。所以第三步觉悟就是人的觉悟。1915年他从日本回国，就下决心“20年不谈政治”，专心办一本杂志，提高中国人的素质，通过改造国民性达到改造社会的目的。他在创刊词《敬告青年》中首次树起了“赛先生”和“德先生”即科学和民主两面大旗，提出：造就中国的新青年，唯有以科学和民主并重。

凡违反科学与民主的，哪怕是祖宗之所遗留，圣贤之所垂教，社会之所崇尚，皆一文不值。

《新青年》倡导科学与民主主要从两个方面入手：一是介绍引进国外新思想；二是反封建，批判正统的封建文化思想，就是所谓的打倒孔家店。

新文化运动批孔，今天我们尊孔。历史和现实是否需要沟通，怎样沟通？这是个难题。我的观点：100 年前的批孔和我们今天的尊孔，都没有错，都是救国和兴国的需要。《觉醒年代》中有两场戏是精心设计的。1919 年，陈独秀决意要离开北大，蔡元培劝他留下来编《中国通史》，陈独秀说："谢谢蔡公。我现在只想静下心来把《新青年》编好。毕竟现实比历史重要。"1920 年，毛泽东去曲阜祭拜孔子后到上海见到陈独秀，

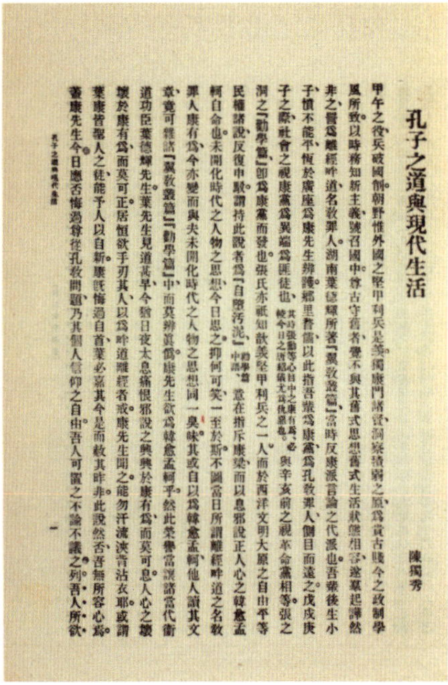
孔子之道與現代生活

陳獨秀

甲午之役。兵破國削。朝野惟外國之堅甲利兵是羨。獨康門諸賢。洞察積弱之原。爲貴古賤今之政制學風所致。以時務知新主義。號召國中。尊古守舊者。譽不與其舊式思想舊式生活狀態相容。遂羣起譁然非之。嘗爲離經畔道名教罪人。湖南葉德輝所著『翼教叢編』。當時反康派言論之代派也。吾輩後生小子。憤不能平。恆於廣座爲康先生辨護。鄉里耆儒。以此指吾輩爲康黨爲孔教罪人。側目而遠之。戊戌庚子之際。社會之視康黨爲異端爲匪徒也。（其時張勳等心目中之康有爲。必較今日之唐紹儀尤爲仇惡也。）與辛亥前之視革命黨相等。張之洞之『勸學篇』。卽爲康黨而發也。張氏亦祗知歆羨堅甲利兵之一人。而於西洋文明大原之自由平等民權諸說。反復申駁。謂持此說者爲『自墮汚泥』。（勸學篇中語。）意在指斥康梁。而以息邪說正人心之韓愈孟軻自命也。未開化時代之人物之思想。今日思之。抑何可笑。一至於斯。不圖當日所謂離經畔道之名教罪人康有爲。今亦變而與夫未開化時代之人物之思想同一臭味。其或自以爲韓愈孟軻。他人讀其文章。竟可釋諸『翼教叢編』『勸學篇』中。而莫辨眞僞。康先生欲爲韓愈孟軻乎。然此榮譽當讓諸當代衞道功臣葉德輝先生。葉先生見道甚早。今猶日夜太息痛恨邪說之興。興於康有爲。而莫可息。人心之壞。壞於康有爲。而莫可正。居恆欲手刃其人。以爲畔道離經者戒。康先生聞之。能勿汗流浹背沾衣耶。或謂葉康皆聖人之徒。能予人以自新。康既悔過自首。葉必嘉其今是而赦其昨非。此說然否。吾無所容心焉。蓋康先生今日應否悔過皈從孔教問題。乃其個人信仰之自由。吾人可置之不論不議之列。吾人所欲

孔子之道與現代生活　一

陈独秀在《新青年》第二卷第四号上发表文章《孔子之道与现代生活》抨击孔教以纲常立教，与现代社会经济生活相悖

陈独秀不无遗憾地说："早知道的话我就请你也给我上一炷香了，请老夫子不要骂我陈独秀，要骂就请他去骂袁世凯吧。"写到这里，我壮着胆子给了毛主席一句台词："先生，老夫子不会见怪的。他心里明白，他就是一幅画，怎么贴是后人的事。"评价历史人物，不同的时代会有不同的认识。司马迁说，研究历史，要"通古今之变"。我以为，这就是正确的历史观。

新文化运动为什么要批孔？直接的原因是袁世凯复辟帝制要拜孔教为国教。深层次的原因是，孔教三纲禁锢了人的思想，封建礼教扼杀了人的活力，封建制度阻碍了社会进步。不批孔，就没有理由去请"德先生""赛先生"，就没有理由去引进现代文明，中国就依然处于农耕社会。《觉醒年代》第一次全方位地展现了新文化运动的兴起和发展过程，表达了一种思想观点：面对三千年未遇之大变局、三千年未遇之大强敌，封建主义和孔孟之道救不了中国，复辟帝制走回头路必定死路一条。唯有奋起赶上时代，中国才不会亡。

正是在轰轰烈烈的新文化运动中，马克思主义得到了进一步的引进和传播，特别是这一时期发生的俄国十月革命，深刻地影响了李大钊等一批先进分子的思想，促使他们开始从民主主义向社会主义的思想转变。新文化运动如同欧洲的文艺复兴运动，成为中国社会革命的引擎，对于帮助大家厘清中国共产党的思想来源起到了很好的辅助作用。

新文化运动在 1919 年得到升华。第一次世界大战之后，当中国侥幸成为战胜国去参加巴黎和会的时候，包括陈独秀、李大钊在内的大多数人都以为中国有救了，可以赶上时代了。那时，美国总统威尔逊成了国人的救星和偶像。可是，仅仅过了几个月，巴黎和会就无情地毁灭了中国人的梦想。当帝国主义背信弃义联起手来把一个屈辱的巴黎和约强加给中国，而腐朽软弱的北洋政府竟然准备签订这个和约的时候，中国人彻底地愤怒了，觉醒了。什么是觉醒?《觉醒年代》通过五四运动告诉观众：封建主义救不了中国，资本主义也救不了中国，威尔逊是靠不住的。中国要图强，只能走反帝反封建的道路！巴黎和约让中国人看到，不从根本上改造中国社会，这个国家就没有救了。北洋政府是最黑暗、最反动、最软弱、最腐朽的政府，北洋军阀统治时期，中国沦落到最黑暗的谷底。所以陈独秀在这个时候能够喊出“让人民站起来直接解决问题”的口号。他提出，“世界文明的发源地有二：一是科学研究室，一是监狱。我们青年立志出了研究室就入监狱，出了监狱就入研究室，这才是人生最高尚优美的生活。从这两处发生的文明，才是真文明，才是有生命有价值的文明”。这都是绝望中的呐喊。他和李大钊去撒发传单，就是抱着必死的信念去的。这是五四运动能够成为中国社会一个转折点的根本所在。

《每周评论》第 25 号上刊登的《研究室与监狱》

概括地说，五四运动对新文化运动的升华主要有如下几个方面：1. 由反封建的思想启蒙运动演变成反帝反封建的社会革命，社会革命开始在一个特定的历史时期成为主宰中国社会发展的主旋律。2. 社会革命开始由新文化运动的精英层扩大到全社会，工农兵学商各行各业都席卷进来，特别是工人阶级登上历史舞台，演变成了全民族的伟大觉醒。3. 五四运动促进了马克思主义和社会主义思想的传播，在十月革命的影响下，经过五四运动的洗礼，形成了一批最早的马克思主义者，李大钊、陈独秀，中国最先进的一部分人选择了信仰社会主义，为中国共产党的成立做了思想上、理论上、组织上特别是干部上的准备。

李大钊和陈独秀接受和信奉的是马克思列宁主义，这是发展了的马克思主义，是马克思主义在当时最新的成果。当时有十几种社会主义传入中国，其中影响最大的是社会达尔文主义、无政府主义、工团主义、新村主义等等。这些主义当时不仅仅是理论传播，还有许多实验，但影响不大。俄国十月革命给了这些苦苦探索的先进知识分子很好的启发，让他们在几近绝望中看到了出路。一是苏维埃俄国的施政纲领让他们看到了社会主义的真实性；二是当时苏维埃俄国宣布废除沙皇对华一系列不平等条约，中

1920 年 3 月，在李大钊的指导下，邓中夏、罗章龙等秘密组织成立北京大学马克思学说研究会，并于 1921 年 11 月 17 日正式公开。马克思学说研究会是中国最早的比较系统学习和研究马克思主义的团体。图为研究会部分成员合影

国人切实感受到了社会主义的先进性。俄国和中国的情况差不多，他们能搞，我们也能搞。五四运动的第二年，陈独秀和李大钊就决心效仿俄国成立中国共产党。这就有了著名的“南陈北李，相约建党”。

《觉醒年代》用 9/10 的篇幅倾情展现新文化运动和五四运动两个大事件。这两件大事说清楚了，中国共产党的缘由和脉络就廓清了，中国共产党的建立也就水到渠成了。

建党精神场地溯源

以往反映建党题材的影视剧，都是把上海的石库门和嘉兴南湖的红船作为故事中心，而《觉醒年代》则把视点聚焦到北京，以北京大学作为中国共产党的思想发祥地，以北京大学红楼为叙事平台，从党的思想来源和干部来源两个方面展现中国共产党的酝酿和创建过程。史料证明，中国共产党的建立客观地存在着从北大红楼到上海石库门和嘉兴红船这样一个历史过程。红楼是因，马克思主义在中国的传播，中国共产党最初的酝酿是在北京，北大的红楼是源头；红船是果，石库门和南湖是中国共产党成立的地标。我们今天所讲的红船精神，首先指的是中国共产党的创始人开天辟地、敢为人先的首创精神，从这个意义上讲，红楼理所当然是红船的一个重要组成部分。不把北大红楼作为红船的一部分，只讲红船不讲红楼，不去追寻这条红船是从哪里驶过来的，必然只见树木不见森林，模糊了中国共产党的思想源头，淡化了党的创立时期无数革命先哲为追求真理、寻找救国出路做出的艰难曲折的痛苦选择。我曾经在部分大学生中做过调研，很少有人知道邓中夏、赵世炎、陈延年、陈乔年、蔡和森、俞秀松、何孟雄，他们都是最早的一批共产党员，20 多岁就慷慨赴死了。这才几十年，人们就不记得他们了。所以，实事求是地展现党的由来和建党的过程，不应该忽视北京大学的地

1920 年的北大红楼

位和作用。党的十八大之后，习近平总书记两次视察北大，召开座谈会并发表重要讲话。2014 年，他指出，北京大学是新文化运动的中心和五四运动的策源地，马克思主义在中国传播的发源地。2018 年，他明确指出："中国共产党的主要创始人和一些早期著名活动家，正是在北大工作或学习期间开始阅读马克思主义著作、传播马克思主义的，并推动了中国共产党的建立。这是北大的骄傲，也是北大的光荣。"习近平总书记的这些论述，明白无误地肯定了北京大学在中国共产党建立中的地位和作用。他还说："从五四运动到中国特色社会主义进入新时代，中华民族迎来了从站起来、富起来到强起来的伟大飞跃。这在中华民族发展史上，在人类社会发展史上都是划时代的。"这就把源头和意义都讲清楚了。电视剧《觉醒年代》坚持以习近平总书记的重要讲话为指导，以尊重历史的科学态度，把北京大学作为叙事平台，生动形象地展现了中国共产党主要创始人在北京大学接受和传播马克思主义，酝酿建立中国共产党的历史过程，普及了党史知识，得到了广大观众特别是青年观众的高度评价。

北京大学在酝酿和创建中国共产党中的地位和作用，主要体现在以下几个方面。

第一，北京大学作为新文化运动的中心，是引进宣传马克思主义的基地,《新青年》和《每周评论》是传播马克思主义的主要平台。《新青年》虽然名义上不属于北京大学，但它的同人编辑都是北京大学的教授。陈独秀和李大钊在北京大学工作期间成为马克思主义的主要传播者。陈独秀早在 1915 年就在《青年杂志》发表介绍社会主义的文章。李大钊则是在中国第一个举起马克思主义旗帜、系统地接受和传播马克思主义的人。俄国十月革命的消息传到中国之后，李大钊相继发表了《法俄革命之比较观》《庶民的胜利》《布尔什维主义的胜利》《我的马克思主义观》《再论问题与主义》等大量宣传十月革命和马克思列宁主义的著名文章和演说。五四运动期间,《每周评论》刊载了摘译的《共产党宣言》。之后,《新青年》首次在中国出版了马克思主义研究专号。北京大学在中国的大学中第一次把马克思主义理论列入课堂教学，开设了“唯物史观研究”“工人的国际运动”“社会主义史”等课程。1920 年 3 月，北大成立了我国最早的马克思主义研究团体“马克思学说研究会”，还建立了“亢慕义斋”图

亢慕义斋旧址

“马克思学说研究会”搜集和购买的一些马克思主义书籍

书室。这些都说明，引进传播马克思主义，北京大学起到了无他处可以替代的领袖作用。

第二，北京大学作为五四运动的策源地，为中国共产党的建立做了充分的干部准备。据统计，在中共一大前，共有 8 个地方建立了党组织，其中 6 个地方党组织的负责人是北大的师生或校友；共有党员 58（旧说为 53）人，其中在北大入党的师生 13（旧说 11）人，在北大学习及工作过已离校的校友 10 人，两项合计共 23（旧说 21）人，约占党员总数的 40%。出席中共一大代表的 13 人中，有北大的学生和校友 5 人，占代表总数的 38.5%。从这几个数字可以看出北大在建党时期的重要地位和突出贡献。[①]

第三，中国共产党的两位主要创始人和早期领导人陈独秀、李大钊都是北京大学的教授。“南陈北李，相约建党”酝酿于北大。共产国际代表维经斯基来华指导建立中国共产党最早是在北大与李大钊谋划的。

这些都说明，北京大学是中国共产党的发祥地。《觉醒年代》从事实出发，艺术地还原了这段历史。

建党精神人物溯源

伟大建党精神是中国共产党的先驱们在创建党的过程中形成的。先驱们都是谁？这是《觉醒年代》要展现的重要内容。

以 1920 年“南陈北李，相约建党”作为中国共产党创建的源头，形象展现中国共产党的由来，是《觉醒年代》的故事载体。能不能将陈独秀和李大钊并列作为《觉醒年代》的主角，从事实出发，客观公正地充分展现他领导创建中国共产党的作用、贡献和历史地位，这是整个创作过程中一直困扰我的根本问题。

---

① 杨琥:《北京大学于中国共产党创建之贡献》,《前线》2020 年第 10 期。

1945年，在党的七大预备会上，毛泽东同志说过，陈独秀是有功劳的，他是五四运动时期的总司令，整个运动实际上是他领导的。他创造了党，将来我们修党史要讲一讲他的功劳。毛主席的这段话距今已经77年，中国共产党已经成为百年大党，在此节点上，我们应该有一部客观公正地全面反映陈独秀、李大钊缔造中国共产党的贡献和过程的影视作品，让人民充分了解这段历史。而且，我坚定地认为，写这部电视剧，必须以陈独秀和李大钊为主角，这是坚持历史唯物主义还是历史虚无主义的大问题。

2013年10月22日，习近平总书记在欧美同学会成立100周年庆祝大会上的讲话中指出："历史不会忘记，陈独秀、李大钊等一批具有留学经历的先进知识分子，同毛泽东同志等革命青年一道，大力宣传并积极促进马克思列宁主义同中国工人运动相结合，创建了中国共产党，使中国革命面貌为之一新。"2016年5月17日，习近平总书记在哲学社会科学工作座谈会上的讲话再次指出：十月革命一声炮响，给中国送来了马克思列宁主义。陈独秀、李大钊等人积极传播马克思主义，倡导运用马克思主义改造中国社会。习近平总书记的这些论述，充分肯定了陈独秀的历史贡献，为我们正确认识和反映中国共产党建立的历史提供了根本的指导。

2019年10月，为纪念陈独秀诞辰140周年，中共中央党史和文献研究院第二研究部发表了一篇纪念文章，称陈独秀为"新文化运动的精神领袖、五四运动的总司令、马克思主义的主要传播者和中国共产党的主要创始人、中国共产党早期的主要领导人"。这篇文章是以党中央党史研究职能部门名义发表的，具有很高的权威性。其中对陈独秀历史贡献和历史地位的表述，为我在《觉醒年代》剧本中塑造陈独秀人物形象提供了准确的依据。

《觉醒年代》一个重要的特点，就是坚持历史唯物主义的观点，尊重历史事实，遵循既定的历史认同，以习近平总书记的有关论述和经中央审定的《中国共产党历史》以及党史研究的最新成果为依据，把陈独秀和李大钊作为并列的两大主角，第一次充分地、艺术地再现了陈独秀、李大钊在新文化运动、五四运动和中国共产党建立这三大历史事件中做出的无人可以替代的重要贡献，从而真实地展现了历史，弘扬了正确的历史观、国家观、文化观，正确地彰显了中国共产党和社会主义道路是中国历史和中国人民的必然选择的主题。这种做法受到了广大观众的一致肯定和高度评价。这是《觉醒年代》高口碑的一个重要原因。

需要指出的是，陈独秀毕竟是有一定历史局限的历史人物。所以，《觉醒年代》在充分展现陈独秀的历史贡献和人格魅力之外，对他的一些缺陷，如家长制作风、粗暴、专制、生活随便、不拘小节等也做了明显的揭示。

除了陈独秀、李大钊之外,《觉醒年代》还浓墨重彩地讲述了以毛泽东、周恩来为代表的一群理想飞扬的革命青年追求真理、燃烧激情的曲折经历，重点彰显了陈延年、陈乔年、赵世炎、邓中夏、蔡和森、俞秀松、何孟雄等一批志存高远、才华横溢、品格高尚的革命烈士的伟大人格、光辉风采。这样做，就是要让广大观众特别是青年从党史中认识和了解革命先驱，从他们的事迹中汲取力量，找到榜样。

鲁迅与新文化运动时期学界之关系

主 讲 人：孙郁[①]

主讲时间：2022 年 9 月 13 日

今天跟大家汇报的题目是《鲁迅与新文化运动时期学界之关系》。梳理鲁迅先生与当时北京学界到底是一种什么关系，他如何看待当时的北京学界，对新文化人和遗老遗少派的这些学人，他是一种什么态度。这个题目很大，我简要谈下大致情况。我们一般讲鲁迅是一个革命家、文学家，他是知识界的、精神界的战士。关于这方面的书籍有很多，我们在大学里讲鲁迅，基本就是讲作为文学家的鲁迅和作为思想家的鲁迅。其实鲁迅是一个非常重要的学者，他的作品有很多隐含的学问，如果不仔细体察，就不容易理解其经典的内容。我曾经写过一篇文章叫《鲁迅的暗功夫》[②]，就是说鲁迅的功夫隐藏在他的文字里。为什么他的文字今天读起来还能够冲刷我们的心灵？就是因为他的文字里面有一种张力，不仅体现在现代的白话文，还体现在词语背后的逻辑方法，其中有周秦汉唐的文脉。同时他

---

① 中国人民大学文学院教授、国家文物鉴定委员会委员。

② 孙郁：《鲁迅的暗功夫》，《文艺争鸣》2015 年第 5 期，第 58—66 页。

新文化运动时期的鲁迅

又通过翻译德文和日文，在德译本和日译本（即西方名著）里面，在翻译的过程当中重新刺激了我们汉语的生长，这使得白话文具有一个巨大的弹性。这些都与鲁迅作为一个具有学者气质的人有很大的关系。

假如不是从事文学创作的话，鲁迅先生可能是一个非常好的学者，一个大学的教育者。他在北大红楼讲了几年的中国小说史，进行了开创性的工作。今天研究古代文学的人要讲中国的小说，参考书里面一定会有鲁迅的讲义。其实鲁迅在大学里面，包括在中学里，他还讲了一些小说之外的知识。在中学里面他讲过生物学，他曾带领学生做过药用植物的采集，他最早倡导翻译法布尔的《昆虫记》。对于岁时、气候、时节、民俗他也很有研究。他自己整理和辑校的关于中国古代天气和民风的材料有很多，比如广东的天气，古人是怎么来描述的，他在一些类书和地方文献里面注意到这些，他还整理抄录过这些文献。所以他自己是一个很有学识的人，当时北京大学邀请他来讲课，就是因为他有这方面的专长。

鲁迅的学问其实是很多的，他对于经学虽然没有专门研究，但非常了解。对于史学，鲁迅说“二十四史”他是摸过一遍的。史学里他更喜欢看的是野史，是乡邦文献和野史杂记。他认为中国的正史除了像《史记》《汉书》等少数文本以外，其他大部分文本是要打折扣的，特别是后来的一些史书，基本上就是权力者的家谱，是权力者意志的体现，不能够呈现出王朝里面百姓的日常生活和民风特点。所以他对于传世文献之外的一些边缘史料是非常关注的。我们知道，中国最早的田野调查和中国考古学的产生是在 1927 年前后。当时鲁迅就非常注意考古学，他自己的藏书里有不少日本人的资料，比如有日本人在旅顺进行文物资源掠夺后整理的一些考古资料。1927 年，徐旭生先生到西北进行田野调查写的《西游日记》，就是鲁迅先生让他写的。五四新文化运动的发起者，包括陈独秀、胡适、周作人、钱玄同、刘半农，他们的学问都是很深的，各有特点。只不过鲁迅是小说家、杂文家，又是一个不断写实文、直面现实、批判现实的精神界战士，人们往往忽略了他作为一个学者，作为一个学问家的意义。

一、鲁迅在北京的工作

在新文化运动时期，中国的学界是一种什么样的形态呢？关于这一段历史，研究近代史、近代教育史和文化史的人有很多专著。鲁迅和学界的接触其实是多方面的，这里面能够看出他的兴趣，以及他对中国现代学术发展的贡献。

1912 年他来到北京，在教育部工作。当时教育部下设的很多学校对后来的影响都很大，比如国立北京医学专门学校。这所学校的校长是汤尔和，他和鲁迅那代人都有交集，但是他后来做了汉奸。国立艺术专门学校、国立北京高等师范学校（今北师大）、北京女子师范大学（后来合并到北大）、北京世界语专门学校也由教育部主管。教育部在当时是学者众多的一个部门。当时（8 月 21 日）在临时大总统颁布的任命状中，鲁迅被任命为教育部佥事。他主要负责的是博物馆、图书馆、植物园、美术馆，从事调查收集古物等。其实这些都与我们今天讲的文化遗产研究有关系。他当时住在宣武门外的绍兴会馆，距琉璃厂很近。宣南这个地方有很多遗迹都值得造访，我们会在那里发思古之幽情。曹雪芹先生当年也经常到这个地方来，清代的很多文人、艺术家都在这边活动。从工作角度来看，鲁迅的一些日常工作是为了保护国家的一些文物，比如建立历史博物馆、国家图书馆，举办博览会，他也借机参观了解了国子监的石鼓文和外地转运来的“四库全书”。“四库全书”应当是民国以后从沈阳调过来的。最早“四库全书”编完以后，放在不同的地方。沈阳有一个文溯阁，里面藏的“四库全书”被调运到北京来。后来张作霖要求归还，所以1925年鲁迅曾多次到太和殿和保和殿检书。对“四库全书”，鲁迅有很多的言论，比如当时统治者怎样篡改史书，把一些重要的文献给删掉了。鲁迅对传统的文化带有一种批判性的眼光。还有北京故宫的大内档案等，他在和故宫的交往中接触了一些一手材料。他对史料是非常敏感的，在琉璃厂等地收集了大量的拓本和文献，比如购置南阳的汉代造像，还有古砖、钱币等等。他把自己收藏的铜镜和瓦当都献给了博物馆。在博物馆刚刚成立的时候文物少，所以当时他从事的都是跟学术有关的工作。尤其是研究博物馆、纪念馆应当怎么建，博物馆理念是什么。蔡元培先生从德国的经验出发，提出了关于博物馆建设的一些美育方面的观点。鲁迅因为学德文（先后在南京的陆矿学堂、日本医专学习德文，对德国的古典美学有一定了解），所以他在《拟播布美术意见书》[①] 一文里面谈到关于文物保护的理念，有德国文化研究者的观点。当然，鲁迅因为小时候接触过出土的文献资料，绍兴有不少金石拓片及其研究者，鲁迅和7位绍兴籍金石学家保持过联系，所以很小的时候，他对金石学就感兴趣。他收藏的汉代造像、战国瓦当数量可观。他没有为此写过论文，不像他的朋友陈师曾会通过自己的讲义把观点写出来。鲁迅是把这种古人气魄的东西糅到自己的文字或设计里面了，例如，他给北京大学设计的校徽，用的就是战国瓦当的纹饰。蔡元培可以找到很多比鲁迅厉害的画家、艺术家来设计北大校徽，但为什么请鲁迅？比如当时教育部有陈师曾，他是一位很杰出的画

① 鲁迅:《拟播布美术意见书》，原载于1913年2月《教育部编纂处月刊》第一卷第一册，后收入《鲁迅全集》（七）《集外集拾遗》，人民文学出版社1958年版。

家，我们现在讲文人画，最早就是他从日本的文章里翻译过来的，他推动了中国文人画的发展。他在天津讲学的时候，讲的是中国美术史，而鲁迅在北大讲的是中国小说史。谈到魏晋，谈到唐宋的时候，关于社会风气和审美走向，他们的看法非常接近，两个人日常有很多交集。陈师曾的画体现了一种新风，但是蔡元培请鲁迅来设计校徽，没有找陈师曾。当时教育部这些官员没有今天讲的文史哲之分，他们是打通了的。鲁迅既看尼采，也看托尔斯泰和陀思妥耶夫斯基，还了解塞尚、凡·高。他在（20世纪）20年代，就已经购买了罗丹的雕塑和塞尚、凡·高的一些绘画。他的知识面是很开阔的，所以鲁迅后来去大学兼职，跟教育界、跟学界关系就更深了。他兼职的学校还有国立艺术专门学校，所以和美术界有一些接触。

鲁迅设计的北京大学校徽

下面简要介绍一下我所了解的美术界。当时国立艺术专门学校的校长是林风眠。1926年林风眠办个人画展，请鲁迅去参观。林风眠特别希望鲁迅能给自己写一个评论，但鲁迅看了以后未置可否。后来鲁迅到了上海，林风眠也见过鲁迅，让他了解他们的艺术，鲁迅还是不为所动。但是鲁迅当时为两个年轻画家写过文章，一个是他的老乡陶元庆，另一个是司徒乔。我有一次就问陈丹青这两个人的画怎么样，我知道陈丹青很喜欢林风眠。陈丹青认为，这两个年轻人的绘画更有张力，所以鲁迅的感觉是对的。鲁迅与美术界这种交织很有意思。后来“一八艺社”在上海办展览的时候，林风眠和鲁迅分别为展览题字和写序言，就是说鲁迅跟美术界是有互动的。鲁迅在谈到美术界情况的时候，只谈到两个人，一个是陈师曾，就是陈寅恪同父异母的兄弟；一个就是齐白石。鲁迅觉得齐白石的绘画是好的；陈师曾有士大夫气，但是他又能参照域外的东西。陈师曾发现了齐白石，并想方设法提拔他，最终齐白石不再受前人的影响，走出一条属于自己的路。从鲁迅在北京和上海同美术界的有限互动中，可以看出他的眼光之高。所以他在上海搞新木刻运动的时候，林风眠的好多学生从杭州艺专跑到上海跟着鲁迅，包括像诗人艾青都是这样。

我们知道，故宫博物院是 1925 年成立的。它的几任领导人中，如易培基、马衡和鲁迅是很熟悉的。鲁迅尤其和易培基很熟悉。鲁迅到上海大学讲演，就是易培基任校长时请的他。鲁迅的藏品里有关于故宫档案的材料，因为当时他的朋友沈兼士到了故宫。我们一讲故宫，就讲明史和清史，其实 1925 年故宫博物院成立时的事情也值得一讲。当时，新文化人在搞白话文，在北大红楼里面教书的老师和学生们很多跑到故宫去。去干吗？一个是去工作，就是在那里帮着马衡他们做工作，像俞平伯曾在报纸上发表了好几篇文章，写的就是他进故宫去读原始材料的心得；而像沈兼士等，他们进故宫干的第一件事，不是去找《清明上河图》这些古代的经典画作，他们干的第一件事是整理清代文字狱档。因为这代人是一些革命者，晚清时鲁迅和沈兼士都跟着章太炎读过书，都有一种对文字狱的痛恨，所以他们要看文字狱档。那代人刚进故宫的时候，他们要清理历史的垃圾，清理旧账，思索国家为什么衰败到那个样子，他们认为就是文化的专制。鲁迅在后来谈到清代文化的一些问题时引用过沈兼士给他寄来的那些清代文字狱档，鲁迅很看重故宫档案文献的整理。当时故宫有些大内档案流失了，包括像罗振玉在内的人都呼吁要保护，鲁迅就写了一篇关于大内档案的文章，讲中国公共的东西实在不易保存，明白的人把它偷光，不明白的人就把它毁光了。[1] 鲁迅与故宫，与一些朋友之间的互动，有很

---

① 鲁迅:《谈所谓“大内档案”》，原载于 1928 年 1 月 28 日《语丝》周刊第四卷第七期，后收入《而已集》。

多话题都值得研究。我们知道王国维曾经是溥仪很欣赏的，他是被末代皇帝召到宫里面，在那边做一些研究，就是南书房行走。马衡曾经跟王国维有一些交往，王国维的学问是很厉害的，鲁迅没有跟他直接交往，但是很注意王国维和罗振玉整理的器皿文献，尤其关注《流沙坠简》。民国时期中国在文物考古方面有三个亮点，第一个是敦煌的发现，第二个是故宫，第三个是北平文物调查委员会。鲁迅和两个亮点有些交集，他对敦煌的文献特别感兴趣。他的藏书里也有一些关于敦煌的书籍，他自己在关于中国小说史的研究当中，有一些就借用了敦煌的文献资料。但鲁迅用的不是一手资料，因为他没有能力获得。对于像西方考古学界介入到对中国文化的研究里面，他是有很多言论的，有一些是批评的。西方人对中国古文明有好奇之感，作为外来人，他们对于中国一些残酷的、黑暗的东西也礼赞，所以鲁迅是不以为然的。鲁迅觉得西方人研究中国，有一些很有价值，有一些是存在隔膜的，包括罗素。罗素和杜威来北京也都跟北大红楼有关系。我们党的早期创始人张申府在这儿接待了俄国共产国际的使团，张申府翻译过罗素、维特根斯坦的一些文章。但是鲁迅看到这些外来者讨论中国的时候，是存在隔膜的。

二、与北京学术生态之关系

在北京女子师范大学，鲁迅因为支持了学潮，后来被章士钊免职了。之后又发生了 1926 年的三一八惨案。鲁迅站在了弱者的一边，发出了战斗的声音，这个就非常感人。鲁迅成了一名战士，他和其他人都不一样，包括和各高校知识分子也不太一样。北京当时有很多高校，北大的影响力是最大的，但有一些矛盾的爆发点确实不在北大，是在北京女子师范大学。1924 年，杨荫榆任北京女子师范大学校长，她是杨绛的姑姑。因故和学生发生了冲突，她开除了几个学生。这个时候鲁迅等人支持了学潮。

鲁迅作为教育部官员支持学潮，这是违反公务员法规的，所以章士钊开除他，也有一定的道理。鲁迅后来就跟章士钊发生了冲突，章士钊当时当了教育总长，鼓吹要尊孔读经。鲁迅就写了《十四年的“读经”》，讽刺挖苦章士钊，批判他的“官气”。后来顾颉刚在他的日记里面说，其实师大风潮是北京学界矛盾的一个产物。他认为，当时北京有两派，一个是法日派，即法国和日本留学回来一派学者，像李石曾、徐炳昶就是法国留学回来的，鲁迅、周作人是留学日本的，这些人关系好，细看也是这样。徐炳昶办《猛进》周刊，鲁迅在上面就发表了很多文章，就是在这份周刊上，两个人提出思想革命的观点。另一派是英美派，当女师大风潮出现以后，留日、留法的很多教授，尤其留日教授联名抗议当时教育当局的行为。而北大外语系的教授陈西滢，他是英国留学回来的，他在《现代评论》周刊（1924 年前后创刊，是英美留学者的园地）上就挖苦鲁迅等人，认为这些人是某籍某系，并且陈西滢觉得在教育系统里面是有一个派系的。鲁迅后来反击，写文章[①]应对。那么当时在教育部有没有一个派系，所谓绍兴帮？蔡元培把很多绍兴人都给调过来，比如许寿裳、鲁迅，因为熟悉又确实有才华。那么到底在北京知识界是不是有一种权力之争，这是有争议的。中国社科院文学所前任所长陆建德先生曾经写过一篇文章[②]，他引用了顾颉刚的言论。顾颉刚的历史研究是疑古派，鲁迅受章太炎的影响，对疑古派是有微词的。陆建德教授根据顾颉刚的言论，以他的日记作为依据，说鲁迅、陈师曾、易培基这些人是一派的。英美这些学者掌权的时候，比如像杨荫榆这些人掌权的时候，鲁迅猛烈地抨击，等到易培基（原来是教育总长，后来接了女师大的校长）上台以后，鲁迅就没有声音了。所以他们认为这里面有北京学界的派系斗争。后来陈漱渝先

① 鲁迅：《我的“籍”和“系”》，原载于 1925 年 6 月 5 日《莽原》周刊第七期。

② 陆建德：《故事的结局——女师大学潮新解》，《中华读书报》，2015 年 3 月 4 日第 13 版。

生写了一篇文章[①]反驳陆建德先生，他认为易培基先生其实最早当了教育总长，他到学校当校长是兼职，不是要争夺权位，没有必要搞派系斗争。此外，用历史上的人际关系来看一个思想家，一个作家的文本，就看不到人的精神哲学了。鲁迅那代人，他们有明晰的价值观。如果价值观不同，无论是老乡还是老师、同人，都不会客气。李大钊、鲁迅等人都是这样，他们有自己的价值尺度。鲁迅当时介入到女师大的风潮，我觉得他是从一个知识分子的良知出发，发出了一种吼声，是一种正义的声音。我们如果把它放到法日派和英美派学界的斗争来解释，作为学术研究是允许的，它是一种观点。但是我个人认为情况并不是那么简单，学界的情况比较复杂。

鲁迅和清华学派没有什么过多的往来。他主要是与北大教育界的人联系比较多，有黄侃、刘文典（这两位是老式的学者，不是新文化中人），还有陈独秀、李大钊、胡适、周作人、钱玄同、刘半农、沈兼士、沈尹默、郁达夫（郁达夫曾经在北大教过一阵经济学）、马叙伦、马叔平、徐耀辰、张凤举、顾颉刚、废名、徐旭生、李玄伯、许诗荃、许诗荀、陈大齐、徐以孙、郑介石、范文澜、罗家伦、傅斯年、徐悲鸿、顾孟余等。他跟北大学生的交往就更多了，有孙伏园、许钦文、李小峰、冯至、王鲁彦、章廷谦、台静农、曹靖华、董秋芳、魏建功、常惠、陈翔鹤、陈炜谟、任国桢、尚钺、胡风、冯雪峰、孙席珍、马珏、张辛南、李世军、纪玉帆、孔宪书等。鲁迅博物馆有个学者叫萧振鸣，他写的一本书《鲁迅与他的北京》[②]梳理过这些人，可以作为一种参照。

三、与保守派营垒之关系

前面把鲁迅和当时学界的一些情况，当时的人文地图、学界地图做

① 陈漱渝:《一篇沙上建塔的文章——评陆建德〈女师大学潮新解〉》,《中华读书报》，2015 年 4 月 15 日第 13 版。

② 萧振鸣:《鲁迅与他的北京》，北京燕山出版社 2015 年版。

了一个大致的勾勒。鲁迅怎么看学界？我觉得这是一个很有趣的话题。鲁迅介入到学界，首先是他跟新文化运动有很大关系。陈独秀、胡适等人搞《新青年》杂志，鲁迅加入这个阵营，后来又到北大教书。在这个过程里面，首先他们是为了新文化的建设，为了民主和科学的精神，来建立一个新的文化。鲁迅参与了和保守主义的论战，于是跟保守主义学界里面的保守主义学者有了关联。保守主义学者里边有两类人，一类是纯粹的学人，另一类则既是官又是学者。鲁迅与他们的论战，第一个就是对于学衡派的批判。学衡派是五四运动以后一个重要的学术团体。《学衡》杂志在南京问世，被后来学界认为是保守主义的大本营。主要学者吴宓、梅光迪、胡先骕都有留学经历，吴宓、梅光迪都曾在哈佛受到很好的教育，受到白璧德的新人文主义的影响，他们对激进主义是非常反感的。白璧德对于现代主义的艺术可以说非常反感。我听哥伦比亚大学的刘禾教授讲过，当年吴宓等人在哈佛读书的时候，白璧德给他们讲新人文主义。那个时候西方的现代主义艺术已经蓬勃发展了，当时他们没有注意到现代主义艺术及现代主义的理论，但是白璧德的理论是对于前一段文学的一种描述，所以当这些哈佛的毕业生回到中国以后，他们所谈到的学术观点和文学观点跟现代主义和激进主义是有一点隔膜的，因为他们受老师影响。按照南京大学沈卫威教授的观点，这些人对于原典精神是崇拜的，类似古典学的研究。像胡适跟学衡派很多人都有交往，他和梅光迪是老乡，甚至在留学的时候都有过一些切磋，后来两个人的观点就完全不一样了。梅光迪对于胡适的新文化不以为然，所以这些人在创办《学衡》的时候，就提倡他们的古典美学理念。梅光迪讽刺新文化人是非思想家，而是诡辩家；非创造家，而是模仿家；非学问家，乃是功名之士也。[1] 梅光迪在《评提倡新文化者》的文章里面说道：

① 梅光迪:《评提倡新文化者》，发表于 1921 年 1 月《学衡》第一期。

“故改造固有文化与吸取他人文化，皆须先有澈底研究，加以至明确之评判，副以至精当之手续，合千百融贯中西之通儒大师。宣导国人，蔚为风气。则四五十年后，成效必有可睹也。”[①]他们在《学衡》杂志上发表了很多古文。鲁迅看了以后哈哈大笑，因为鲁迅先生的古文实在太好了，他如果模仿周人的笔触，他能写周人的文章，用汉人的笔触写汉人的文章，甚至六朝人的文章他都能写。鲁迅曾跟章太炎学音韵训诂，他知道词语和典故的运用。他知道汉语作为一个字本位的一个形态，什么样的辞章是好的，什么样的是坏的。他一看这些人就感到不行，他们的古文是三流的，二流都达不到。鲁迅觉得这就非常悲哀，到了晚清的时候，中国士大夫的文章水平很差。但桐城派中严复、林纾等人的文字是很好的，其他大部分读书人的古文是不过关的，所以鲁迅和周作人很瞧不起同代很多学者，很大原因就是他们文字表达不过关。《学衡》上刊载的一些文章没有母语的那种精善秀雅的弹性和丰富性，所以鲁迅就写了一篇《估〈学衡〉》，这篇文章打得保守派几十年无法翻身。他们的错误集中在词语、典故、逻辑层面，鲁迅就按照传统文章学的理念来挑他们的刺。他不用新文化的观点，就用传统的、唐宋八大家的标准，用桐城派的观点指出文章存在的问题。到最后鲁迅说，我发现你们这些人的水平，居然有发表文章的勇气，你说你们昌明国粹融合新知，结果你们的古文就这个水平。

提倡新文化运动的人古文是非常好的，尤其是陈独秀，陈独秀在监狱里写的自传，写得非常好。陈独秀的一些诗是六朝体，他在监狱里写了篇《甲戌随笔》，对于母语的把握和感觉简直是超人的。现在研究音韵训诂、研究中国汉字的人，要经常参考他们这一代人的文章。像陈独秀的《小

① 梅光迪:《评提倡新文化者》，发表于 1921 年 1 月《学衡》第一期。

学识字教本》，鲁迅还买过这本书。所以新文化人不是没有本事搞古文，他们恰恰太了解古文了，知道我们的古文已经被一帮士大夫给“玩”死了。鲁迅《估〈学衡〉》这篇文章太好了，是很智慧很有学问的一篇文章，体现出鲁迅的学问和他的论辩能力。曹聚仁先生认为他就是当代（当时）的苏格拉底。在别人想当然认为正确的地方他看见了悖谬，别人认为是光明的地方他看见了黑暗。鲁迅对旧派学人，他一出笔就把他们打翻在地，所以学衡派很多人晚年谈到鲁迅，他们也是心服的。学衡派作为一个学派有没有存在的道理？有道理。今天我们讲古典学研究应当尊重这个派存在，但是他们认为只有自己是正确的，新文化是错误的，这个就显得气量不够，而且体现了学衡派的文章切实沟通的能力很少。而《新青年》的作者，鲁迅、胡适和陈独秀的文字是带着蒸汽的文字，且有鲜活的时代感。他们的文章有对话的功能，而且能够激活沉睡百姓的灵魂，尤其青年人，让他们在僵硬的生活里去反省和创造新的生活。学衡派有些学者的文章研究还是值得尊敬的。那么学衡派主要的问题是什么？在鲁迅看来一个就是他们古文能力并不强，前文已说明这一点。另一个是他们对待古代文化遗产的时候没有一种批判的眼光，缺乏批判地运用古代文献的能力，像胡先骕、吴宓，他们谈到中国古代先贤的时候，都充满了恭敬之情。而胡适在《说儒》那篇长文里面对儒家的优点和不足，讲得都很有分寸。这是一种科学的态度，而不是匍匐在前人的躯体上来注视前人。所以鲁迅这些新文化人，与学衡派相比我们觉得他们具有批判精神，这是新文化的精神之一。

第二个就是鲁迅当时对后甲寅派的批判。《甲寅》杂志最早是陈独秀和章士钊创办的，开始很有生气。章士钊曾到日本和英国留学，对逻辑学颇有研究。他晚年有一本书叫《柳文指要》，毛泽东主席特批出版。当时郭沫若看到这本专著印得这么好，很是羡慕。郭沫若的《李白与杜甫》是小本子。章士钊很有学问，在十几岁的时候，就买了一套柳宗元文集。《柳文指要》有一些部分写得很好。但是章士钊到了1925年前后搞《甲寅》，当上教育总长以后利用职权重新复刊《甲寅》，鼓吹读经尊孔，鲁迅认为这就有问题了。1925年正是段祺瑞执政时期，章士钊做了司法总长兼教育总长。他就重新办了《甲寅》周刊，反对新文化。曹聚仁先生在《文坛五十年》[①]里边说，他反文学革命，起到了卫道士的作用。胡适在武昌公开讲演新文化运动便说，章氏之论不值一驳。我记得《觉醒年代》里面有这个镜头，就是胡适在讲演的镜头。章士钊的文章表现出了一个落伍者的特点，透出一个旧式文人的老气，以权力者的身份提倡读经，反对新文化运动，将学理的问题变成政治的工具。他其实与胡适是好朋友，与陈独秀也有深交。陈独秀后来入狱时，章士钊免费给他做答辩律师。中国的文化，在鲁迅和他的老师章太炎看来，文化和教育建设应当自下而上，但章士钊是自上而下，反过来了。这和新文化人的想法是不一样的。章士钊在《评新文化运动》一文（最早在上海一个报纸上发表，后来在《甲寅》周刊再次发表）中说，古之圣人知其然也。乃创为礼与文之二事以约之。一之于言动视听。使不放其邪心。著之于名物象数。使不穷于外物。复游之以诗书六艺。使舒其筋力而瀹其心灵。初行似局。浸润而安。久之百行醇而至乐出。彬彬君子。实为天下之司命。默持而善导之。天下从

《甲寅》杂志

① 曹聚仁:《文坛五十年》，香港新文化出版社1954年版。

风。炳焉如一。……吾之国性群德。悉存文言。国苟不亡。理不可弃。[①]意思是国家不亡，则礼不可弃，文言文是不能动摇的，而孔子的思想也是不能动摇的。胡适就写了一篇文章《老章又反叛了》，来回斥章士钊的观点，谈到了白话文与新思想存在的理由。鲁迅后来看了章士钊的文章，他在一篇文章里说，《甲寅》第一次出版时，我想大约章士钊还不过熟读了几十篇唐宋八大家文，所以模仿吞剥，看去还近于清通。至于这一回，却大大地退步了。关于内容的事且不说，即以文章论，就比先前不通得多，连成语也用不清楚，如“每下愈况”之类。[②]《十四年的“读经”》这篇文章里面鲁迅讥笑章士钊主张读经的无用，在鲁迅看来，提倡读经者如果是自上而下的行为，是阔人的事情，与百姓无关。他的理由是什么呢？“二十四史”所载的许多内容都是与孔子思想相悖的。改变世界的力量，往往在儒家的训条之外。阔人主张读经，可是我们曾经文明过，而后来奉迎过蒙古人、满洲人大驾了的国度里，古书实在太多，倘不是笨牛，读一点就可以知道，怎样敷衍、偷生、献媚、弄权、自私，然而能够假借大义，窃取美名。[③]鲁迅觉得读经是失败的，但是马一浮不认同鲁迅的观点。马一浮一直在强调六艺之学。马一浮和鲁迅是老乡，当年和鲁迅、周作人一起去考试，马一浮考了第一名。马一浮晚年隐居在杭州，一直研究经学。他认为新文化运动最大的问题是丢掉了经学，认为从章学诚开始“六经皆史”这个理念时，中国学术就走了偏路了。为什么？经可不能当史来读。但是章太炎、胡适等人把经当史来读，不再对古人伟大的价值观有一种敬意。马一浮认为中国文化最重要

① 章士钊：《评新文化运动》，原载于1923年8月上海《新闻报》，后在《甲寅》周刊第一卷第九号上再次刊发。

② 鲁迅：《答KS君》，发表在1925年8月28日《莽原》周刊第十九期。

③ 鲁迅：《十四年的“读经”》，作于1925年11月18日，原载于11月27日《猛进》第三十九期，后收入《华盖集》。

就是“敬”，六经其实就是让中国人保持一种“敬”，一个民族要有一个经，经很重要。但是，新文化运动认为这个经有问题，什么应当是我们民族遵从的东西？新文化人在找，李大钊找的是马克思主义。鲁迅开始是在尼采、克尔凯郭尔那个世界里面找，后来他又了解了托尔斯泰、陀思妥耶夫斯基，每个人都在找。张申府是早期马克思主义者，可是他最喜欢的是维特根斯坦和罗素。旧的动摇了，新的还在建设之中。在这个时候，守旧的文人们就觉得还是要读经。直到今天关于这个问题还是存在争议。

我个人认为鲁迅先生当时对此持批评态度是非常对的，因为中国古代讲了这么多年的儒家之说，章太炎和鲁迅都举过一个例子，就是《颜氏家训》里面讲的，六朝的时候，北方少数民族进入内地以后发生动乱。当时的儒生在干什么呢？就是给少数民族权贵的孩子们去讲《论语》。这是当时儒生唯一的价值，是去当奴才，没有去救国。所以为什么到了晚清的时候，人们开始重新发现墨子。章太炎、鲁迅他们都很喜欢墨子的思想。他们觉得儒家有它的道理，在新文化运动这些先驱者的身上，都有儒家的传统，但是不能定义于一尊，一定是百花齐放、百家争鸣的。鲁迅写了《学界的三魂》一文，这篇文章非常重要，是理解鲁迅那代人的一篇非常重要的文章。文章中说，所谓学界，是一种发生较新的阶级，本该可以有将旧魂灵略加湔洗之望了，但听到“学官”的官话，和“学匪”的新名，则似乎还走着旧道路。①他们骂鲁迅，就是说他有“匪性”。鲁迅认为民魂才是真正重要的，代表了百姓的利益。鲁迅在官匪和民之间，选择的是民魂。从他的选择来看，作为一个知识分子，他的出发点符合百姓大众的利益。

---

① 鲁迅:《学界的三魂》，作于1926年1月24日，发表于2月1日《语丝》第六十四期，后收入《华盖集续编》。

四、与京派学人之关系

鲁迅当时四面出击，和北京各种知识人的论战，包括他和他弟弟之间产生的矛盾，能看出当时他和中国的学界已经有很大的距离了。鲁迅后来在文章里面一谈起大学教授，谈起知识分子，他常常有一点点微词，就是因为当时知识界已经开始分化。有的知识人往官场里走。鲁迅有好多朋友后来去当官了，比如大书法家沈尹默后来到河北做了教育厅厅长。还有的躲到象牙塔里，和现实没有关系了。鲁迅在自己的文章里不断强调，知识分子要从象牙塔里走到十字街头。他很多文章都是在回答学界的一些难题，学界所强调的关于历史的问题，关于审美的问题，关于教育的问题，关于政治风潮的问题，鲁迅都在他的文字里有所反映。可以说他以一种艺术的方式回答了学界不同群体里所纠缠的一些难题。比如考古学，他对于疑古派的讽刺，其实在现实里面有很多的体现。他认为疑古有问题，写了一篇文章叫《“学匪”派考古学之一》[①]。

鲁迅非常注意新出土的文献，他发现我们古人记录的东西有一些并不准确，而象牙塔里的一些知识人还在用旧的学说来讨论问题，他觉得有些迂腐。比如“四库全书”大家认为是很了不起的，鲁迅却说，关于清代的历史，他在野史杂记里发现当时明清两朝中国社会的一些黑暗，很多士大夫的文字里面没有，所以他要注意百姓的一些问题。他为什么后来和年轻人走到一起，和一些青年作家走在一起？他觉得青年作家没有受到士大夫文化的熏染，是一张白纸，可以画最新最美的图画。那些人又很生猛，很单纯。其实知识人为学术而学术没有问题，比如鲁迅在给他的学生台静农的信里说，你好好做学问，这可以谋生，另外也是好玩的事。他也是主张好好做学问的，但是也不要忘了人间的烟火。台静农到台北后，对于中

---

① 鲁迅:《由中国女人的脚，推定中国人之非中庸，又由此推定孔子有胃病——“学匪”派考古学之一》，最初发表于 1933 年 3 月 16 日《论语》第十三期，署名何干。

国古代文学史的描述，对于辽东出土文献的解读有一种非常苍凉、非常广远的情怀在里面，这都受到了鲁迅的影响，通古今之变，成一家之言。鲁迅的学生徐梵澄在上海期间经常造访他，最早鲁迅让他翻译的是《尼采传》，后来向他讲佛学，讲小乘佛教和大乘佛教，讲小乘佛教里的一些经典和大乘佛教经典的区别。徐梵澄受鲁迅的影响去了德国海德堡大学留学。我前几年去海德堡大学，专门造访过他当年和冯至学习的地方，印象很深。后来他又去了印度30多年，翻译了《薄伽梵歌》和《五十奥义书》，在翻译的过程当中用的就是鲁迅的经验。金克木先生认为徐梵澄先生是玄奘以后中国最重要的翻译家。原来是六朝的鸠摩罗什，然后玄奘，再后来是徐梵澄。徐梵澄认为他自己的学术成就和鲁迅有很大的关系。他翻译《薄伽梵歌》的时候，用的是屈原的骚赋体。鲁迅当年翻译尼采的时候，他用的是列子体，用庄子和列子的语言来翻译。鲁迅的这种翻译方法就是翻译学里的一种大胆实验，徐梵澄有所运用。季羡林看了《薄伽梵歌》和《五十奥义书》叹为观止，当时国内只有季羡林能够帮助校对这些书。鲁迅的这种学术思想，主要想解决当时中国社会的矛盾。他认为要走出象牙塔，走到十字街头，跟黑暗势力战斗，所以他没有时间做古典学的研究。他27岁的时候，在日本写《摩罗诗力说》[①]和《文化偏至论》[②]，尤其在《文化偏至论》里谈到古希腊，还有希伯来文明的重要性（“两希”文明），研究它们的源头。他的一些想法在文学批评领域被胡风、冯雪峰所继承。所以他在象牙塔外做了一些象牙塔内想做而做不了的事情，比如他翻译日本学者的《近代美术史潮论》，翻译得非常有意思，而且他当时整理的汉代造像资料（有些没有出版）和一些古代文献，对于当时的青年作家和青年

① 鲁迅:《摩罗诗力说》，1908年2月和3月以令飞的笔名发表于《河南》杂志第二期和第三期，后由作者收入1926年出版的杂文集《坟》中。

② 鲁迅:《文化偏至论》，1908年8月于《河南》杂志发表。

美术家都有很大的影响。所以到处都是学问，不一定都是在象牙塔里。

鲁迅是具有学者意味的一个作家。他喜欢草根式的诗人和小说家，是因为他们身上非规则化的，带着生命蒸汽的表述，属于别一世界。而在鲁迅看来，这是新思想与新精神生长的地方。鲁迅觉得文艺除了具有审美的锐气外，还带有学术思考的可能。文学文本可以催生出哲学的观念，对形而上学不无益处。鲁迅觉得文学文本可以产生一种形而上学的东西。我刚才讲的张申府，他在 20 世纪 20 年代就模仿鲁迅的《野草》写了一篇很长的文章，但是模仿得比较多，他的文字能力不如鲁迅。虽然他翻译罗素和维特根斯坦翻译得很好，但是他也知道自己的创作能力不行，在模仿过程当中，他其实把鲁迅当成一个哲人。他认为 20 世纪 20 年代中国最伟大的几个思想家，他提了 4 个人，其中有一个就是鲁迅。鲁迅的写作是具有哲学意味的，比如《野草》。他写《野草》的时候，是和他弟弟分手的时候，后来跟章士钊论战。他在《野草》里面，就经常用一些打破常态逻辑的话语秩序来思考问题，跟尼采、加缪和卡夫卡非常像。德国哲学家海德格尔通过阅读尼采和荷尔德林的诗来寻找心灵的哲学意向，其实鲁迅的文本也具有这样的功能。冯至是鲁迅的学生，他当年在北大搞浅草社，鲁迅给予支持。冯至后来也是去海德堡读的书。冯至接触了当时德国最好的一些哲学家，他写《伍子胥》[①]小说，就是模仿了鲁迅《野草》里的《过客》[②]，也有像里尔克（德语诗人）的诗文在里面，因为这里面都含有一种人生哲学，所以鲁迅的文学作品里面这种哲学的张力是很多的。中国作协副主席阎晶明是研究鲁迅的专家，写了关于鲁迅的研究文章。他发现鲁迅的文字语言有一种急促的、回旋的功能。我觉得他归纳得很好，这种功能在克尔凯郭尔、

① 冯至:《伍子胥》，花城出版社 2013 年版。

② 鲁迅:《过客》，本文写于 1925 年 3 月 2 日，最初发表于 1925 年 3 月 9 日《语丝》周刊第十七期。

陀思妥耶夫斯基的文本里面都能够找到。所以在这个意义上说，鲁迅偶与学界的对话，都不是内部的等量上同色调的一种对话，他和保守主义和自由主义文人的学者都不在一个语境里面。

鲁迅离开北京以后，20 世纪 30 年代的时候北京就成了以他弟弟为核心的京派大本营。京派都是自由主义的文人，他们就有象牙塔气。他们文章的特点是文字背后要有历史，非常典雅。它是很高贵的，带有绅士意味的一个学派。北大、北师大、燕京大学、辅仁大学的这些学者有一部分合流了，成为京派学者，鲁迅甚至对京派学者是有微词的，觉得他们太“掉书袋”了，和现实有一些隔膜。

五、与海派学人之关系

鲁迅和海派，比如他对施蛰存（作家、学者、翻译家）的批评。施蛰存提倡读《庄子》和《文选》来提高学生的写作能力，鲁迅就讽刺挖苦他。其实如果我看到了施蛰存的文章，我会很高兴。我觉得施蛰存说的有道理，多读选学嘛。北大当时有两派，最早是桐城派，后来被钱玄同骂为桐城谬种、选学妖孽。选学,《文选》研究当时也是很多的。后来就是六朝派，是章太炎的弟子们在北大占据要津。周作人讲西方文学，历史系主任是朱希祖，讲历史学。鲁迅讲小说，沈兼士讲音韵训诂。他们崇仰六朝，不喜欢唐宋八大家，尤其对韩愈很反感。选学其实很重要，鲁迅也很重视选学，但关键是我们怎么看待选学。施蛰存讲到选学的经验，鲁迅认为是有问题的。他觉得我们在给年轻人精神食粮的时候，一定要是多元的，不要定于一尊。1925 年《京报》副刊要求每个人给学生、给年轻人推荐几本必读书目。鲁迅就交了白卷，他的学生江绍原也是跟着交了白卷。

鲁迅为什么拒绝给学生、给青年人推荐必读书目？其实他给好友许寿裳的儿子许世瑛推荐过必读书目，私人朋友可以，但是在公共场合，鲁迅认为必读书目很危险，一定要慎重，不要误导青年。不同学派的作品，不同的东西，都表现出一种表达的可能和思想的可能。鲁迅特别讨厌将学术思想、艺术思想定于一尊。鲁迅当时跟京派、海派学者们的对话不在一个层面上，他们之间有很大的差异。不论是京派学者还是海派学者，他们描述古人时那种欣赏的态度，有时候是在一种幻想里。比如林语堂礼赞晚明文人，跟随着周作人说几句漂亮的讨好古人的话，鲁迅以为就是过了。鲁迅觉得从周作人到施蛰存，都把古文与古人想得很好。就文章而言，确实也是不错的，但他们对于历史的想象也未免太天真了。所以他在《花边文学》的《古人并不纯厚》里面讲，古今的心的好坏，较为难以比较，只好求教于诗文。古之诗人，是有名的“温柔敦厚”的，而有的竟说:“时日曷丧，予及汝偕亡！”你看多么恶毒！更奇怪的是孔子“校阅”之后，竟没有删，还说什么“诗三百,一言以蔽之，曰：思无邪”哩，好像圣人也并不以为可恶。①

至于谈到小品文，也非周作人、林语堂、施蛰存所感受的那么散淡平和。在《杂谈小品文》里，鲁迅就说,《史记》里的《伯夷列传》和《屈原贾谊列传》除去了引用的骚赋，其实也不过是小品，只因为其是“太史公”之作，又常见，所以没有人来选出，翻印。由晋至唐，也很有几个作家；宋文我不知道，但“江湖派”诗，却确是我所谓的小品。现在大家所提倡的，是明清，据说“抒写性灵”是它的特色。那时有一些人，确也只能够抒写性灵的，风气和环境，加上作者的出身和生活，也只能有这样的意思，写这样的文章。虽说抒写性灵，其实后来仍落了窠臼，不过是“赋得性灵”，照例写出那么一套来。当然也有人预感到危难，后来是身历了危难的，所以小品文中，有时也夹着感愤，但在文字狱时，都被销毁，劈板了，于是我们所见，就只剩了“天马行空”似的

① 鲁迅:《古人并不纯厚》，发表于1934年4月26日上海《中华日报·动向》，后收入《花边文学》。

超然的性灵。[①]他说其实每一时代重要的诗文都关注现实，反映对现实的忧患和不满。但后来因为文字狱，有一些雕版被剜掉了。我们看不见了，所以鲁迅对象牙塔的学者把复杂的社会问题简单化来认识的这种学术态度，是不以为然的。可以发现鲁迅的见识，的确和他同时代的人是不一样的。这里面既有相当文献的支撑，也有野史的对照。而现实的感受也告诉他，在没有自由的国度，知识人的写作是潇洒不起来的。以今似古，经纬相似，以古验今，面目如一。

鲁迅不是在一个线条里来审视历史，而是在大的时代格局里把握时代，文学不过是大的社会环境里的一环，超然于社会形态很少有过，这也引申出一个问题，作为现代的知识人，我们如何看待古代的遗产？如果只见树木没有森林，那认知大概是有缺陷的。所以问题不是要不要继承传统文化，而是如何认识传统文化，以及怎样衔接传统文化最弥足珍贵的部分。鲁迅对于国故的认识与别人不同之处，也恰恰是其思想的生长之处。他的表达有许多具有颠覆之力，剥落了造在旧文化遗产身上的层层光环，告诉我们，昨日如斯，今日如斯，明日当不该如斯。我就想起马克思在讲到批判当时西方社会的时候，那种批判的眼光，在鲁迅身上也有这样的一种东西，虽然他对马克思的东西读得很少。鲁迅是通过俄国传来的文献，通过德文和日文翻阅了一些马克思主义文艺理论，但是马克思主义这种批判的精神在他身上是有所体现的。

最后我做个小结。鲁迅在面对旧的遗产时，这种批判的意识和积极地摄取域外的精华和古代的精华，创造新文明的精神，成了我们民族文化史上悲壮的一页。从孔夫子到王阳明，每个时代的思想者都以批判的意识开始自己的精神之旅。治国学者倘不明了文化发展里的隐秘，对于历史的

---

① 鲁迅:《杂谈小品文》，发表于 1935 年 12 月 7 日《时事新报》，后收入《且介亭杂文二集》。

阐释不免和现实的判断一样流于表层。鲁迅那代人在五四前后的探索，是现代知识人自我解放的一次疾走。他与陈独秀、胡适、李大钊等人一起，以自己的思想影响了后来的学术之路和艺术之路。现在我们说这些人与孔子、老子、庄子、墨子一样，乃中华文明史永远矗立的一种路标，这是确确实实的。

知识·真理·信仰

——重读李大钊《我的马克思主义观》的几点认识

主 讲 人：王宪明[1]

主讲时间：2022 年 8 月 26 日

2021 年 6 月 25 日，中共中央政治局第三十一次集体学习，习近平总书记带领第十九届中央政治局同志到北大红楼参观“光辉伟业 红色序章——北大红楼与中国共产党早期北京革命活动主题展”，重温李大钊、陈独秀等开展革命活动、推动马克思主义在中国早期传播、酝酿筹建中国共产党等革命历史。在随后的集体学习中，习近平总书记强调，中国共产党为什么能，中国特色社会主义为什么好，从根本上说，是因为马克思主义行。我们要从党的百年奋斗史中感悟真理的力量，不断深化对共产党执政规律、社会主义建设规律、人类社会发展规律的认识，用马克思主义的真理光芒照耀我们的前行之路。[2]

---

① 清华大学马克思主义学院教授、中国李大钊研究会常务理事。

② 《习近平在中共中央政治局第三十一次集体学习时强调 用好红色资源赓续红色血脉 努力创造无愧于历史和人民的新业绩》,《光明日报》，2021 年 6 月 27 日，第 1 版。

在庆祝中国共产党成立一百周年大会上，习近平发表重要讲话，指出："中国共产党一经诞生，就把为中国人民谋幸福、为中华民族谋复兴确立为自己的初心使命。一百年来，中国共产党团结带领中国人民进行的一切奋斗、一切牺牲、一切创造，归结起来就是一个主题：实现中华民族伟大复兴。""一百年前，中国共产党的先驱们创建了中国共产党，形成了坚持真理、坚守理想，践行初心、担当使命，不怕牺牲、英勇斗争，对党忠诚、不负人民的伟大建党精神，这是中国共产党的精神之源。"

习近平总书记的这些重要论述，都与北大红楼密切相关，都与当时北大红楼里的人——李大钊等有着密切联系。

102 年前，李大钊在此发表《我的马克思主义观》一文。这是一篇影响深远的重要文献，它开辟了马克思主义在中国传播、扎根、开花、结果的伟大历史进程，它所选定的马克思主义和社会主义道路，成为中国共产党伟大建党精神的第一条，即"坚持真理，坚守理想"的基本内涵。一百多年来，中国共产党之所以能，中国特色社会主义之所以好，根本原因都在于马克思主义这一真理行。研究李大钊的这篇名文，不仅有助于我们更加深入地认识马克思主义这一真理在中国早期传播的情况，而且也有助于我们加深对伟大建党精神的理解，具有重要学术价值和现实意义。

一、有关李大钊《我的马克思主义观》的研究现状

《我的马克思主义观》是马克思主义在中国早期传播史上一篇具有划时代意义的重要文献，历来为理论界、学术界所重视。大家高度肯定李大钊这篇文章在马克思主义早期传入中国的地位和贡献，认为它是中国第一篇系统传播马克思主义理论的文章，其作者李大钊是率先在中国传播马克思主义理论的人。

李大钊办公室旧址复原场景

国际学术界也有个别学者提出:(1)知识上，李大钊的这篇文章，“抄袭”自日本马克思主义者河上肇和日本经济学家福田德三的相关文章，知识上完全依赖日本;(2)理论上，李大钊文中包括了一些对马克思主义理论的“误解”，甚至批评;(3)在传播史上，李大钊不是第一个在中国传播马克思主义的人;(4)政治信仰上,《我的马克思主义观》还不足以证明李大钊此时已经是马克思主义者。

如何看待上述观点，实际上涉及对中国马克思主义发展史上一些带有根本性问题的认识，值得重视。

二、李大钊马克思主义信仰的确立

李大钊在《我的马克思主义观》中开门见山地提出:“我平素对于马氏的学说没有什么研究，今天硬想谈‘马克思主义’已经是僭越的很。但自俄国革命以来,‘马克思主义’几有风靡世界的势子，德、奥、匈诸国的社会革命相继而起，也都是奉‘马克思主义’为正宗。‘马克思主义’既然随着这世界的大变动，惹动了世人的注意，自然也招了很多的误解。我们对于‘马克思主义’的研究，虽然极其贫弱，而自一九一八年马克思诞生百年纪念以来，各国学者研究他的兴味复活，批评介绍他的很多。我们把这些零碎的资料，稍加整理，乘本志出‘马克思研究号’的机会，把他转介绍于读者，使这为世界改造原动的学说，在我们的思辨中，有点正确的解释，吾信这也不是绝无裨益的事。万一因为作者的知能浅陋，有误解马氏学说的地方，亲爱的读者肯赐以指正，那是作者所最希望的。”①

有研究者拿这段话来证明李大钊撰写此文“并非在他直接研读原著的基础上写成的，而是在搜集了各国研究者在马克思诞辰 100 周年纪念时所写的介绍与批判文章后，加以整理写作的”，“因此，如果认为《我的马克思主义观》是李大钊成为马克思主义者的标志的话，那还是不准确的”。

但是，李大钊的这段话所透露出的信息是：（1）他在撰写此文时，确实对马克思主义还没有专门的研究，所以才有参考各国学者研究资料之举；（2）研究的原因是“自俄国革命以来，‘马克思主义’几有风靡世界的势子，德、奥、匈诸国的社会革命相继而起，也都是奉‘马克思主义’为正宗”，即马克思主义已经成为各国社会革命的指导思想，各国的社会革命都“奉”马克思主义为“正宗”，马克思主义已经成为“世界改造原动的学说”；（3）乘《新青年》的“马克思研究号”出版之机，把各国学者批评介绍马克思主义的零星资料整理介绍给中国读者，使马克思主义“在我们的思辨中，有点正确的解释”，其中万一“有误解马氏学说的地方”，请读者指正。

① 中国李大钊研究会编注：《李大钊全集》第三卷，人民出版社 2013 年版，第 1—2 页。

在该段中，李大钊没有明确说明的，还有一个重要事实，李大钊本人是《新青年》当值编辑，即“马克思研究号”的责任编辑，是《新青年》集中宣传马克思主义的主要策划者、组织者。

《新青年》改同人刊物后的轮值编辑安排表

	第一号	第二号	第三号	第四号	第五号	第六号
第四卷	陈独秀	钱玄同	刘半农	陶孟和	沈尹默	胡适
第五卷	陈独秀	钱玄同	刘半农	胡适	沈尹默	陶孟和
第六卷	陈独秀	钱玄同	高一涵	胡适	李大钊	沈尹默

李大钊是《新青年》当值编辑

可以看出，《我的马克思主义观》开头一段是从政治信仰的角度来介绍马克思主义学说的。在信仰层面，关键是态度虔诚与否的问题，不是学术深浅的问题；是涉及人生观、世界观、国家观的问题，不是读不读原著的问题。读原著固然很重要，但是，西方资本主义国家很多熟读、精通马克思主义原著的学者不仅没有成为马克思主义者，反而成为马克思主义的修正者、反对者和批判者，成为马克思所批判的资本主义制度的代言者。

如何判断马克思主义的标准呢？

列宁在《国家与革命》中曾明确指出：“只有承认阶级斗争，同时也承认无产阶级专政的人，才是马克思主义者。马克思主义者同平庸的小资产者（以及大资产者）之间的最深刻的区别就在这里。必须用这块试金石来检验是否真正理解和承认马克思主义。”①

用列宁的这块“试金石”来“试”李大钊，就不难发现，李大钊早在1918年7月发表的《法俄革命之比较观》等文中，就已经明确表示：“俄国革命最近之形势，政权全归急进社会党之手，将从来之政治组织、社会组织根本推翻。”②

“俄罗斯之革命是二十世纪初期之革命，是立于社会主义上之革命，

① 中共中央马克思恩格斯列宁斯大林著作编译局编：《列宁专题文集·论马克思主义》，人民出版社2009年版，第206页。

② 中国李大钊研究会编注：《李大钊全集》第二卷，人民出版社2013年版，第329页。

是社会的革命而并著世界的革命之采色者也。”“今俄人因革命之风云，冲决‘神’与‘独裁君主’之势力范围，而以人道、自由为基础，将统制一切之权力，全收于民众之手。”“俄罗斯之革命，非独俄罗斯人心变动之显兆，实二十世纪全世界人类普遍心理变动之显兆。……吾人对于俄罗斯今日之事变，惟有翘首以迎其世界的新文明之曙光，倾耳以迎其建于自由、人道上之新俄罗斯之消息，而求所以适应此世界的新潮流，勿徒以其目前一时之乱象遂遽为之抱悲观也。”①

在第一次世界大战结束之际，李大钊先后发表《庶民的胜利》《Bolshevism 的胜利》《新纪元》等文，指出：第一次世界大战，有两个结果，一个是政治的，一个是社会的。“政治的结果，是‘大……主义’失败，民主主义战胜。”“社会的结果，是资本主义失败，劳工主义战胜。”“原来这回战争的真因，乃在资本主义的发展。国家的界限以内，不能涵容他的生产力，所以资本家的政府想靠着大战，把国家界限打破，拿自己的国家做中心，建一世界的大帝国，成一个经济组织，为自己国内资本家一阶级谋利益。俄、德等国的劳工社会，首先看破他们的野心，不惜在大战的时候，起了社会革命，防遏这资本家政府的战争。联合国的劳工社会，也都要求平和，渐有和他们的异国的同胞取同一行动的趋势。这亘古未有的大战，就是这样告终。”“这新纪元的世界改造，就是这样开始。资本主义就是这样失败，劳工主义就是这样战胜。世间资本家占最少数，从事劳工的人占最多数。因为资本家的资产，不是靠着家族制度的继袭，就是靠着资本主义经济组织的垄断，才能据有。这劳工的能力，是人人都有的，劳工的事情，是人人都可以作的，所以劳工主义的战胜，也是庶民的胜利。”②

一战之后，“民主主义、劳工主义既然占了胜利，今后世界的人人都

① 中国李大钊研究会编注:《李大钊全集》第二卷，人民出版社 2013 年版，第 330—332 页。
② 中国李大钊研究会编注:《李大钊全集》第二卷，人民出版社 2013 年版，第 358 页。

成了庶民，也就都成了工人。我们对于这等世界的新潮流，应该有几个觉悟：第一，须知一个新生命的诞生，必须一番苦痛，必冒许多危险……这等艰难，是进化途中所必须经过的，不要恐怕，不要逃避的。第二，须知这种潮流，是只能迎，不可拒的。我们应该准备怎么能适应这个潮流，不可抵抗这个潮流……”①

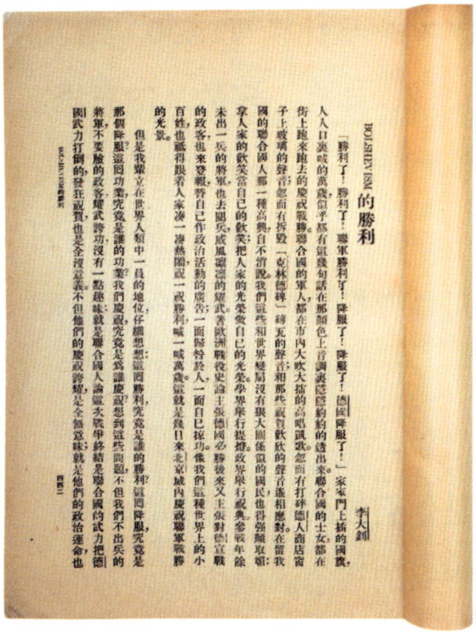
BOLSHEVISM 的勝利
李大釗

「勝利了！勝利了！聯軍勝利了！降服了！降服了！德國降服了！」家家門上插的國旗，人人口裏喊的萬歲，似乎都有這幾句話在那顏色上音調裏隱隱約約的透出來。聯合國的士女都在街上跑來跑去的慶祝戰勝。聯合國的軍人，都在市內大吹大擂的高唱凱歌。忽而有打碎德人商店窗子上玻璃的聲音；忽而有拆毀「克林德碑」磚瓦的聲音；和那些慶賀歡欣的聲音遙相應對。在留我國的聯合國人那一種高興，自不消說。我們這些和世界變局沒有甚大關係似的國民，也得強顏取媚，拿人家的歡笑當自己的歡笑；把人家的光榮做自己的光榮。學界舉行提燈。政界舉行祝典。參戰年餘未出一兵的將軍，也去閱兵，威風凜凜的耀武。著歐洲戰役史論主張德國必勝後來又主張對德宣戰的政客，也來登報，替自己作政治活動的廣告；一面歸咎於人，一面自己掠功。像我們這種世界上的小百姓，也祗得跟着人家湊一湊熱鬧，祝一祝勝利，喊一喊萬歲。這就是幾日來北京城內慶祝聯軍戰勝的光景。

但是我輩立在世界人類中一員的地位，仔細想想：這回勝利，究竟是誰的勝利？這回降服，究竟是那個降服？這回功業，究竟是誰的功業？我們慶祝，究竟是為誰慶祝？想到這些問題，不但我們不出兵的將軍，不要臉的政客，耀武誇功，沒有一點趣味；就是聯合國人論這次大戰爭終結是聯合國的武力把德國武力打倒的，發狂祝賀，也是全沒意義。不但他們的慶祝誇耀，是全無意味；就是他們的政治運命也

BOLSHEVISM的勝利　四四二

《Bolshevism 的胜利》

在《Bolshevism 的胜利》一文中，李大钊指出：“这次战局结终的真因，不是联合国的兵力战胜德国的兵力，乃是德国的社会主义战胜德国的军国主义。……对于德国军国主义的胜利，不是联合国的胜利，更不是我国徒事内争托名参战的军人，和那投机取巧卖乖弄俏的政客的胜利，是人道主义的胜利，是平和思想的胜利，是公理的胜利，是自由的胜利，是民主主义的胜利，是社会主义的胜利，是 Bolshevism 的胜利，是赤旗的胜利，是世界劳工阶级的胜利，是二十世纪新潮流的胜利。这件功业，与其说是威尔逊（Wilson）等的功业，毋宁说是列宁（Lenin）、陀罗慈基（Trotsky）、郭冷苔（Collontay）的功业；是列卜涅西（Liebknecht）、夏蝶曼（Scheidemann）的功业；是马客士（Marx）的功业。我们对于这桩世界大变局的庆祝，不该为那一国那些国里一部分人庆祝，应该为世界人类全体的新曙光庆祝；不该为那一边的武力把那一边的武力打倒而庆祝，应该为民主主义把帝制打倒，社会主义把军国主义打倒而庆祝。”②

① 中国李大钊研究会编注：《李大钊全集》第二卷，人民出版社 2013 年版，第 358—359 页。
② 中国李大钊研究会编注：《李大钊全集》第二卷，人民出版社 2013 年版，第 363 页。

布尔什维克主义“是怎样的主义？很难用一句话解释明白。寻他的语源，却有‘多数’的意思。……他们的主义，就是革命的社会主义；他们的党，就是革命的社会党；他们是奉德国社会主义经济学家马客士（Marx）为宗主的；他们的目的，在把现在为社会主义的障碍的国家界限打破，把资本家独占利益的生产制度打破”。

Bolsheviki[①] 大声疾呼，“宣告此次战争，是 Czar 的战争，是 Kaiser 的战争，是 Kings 的战争，是 Emperors 的战争，是资本家政府的战争，不是他们的战争。他们的战争，是阶级战争，是合世界无产庶民对于世界资本家的战争。战争固为他们所反对，但是他们也不恐怕战争。他们主张一切男女都应该工作，工作的男女都应该组入一个联合。每个联合都应该有个中央统治会议。这等会议，应该组织世界所有的政府，没有康格雷，没有巴力门，没有大总统，没有总理，没有内阁，没有立法部，没有统治者，但有劳工联合的会议，什么事都归他们决定。一切产业都归在那产业里作工的人所有，此外不许更有所有权。他们将要联合世界的无产庶民，拿他们最大最强的抵抗力，创造一自由乡土，先造欧洲联邦民主国，做世界联邦的基础。这是 Bolsheviki 的主义。这是二十世纪世界革命的新信条”[②]。

“匈奥革命，德国革命，勃牙利[③] 革命，最近荷兰、瑞典、西班牙也有革命社会党奋起的风谣。革命的情形，和俄国大抵相同。赤色旗到处翻飞，劳工会纷纷成立，可以说完全是俄罗斯式的革命，可以说是二十世纪式的革命。像这般滔滔滚滚的潮流，实非现在资本家的政府所能防遏得住的。因为二十世纪的群众运动，是合世界人类全体为一大群众。这大群众里边的每一个人、一部分人的暗示模仿，集中而成一种伟大不可抗的社会

① 布尔什维克。——编者注

② 中国李大钊研究会编注:《李大钊全集》第二卷，人民出版社 2013 年版，第 363—365 页。

③ 即保加利亚。——编者注

力。这种世界的社会力，在人间一有动荡，世界各处都有风靡云涌、山鸣谷应的样子。在这世界的群众运动的中间，历史上残余的东西，什么皇帝咧，贵族咧，军阀咧，官僚咧，军国主义咧，资本主义咧，——凡可以障阻这新运动的进路的，必夹雷霆万钧的力量摧拉他们。他们遇见这种不可当的潮流，都像枯黄的树叶遇见凛冽的秋风一般，一个一个的飞落在地。由今以后，到处所见的，都是 Bolshevism 战胜的旗。到处所闻的，都是 Bolshevism 的凯歌的声。人道的警钟响了！自由的曙光现了！试看将来的环球，必是赤旗的世界！”①

在上述诸文中，李大钊使用的“阶级战争”即后来所通行的“阶级斗争”，文中虽然还没有明确使用“无产阶级专政”字眼，但其中对“俄国式革命”“劳工联合的会议，什么事都归他们决定。一切产业都归在那产业里作工的人所有，此外不许更有所有权”等，其内涵实际上就是俄国十月革命以后形成的布尔什维克领导下的“工农民主专政”，亦即马克思、恩格斯所说的“无产阶级专政”。

按照列宁所提出的共产主义者的标准，李大钊从 1918 年下半年开始，就已经基本具备了这两个条件，即相信阶级斗争，同时又赞成无产阶级专政。也正因为如此，从 1919 年初开始，苏俄和共产国际的代表陆续前来中国，他们首先找的联系人就是李大钊。

撰写《我的马克思主义观》时，李大钊所要解决的问题，并不是个人信不信马克思主义的问题，而是要把马克思主义介绍给国内的先进分子，使更多人信仰马克思主义，并运用这一主义来改造中国与世界。

三、《我的马克思主义观》的学术知识来源

近年来，一些学者认为李大钊的《我的马克思主义观》一文基本

① 中国李大钊研究会编注:《李大钊全集》第二卷，人民出版社 2013 年版，第 367 页。

“抄”自日本马克思主义思想家河上肇和经济学家福田德三的有关论著。但是，这样的观点我认为不成立。

（一）李大钊求学时代学术上反对“和化”

李大钊是一个有着强烈民族学术独立心而不甘“和化”并坚决反对“和化”的人。何以见得?《弹劾用语之解纷》（1913 年 3 月）上有:“吾国士夫，群借径于扶桑，竞于简易，以相稗贩，互为承用以为常，……用语之不慎，不独研析斯学者滋其惑误，而政局不时之动摇，法权应及之逃避，亦缘此而起。”[①]《〈自然律与衡平律〉识》（1913 年 11 月）上有:“吾国治法学者，类皆传译东籍。抑知东人之说，亦由西方稗贩而来者。辗转之间，讹谬数见，求能读哲文而通者，凤毛麟角矣。继此而犹不克自辟学域，尚此龂龂以和化为荣，或虽守西籍而不克致用，汉土固有之学，非将终无以自显，不亦羞神州之士而为学术痛耶!”[②]

（二）《我的马克思主义观》上篇学术知识来源

《我的马克思主义观》开头一句是:“一个德国人说过，五十岁以下的人说他能了解马克思的学说，定是欺人之谈。因为马克思的书卷帙浩繁，学理深晦。他那名著《资本论》三卷，合计二千一百三十五页，其中第一卷是马氏生存时刊行的，第二、三两卷是马氏死后他的朋友昂格思替他刊行的。这第一卷和二、三两卷中间，难免有些冲突矛盾的地方，马氏的书本来难解，添上这一层越发难解了。加上他的遗著未曾刊行的还有很多，拼上半生的功夫来研究马克思，也不过仅能就他已刊的著书中，把他反复陈述的主张得个要领，究不能算是完全了解‘马克思主义’的。”[③]

河上肇的文章中，也有一段德国学者评《共产党宣言》的文字:“德

---

① 中国李大钊研究会编注:《李大钊全集》第一卷，人民出版社 2013 年版，第 13、15 页。
② 中国李大钊研究会编注:《李大钊全集》第一卷，人民出版社 2013 年版，第 154 页。
③ 中国李大钊研究会编注:《李大钊全集》第三卷，人民出版社 2013 年版，第 1 页。

国藏巴尔教授也说道：‘就是十数年潜心研究社会问题的人，每读《共产党宣言》，必定发见许多不知道的真理。我读了百回，又读百回，必得多少新的东西。’”①

河上肇文中所提到的这位“藏巴尔教授”，是德国学者 Werner Sombart（维尔纳·桑巴特），李大钊在其后来的文章中曾把这位德国人译成“宗巴时”。1896 年秋季学期，他在苏黎世大学讲授《19 世纪的社会主义与社会运动》，讲稿被整理成 130 页的小册子出版，受到社会欢迎，此后不断补充修订，到 1908 年出德文第 6 版（扩大版），同时被译成十几种文字（包括日文译本），成为研究 19 世纪社会主义运动史的重要参考文献之一。河上肇所引的这段话，似应是从该书 1909 年英译本（据德文第 6 版翻译）的如下一段文字衍化而来：

The *Communist Manifesto*… Only it must be remembered that the points are given briefly, and that the whole is but a broad outline. Nevertheless, though a man devote many years to the study of social theory, he will continue to find new, unexpected and striking truths in the *Communist Manifesto*.②

参考译文：《共产党宣言》……不过，必须牢记，其观点只是做了简述，总体上不过是一个宽泛的大纲。尽管如此，即使一个曾潜心研究社会理论多年的人，他也会不断地从《共产党宣言》之中发现新的、意想不到的、动人的真理。

河上肇的文章中评论的是马克思恩格斯合著的《共产党宣言》，讲话的

---

① 河上肇著，渊泉译：《马克思唯物史观》，《晨报》1919 年 5 月 5 日，第五版。

② Werner Sombart: Socialism and Social Movement, translated from the Sixth (enlarged) edition, with introduction and notes by M. Epstein, London: J.P. Dent & Co., New York: E.P. Dutton & Co., 1909, pp.52–53.

重点在“就是十数年潜心研究社会问题的人，每读《共产党宣言》必定发见许多不知道的真理”，而李大钊谈论的重点却是马克思的《资本论》，年龄限制则是“五十岁以下”，若粗略看起来，李大钊的文字似乎是根据河上肇的文字稍加转换而来，但是，细细考究起来，却发现情况完全不是这样。实际上，李大钊所依据的不是河上肇的译文，而完全是另一个版本，即1898年英译本的《19世纪的社会主义与社会运动》。相关文字如下：

Before I now attempt to give the answer I must make one thing clear. What Marx and Engels have left to us as an intellectual inheritance, whether we consider their writings from 1842, or even only those after 1847, seems at first as if it were a confused mass of varied thought-material. Only he who looks closely and who takes the trouble to enter into the spirit of the men can bring the separated lines of thought into order. Such as one finds that some fundamental ideas run through the writings of Marx and Engels during the whole period of their literary activity; also that at different times quite different lines of thought run across and confuse the system which, as a whole, is built up upon these great ideas. Most exponents of the Marxian teaching, especially those representing the middle class, have made the mistake of not separating the essential from the accidental, and have as a result not been able to do justice to the historic significance of these theories. Naturally it is easier to start with the contradictions and inconsistencies of an author, rather than to make tedious tracing of what is of lasting worth; it is easy, but not right, to content oneself with detached and apparent blunders and mistakes in the teaching of an important thinker, in order to reject this teaching in *toto*.

Marxism, as no other teaching, offers itself for such treatment partly because many of his theories awake the passions of the critic and hence must in advance prevent calm judgment, partly because in fact, as already said, it presents a most clumsy confusion of contradictory teachings. This is shown in the fact that even now, after his thoughts have lived through a half-century, we must still exert ourselves to get at the real meaning and the deep importance of his teaching.①

参考译文：马克思和恩格斯为我们留下的思想遗产，无论我们从其1842年的作品算起，还是从其1847年以后的作品算起，乍看起来似乎是一堆各种各样思想材料的大杂烩。只有认真阅读并不辞辛劳深入他们两人精神深处的人，才能够把分散的线索整理出来。比如，你会发现，一些基本观念贯穿于马克思和恩格斯各个时期的创作活动之中，同时，在不同时期，一些不同的思想线索又穿插进来，打乱了整个体系，从整体上看，这一体系正是在这些大的观念的基础上建立起来的。……马克思主义是一个极其晦涩的自相矛盾的学说的大杂烩。这表现于以下事实，即甚至直到现在，他的思想已经诞生半个世纪之后，我们还必须努力去理解其学说的真正意义和深层价值。

《我的马克思主义观》第四部分中提到："历史的唯物论者观察社会现象，以经济现象最为重要，因为历史上物质的要件中，变化最甚的，算是经济现象。故经济的要件是历史上唯一的物质的要件。自己不能变化的，也不能使别的现象变化。其他一切非经济的物质的要件，如人种的要件、

① Werner Sombart: Socialism and Social Movement in the 19th Century, with a Chronicle of the Social Movement, 1750–1896, Translated by Anson P. Atterbury, with Introduction by John B. Clark, Professor of Political Economy, Columbia University, London and New York: G.P. Putnam's Sons, 1898, pp. 98–99.

地理的要件等等，本来变化很少，因之及于社会现象的影响也很小，但于他那最少的变化范围内，多少也能与人类社会的行程以影响。在原始未开化时代的社会，人类所用的劳作工具，极其粗笨，几乎完全受制于自然。而在新发现的地方，向来没有什么意味的地理特征，也成了非常重大的条件。所以历史的唯物论者，于那些经济以外的一切物质的条件，也认他于人类社会有意义，有影响。不过因为他的影响甚微，而且随着人类的进化日益减退，结局只把他们看作经济的要件的支流罢了。因为这个缘故，有许多人主张改称唯物史观为经济史观。”①

这段文字不见于渊泉或罗琢章等所译河上肇文，而在布丹氏的《从最近的批评看卡尔·马克思的理论体系》中却有内容几乎完全相同的一段文字：

The economic factor is insisted on as THE material factor because it is the only material factor that changes and develops，and consequently is the only one which can cause change and development in what Marx calls the “superstructure” of society. It goes，of course，without saying，that something that does not change can not produce any change. No mathematician has ever attempted to ascribe the change in the result of a mathematical operation to the factors that remain constant. It is the varying factors that produce changes in the result. But all the material factors that have been mentioned beside the economic factor remain constant，or nearly so. Such are race，geography，etc. To the extent，however，that these factors do change，and by their，change affect the course of human history，full credit is given

① 中国李大钊研究会编注:《李大钊全集》第三卷，人民出版社 2013 年版，第 6—7 页。

them.So in the study of primitive, undeveloped, society, where, owing to the crude character of his tools, man is dependent entirely upon nature and is directly affected by its least changes, or where, as in the case of great discoveries, certain geographical features hitherto of no importance become important, these factors are fully recognized and their influence carefully studied and determined. In other words, all the material factors, outside the economic, are "taken into account", except that upon careful account taken the influence of these factors appears to be very small and tributary to the main, the economic, factor; and, (and this is most important of all) this influence is constantly diminishing with the progress of mankind. They may, therefore, be left out of account when outlining the general scheme of the evolution of society.①

参考译文：经济因素被认为是唯一的物质因素，原因在于，它是唯一能够变化和发展的物质因素，因而是唯一能够引起马克思所谓的"上层建筑"之中发生变化和发展的因素。当然，毫无疑问，自身不能变化的东西不能引起任何其他变化。没有一个数学家会把数学计算中结果的变化归之于那些常量。造成结果变化的是变量。但是，除了经济的因素之外，已经提到过的所有其他物质因素，诸如人种、地理等，都是常量，或者说基本是常量。不过，这些因素确实又是变化的，并通过自身的变化而影响到人类历史的进程，从这个意义上说，必须给予充分肯定。因此，在研究那些原始的、未曾开化的社会时，由于工具的原始性，人类完全依赖于自然并受其变化的影响，或者在某些情况下，如地理大发现，从前无关紧要的地理特点变得至关重要，那么，这些因素就必须给予充分肯定，并加以认真研究以确认其影响。换言之，除了经济因素之外，所有物质的因素都会纳入考虑，只

① Louis B. Boudin: The Theoretical System of Karl Marx in the Light of Recent Criticism, Chicago: Charles H. Kerr & Company, 1920, copyright 1907, pp. 24–25.

不过经过认真的考虑，这些因素的影响似乎极小，且从属于主要的即经济的因素。而且，最为重要的是，此种影响随着人类的进步而日益减小。因此，在思考人类社会进化的大要时，这些因素可以略而不计。

李大钊《我的马克思主义观》第五部分详列了马克思主义关于唯物史观的一些经典论述，并在文中注明："以上的译语，从河上肇博士。"以往的研究者多据此断定，李大钊此文基本抄自河上肇，或根据河上肇的文章编译而成。但是，仔细对比李大钊的《我的马克思主义观》和渊泉或罗琢章等所译河上肇文，我们不难发现：李大钊在这一部分中首先列举的马克思的《哲学的贫困》一段引文是河上肇的文章中所没有的；同时，李大钊所引《共产党宣言》文字中的最后一段，也是河上肇文章中所没有的。

《哲学的贫困》除见于马克思自己的文字外，当时讨论唯物史观的文章中，塞里格曼的《历史的经济解释》引用过①，其他《共产党宣言》和《政治经济学批判序言》中的文字，当时几部重要的相关著作，包括布丹的《从最近的批评看卡尔·马克思的理论体系》②、梅林的《论历史唯物主义》③、拉布里奥拉的《马克思的唯物史观》④、拉法格的《马克思的历史方法》⑤、克罗齐的《历史唯物主义与马克思的经济学说》⑥、考茨基的《伦理与唯物史观》⑦等，均有引用，布丹、梅林、拉布里奥拉

---

① Seligman: Economic Interpretation of History, Political Science Quarterly, Vol.16, No.4 (Dec. 1901), pp.629.

② Louis B. Boudin: The Theoretical System of Karl Marx in the Light of Recent Criticism, Chicago: Charles H. Kerr & Company, 1920, copyright 1907, pp.16–19.

③ Franz Mehring: On Historical Materialism, Part I.

④ Antonio Labriola: Essays on the Materialistic Conception of History, Chicago: Charles H. Kerr & Company, 1908, pp.48–50.

⑤ Paul Lafargue: The Historical Method of Karl Marx, International Socialist Review, Oct. 1907.

⑥ Benedetto Croce: Historical Materialism and the Economics of Karl Marx, translated by C.M. Meredith, with introduction by A. D. Lindsay, New York: The MacMillan Company, 1914.

⑦ Karl Kautsky: Ethics and the Materialistic Conception of History, Chicago: Charles H. Kerr & Company, 1909.

等人的引用尤为全面。因此，李大钊文章中的这些引文到底是仅仅参考了河上肇的译文，没有其他文献来源，还是在参考河上肇译文的同时，也在参考其他各家的论著？结论显然是后者。

可见，李大钊《我的马克思主义观》上篇的学术知识有着丰富的参考文献来源，而非仅仅“抄”河上肇一人的著作。

同时，还应该说明的是，河上肇有关马克思主义唯物史观的著作主要译自美国社会主义理论家布丹的《卡尔·马克思的理论体系》。布丹该书首先作为系列论文发表于 1905 年至 1906 年的 *International Socialist Review*（《国际社会主义者评论》）月刊上，1907 年结集出版。李大钊文中曾提及《国际社会主义者评论》，据此判断，他应该是从该杂志上读到过布丹的文章并加以引用。在 1919 年底发表的《物质变动与道德变动》中，李大钊系统引用了布丹氏的另一重要著作 *Socialism and War*（《社会主义与战争》）。该书运用马克思主义唯物史观阐释资本主义与战争之间的必然联系，论证了只有社会主义才能防止战争。

（三）《我的马克思主义观》下篇的学术知识来源

《我的马克思主义观》（下篇）由四部分构成：一是“余工余值学”即剩余价值说；二是“平均利润率论”；三是资本构成说（不变资本与可变资本）；四是“资本集中说”。

在编入现在通行的《李大钊全集》时，这四部分接续上篇的七部分，分别按顺序编排为第八、九、十、十一部分。为了讨论方便起见，我们仍按下篇发表时的原样，用第一、二、三、四部分指称。

对于这四部分内容，日本信州大学后藤延子教授对其中的第二、三两部分做了深入研究。后藤教授文中认为这两部分内容基本上译自日本经济学家福田德三的《续经济学研究》等书的相关章节，并由此得出结论，认为李大钊文章第二、三两部分是临时插入的，与其开始时的构思并不相

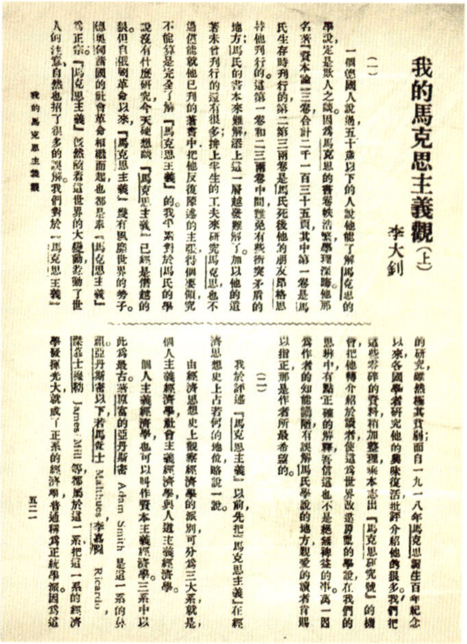
我的馬克思主義觀（上）

李大釗

（一）

一個德國人說過，五十歲以下的人說他能了解馬克思的學說，定是欺人之談。因為馬克思的書卷帙浩繁，學理深晦。他那名著『資本論』三卷合計二千一百三十五頁，其中第一卷是馬氏生存時刊行的，第二第三兩卷是馬氏死後他的朋友恩格思替他刊行的。這第一卷和二三兩卷中間難免有些衝突矛盾的地方；馬氏的書本來難解，添上這一層越發難解了。加以他的遺著未曾刊行的還有很多，拚上半生的工夫來研究馬克思，也不過僅能就他已刊的著書中把他反復陳述的主張得個要領，究不能算是完全了解『馬克思主義』的。我平素對於馬氏的學說沒有什麼研究，今天硬想談『馬克思主義』已經是僭越的很。但自俄國革命以來，『馬克思主義』幾有風靡世界的勢子。德奧匈諸國的社會革命相繼而起，也都是奉『馬克思主義』為正宗。『馬克思主義』既然隨着這世界的大變動，惹動了世人的注意，自然也招了很多的誤解。我們對於『馬克思主義』的研究，雖然極其貧弱，而自一九一八年馬克思誕生百年紀念以來，各國學者研究他的興味復活，批評介紹他的很多。我們把這些零碎的資料，稍加整理，乘本志出『馬克思研究號』的機會，把他轉介紹於讀者，使這為世界改造原動的學說，在我們的思辨中，有點正確的解釋，吾信這也不是絕無裨益的事。萬一因為作者的知能譾陋，有誤解馬氏學說的地方，親愛的讀者肯賜以指正，那是作者所最希望的。

（二）

我於評述『馬克思主義』以前，先把『馬克思主義』在經濟思想史上占若何的地位，略說一說。

由經濟思想史上觀察經濟學的派別，可分為三大系，就是個人主義經濟學，社會主義經濟學與人道主義經濟學。

個人主義經濟學也可以叫作資本主義經濟學。三系中以此為最古。著原富的亞丹斯密 Adam Smith 是這一系的鼻祖。亞丹斯密以下，若馬查士 Malthus，李嘉圖 Ricardo，傑慕士穆勒 James Mill 等，都屬於這一系。把這一系的經濟學發揮光大，造成了正系的經濟學，普通稱為正統學派，因為這

我的馬克思主義觀　五二一

《我的马克思主义观》（上）

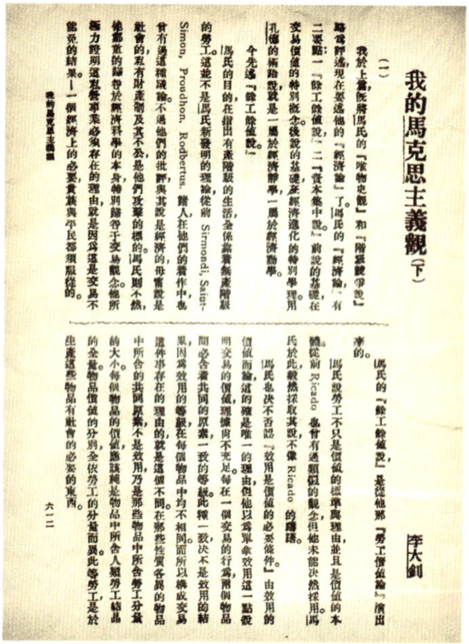
我的馬克思主義觀（下）

李大釗

（一）

我於上篇，既將馬氏的『唯物史觀』和『階級競爭說』略為評述，現在要述他的『經濟論』了。馬氏的『經濟論』，有二要點：一『餘工餘值說』，二『資本集中說』。前說的基礎，在交易價值的特別概念。後說的基礎，在經濟進化的特別學理。用孔德的術語說，就是一屬於經濟靜學，一屬於經濟動學。

今先述『餘工餘值說』。

馬氏的目的，在指出有產階級的生活，全係靠着無產階級的勞工。這並不是馬氏新發明的理論，從前 Sirmondi, Saint-Simon, Proudhon, Rodbertus 諸人，在他們的著作中也曾有過這種議論。不過他們的批評與其說是經濟的，毋寧說是社會的。私有財產制及其不公，是他們攻擊的標的。馬氏則不然，他都置的歸咎於經濟科學的本身，特別歸咎于交易觀念。他所極力證明這私產制必須存在的理由，就是因為這是交易不能免的結果——一個經濟上的必要，貴族與平民都須服從的。

馬氏的『餘工餘值說』，是從他那『勞工價值論』演出來的。

馬氏說勞工不只是價值的標準與理由，並且是價值的本體。從前 Ricado 也曾有過類似的觀念，但他未能決然採用。馬氏於此，毅然採取其說，不像 Ricado 的躊躇。

馬氏也決不否認『效用是價值的必要條件』。由效用的價值而論，這的確是唯一的理由，但他以為單拿效用這一點說明交易的價值，理據尚不充足。每在一個交易的行為，兩個物品間必含着共同的原素，一致的等級。此種一致，決不是效用的結果，因為效用的等級在每個物品中均不相同。所以構成交易這件事存在的理由的，就是這個不同。在那些性質各異的物品中所含的共同原素，不是效用，乃是那些物品中所含勞工分量的大小。每個物品的價值，應該純是物品中所含人類勞工結晶的全量。物品價值的分別，全依勞工的分量而異。此等勞工，是於生產這些物品有社會的必要的東西。

我的馬克思主義觀　六一二

《我的马克思主义观》（下）

同；由于中国国情等方面的现实原因，李大钊未能理解马克思所说的“产业资本”的概念；李大钊《我的马克思主义观》中包含了批判马克思主义的成分，如果根据此文就认定李大钊发表此文时已经是马克思主义者，理由尚不充分。[①] 经与福田的论著核对，后藤教授对李大钊《我的马克思主义观》和福田德三《续经济学研究》所做的文本比对工作非常扎实、细致，故本文对这两部分不再做重复性的参考文本追溯，但其结论却还值得商榷。

经考证，李大钊《我的马克思主义观》下篇在学术知识上主要参考、编译自法国著名经济学家季特和李斯特合著的《经济学说史》（*A History of Economic Doctrines*）。

---

① 详见《李大钊与马克思主义经济学》，原文最初发表于 1992 年 3 月日本国立信州大学《人文科学论集》第 26 号。中译文见后藤延子《李大钊思想研究》，王青等编译，中国社会出版社 1999 年版，第 100—128 页。

《我的马克思主义观》下篇第一部分开头一段："我于上篇，既将马氏的'唯物史观'和'阶级竞争说'略为评述，现在要述他的'经济论'了。马氏的'经济论'有二要点：一'余工余值说'，二'资本集中说'。前说的基础，在交易价值的特别概念。后说的基础，在经济进化的特别学理。用孔德的术语说，就是一属于经济静学，一属于经济动学。"①

《经济学说史》中写道：

To give within the limits of a single chapter a résumé of a doctrine that claims to review and to reconstruct the whole of economic theory is clearly impossible，and we shall merely attempt an examination of two of Marx's more essential doctrines，namely，his theory of surplus labour and value and his law of automatic appropriation，more familiarly but less accurately known as the law of concentration of capital. The first is based upon a particular conception of exchange value and the second upon a special theory of economic evolution. To employ Comtean phraseology，the one belongs to the realm of economic statics，the other to the domain of economic dynamics.

参考译文：要在仅仅一章的篇幅里，对一种自称要评述并重建全部经济理论的学说做出简要概括，这显然是不可能的。我们只不过是尝试着对马克思的两个最基本的学说，即其剩余劳动和剩余价值论，以及自动剥夺律（更为人熟悉但不太准确的表述是资本集中律），做一考察。第一个理论系建立在交换价值观念的基础之上，第二个则是建立在经济进化的特别理论之上。用孔德的术语来说，一个属于经济静力学，另一个属于经济动力学的范畴。

① 中国李大钊研究会编注：《李大钊全集》第三卷，人民出版社2013年版，第24页。

《我的马克思主义观》第二部分第二段写道：“马氏的目的，在指出有产阶级的生活，全系靠着无产阶级的劳工。这并不是马氏新发明的理论。从前 Sismondi、Saint-Simon、Proudhon、Rodbertus 诸人，在他们的著作中，也曾有过这种议论。不过，他们的批评，与其说是经济的，毋宁说是社会的，私有财产制及其不公，是他们攻击的标的。马氏则不然，他郑重的归咎于经济科学的本身，特别归咎于交易观念。他所极力证明这私营事业必须存在的理由，就是因为这是交易不能免的结果——一个经济上的必要，贵族与平民都须服从的。马氏的‘余工余值说’，是从他那‘劳工价值论’演出来的。马氏说劳工不只是价值的标准与理由，并且是价值的本体。从前 Ricardo 也曾有过类似的观念，但他未能决然采用。马氏于此，毅然采取其说，不像 Ricardo 的踌躇。”①

《经济学说史》中还写过：

Marx’s aim was to show how the propertied class had always lived upon the labour of the non-propertied class—— the possessors upon the non-possessing. This was by no means a new idea，as we have already made its acquaintance in the writings of Sismondi，Saint-Simon，Proudhon，and Rodbertus. But the essence of the criticism of these writers was always social rather than economic，the institution of the private property and its injustice being the chief object of attack. Karl Marx，on the other hand，deliberately directed the gravamen of the charge against economic science itself，especially against the conception of exchange. He endeavours to prove that what we call exploitation must always exist，that it is an inevitable outcome of exchange—— an economic

① 中国李大钊研究会编注:《李大钊全集》第三卷，人民出版社 2013 年版，第 25 页。

necessity to which both master and man must submit.

It is convenient to begin with an examination of economic value. Marx lays down the doctrine that labour is not merely the measure and cause of value，but that it is also its substance. We gave already had occasion to note how Ricardo was somewhat favourably inclined to the same view，though hardly willing to adopt it. There is no such hesitation on the part of Marx：it is all accepted in a characteristically thorough fashion.

参考译文：马克思的目的是要揭示有产阶级，一直都是靠着无产阶级的劳动，亦即占有者靠非占有者。这绝不是什么新观念，因为我们在西斯蒙地、圣西门、蒲鲁东、洛贝尔图斯诸人的著作中已经熟知。不过，上述诸家批评的要害始终是社会性的，而不是经济的，他们攻击的重点，是私有财产制度及此种制度的不公平。而卡尔·马克思则明确把批评的矛头指向经济科学本身，特别是指向交换这一概念。他极力证明，剥削是必然存在的，它是交换所产生的必然结果——一种经济上必不可少的东西，无论是资本家还是工人，都必须服从。

为便利起见，我们从考察经济价值开始。马克思所创学说认为，劳动不仅是价值的标准与起因，而且是价值的实体。我们早已注意到李嘉图有些倾向于类似的观点，不过，李嘉图并不太愿意采用这一观点。而马克思则没有那种犹豫不决：马克思是毅然决然全盘接受这一观点。

李大钊文中说：“马氏也决不否认‘效用是价值的必要条件’。由效用的价值而论，这的确是唯一的理由，但他以为单拿效用这一点说明交易的价值，理由尚不充足。每在一个交易的行为，两个物品间必含着共同的原素，一致的等级。此种一致，决不是效用的结果，因为效用的等级，在每个物品中均不相同。而所以构成交易这件事存在的理由的，就是这个不同。在那些物质各异的物品中所含的共同原素，不是效用，乃是那些物品中所含劳工分量的大小。每个物品的价值，应该纯是物品中所含人类劳工结晶的全量。物品价值的分别，全依劳工的分量而异。此等劳工，是于生产这些物品有社会的必要的东西。”①

《经济学说史》中还写道：

Of course，he does not deny that utility is a necessary condition of value and that it is really the only consideration in the case of “value in use”. But utility alone is not enough to explain value in exchange，since every act of exchange implies common element，some degree of identity between the exchanged commodities. This identity is certainly not the result of utility，because the degree of utility is different in every commotidy，and it is this difference that constitutes the *raison d'être* of exchange. The common or homogeneous element which is contained in commodities themselves heterogeneous in character is the quality of labour，great or small，which is contained in them. The value of every commodity is simply the amount of crystallized human labour which it contains，and commodities differ in value according to the different quantities of labour which are ‘socially necessary to produce them’.

参考译文：当然，马克思并不否认有用性是价值的必要条件，而且对“使用价值”而言，有用性是唯一需要考虑的因素。但是，仅有有用性还不足以解释交换价值，因为每一次交换行为都意味着有共同的因素，意味着被交换的商品之间有某种程度的同一性。这种同一性当然不是有用性的结果，原因在于，每一种商品中有用性的程度是不同的，正是这种不同构成了交换的理由。特点各异的商品本身所蕴含着的这种共同的或同质的因素，则是商品中所包含的或多或少、或大或小的劳动量。每一种商品的价

① 中国李大钊研究会编注：《李大钊全集》第三卷，人民出版社 2013 年版，第 25 页。

值只不过是其中所包含的凝结了人类劳动的量，而商品的价值随着“生产商品的社会必要劳动”的量的不同而不同。

李大钊文章接下来举例说明剩余价值是如何产生的。他说:“例如有一工人在一种产业里作工，一日工作十小时，什么是他的生产物的交易价值呢？这交易价值，应该是他那十小时劳工的等量。他所生产的，是布，是煤，或是他物，都不必问。按工银交易的条件，资本家把处分物品的权保留在自己手中，而按实在的价值出售。这实在的价值，就是十小时劳工的等量。工人的‘工力’（Labour Force）为工银所买，与其本人断绝关系。工银专以代表资本家偿他工力的物价，而资本家即保持自由处分这个物品（指工力）的权利于自己手中。工力价值的决定，与别的可以交易的物品相同。工力恰是一种物品，他的价值也是由那于他的生产所必需的劳工时间数目决定。

“生产工力所必需的工量（Labour quantity）是一种稍觉奇异的话，初究马氏学说的人，最难领会其旨趣，但是必须领会，才得了解马氏的经济学说。实在稍加研究，觉得这种见解也并没有什么稀奇。设若拿一个机械的活动代替一个工人的劳工，执一个工程师，问他这架机械要多少维持费？他决不以为奇，并且立答以每时每日需多少吨煤炭，而煤炭的价值，又纯是代表那采掘煤炭的一定人工的总积。我们把煤炭换成劳工去说明他，又有什么难懂呢？

“工银制下的工人，纯是一种机械，所不同的地方，维持机械的财物是在他处由他人的劳工生产出来的，维持工人的财物是由他自己的劳工生产的一小部分。一时间的劳作，或一日的辛苦，其价值均可以在那个时间保持那个工人使他能够完全维持他的生产力所必需的需要为标准。无论资本家以物品以金钱偿他的工值，都是代表那必要费的价值。

“维持工力所必需的价值，永不能与那工力的生产的价值相等。例如一日维持工力所必要的物品的价值，决不能与十小时工力的价值相等，或且不抵五小时。在模范状态下的人类工力，常足以生产比他所单纯消费的物品的价值多。

“工人所生产的价值，全部移入资本家的手中，完全归他处分，而以其一小部分用工银的名目还给工人，其量仅足以支应他在生产此项物品的期间所消用的食品，余则尽数归入资本家的囊中。生产物的售出，其价与十小时的工力相等，而工人所得，则止抵五小时工力的价值。其余五小时工力的价值，马氏叫作‘余值’（Surplus Value）。”①

《经济学说史》中说：

Let us take the case of a working man，an employee in any kind of industry，working ten hours a day.

What will be the exchange value of the produce of his labour? It will be the equivalent of ten hours’ labour，whether the commodity produced be cloth or coal or what not. And since the master or the capitalist，as Marx always calls him，in accordance with the terms of the wage bargain，reserves for himself the right of disposing of that commodity，he sells it at its real value，which is the equivalent of ten hours’ labour. The worker himself is cut off with a wage which simply represents the price which the capitalist pays for his labour force(Arbeits-kraft)，and the capitalist reserves to himself the right of disposing of the commodity at his own good pleasure. Its value is determined in the same way as that of every other exchangeable commodity. Labour-force or manual labour is just a commodity，and its value is determined by the number

① 中国李大钊研究会编注:《李大钊全集》第三卷，人民出版社 2013 年版，第 25—26 页。

of hours of labour necessary for his production.

“The quantity of labour necessary to produce the labour-force” is a somewhat formidable expression, and it is very difficult for any one who is beginning a study of Marx to appreciate its significance, but it is very essential that we should try , since everything turns upon a clear understanding of this phrase. But it is really not so mysterious after all. Suppose that instead of the labour of an artisan we take the work of a machine. No engineer would be surprised if we asked him the running expenses of that machine, and he might reply that it was costing one or two tons of coal per hour or eight or twelve per diem; and since the value of the coal merely represents a certain amount of human labour on the part of the coal-miner, there would be no difficulty in expressing it in terms of labour. Under the wage system the labourer is simply a machine, differing from the latter merely in the smaller quantity of wealth which he produces. The value of an hour' s labour or a day' s toil can be measured by the quantity of necessaries required to keep the worker in full productive efficiency during that period. Every employer who pays wages in kind—— which is still the case in agriculture—— always makes that kind of calculation, and even when the worker is paid a money wage things are much the same, for the money simply represents the cost of those necessaries.

Let us proceed a step farther. The value of the commodities necessary for the upkeep of labour is never equal to the value of the produce of that labour. In the instance given it would not equal the value of ten hours' labour—— perhaps not even five. Human labour under normal conditions always produce more than the mere value of the goods consumed. This is the crux of the problem. The mystery surrounding capitalist production is at last solved. The value produced by the labourer passed into the hands of the capitalist, who disposes of it and gives back to the labourer enough to pay for the food consumed by him during the time he was producing the commodity. The difference goes into the capitalist's pocket. The product is sold as the equivalent of ten hours' labour, but the labourer receives the equivalent of five hours only. Marx speaks of this as surplus value(Mehrwerth), a term that has become exceedingly popular since.

参考译文：让我们举随便受雇于哪一个行业，每天工作10小时的工人做例子。

他的劳动所生产的东西的交换价值是什么？不管他所生产的商品是布匹，是煤炭，还是其他任何东西，其交换价值都等于10小时的劳动。而雇主，或像马克思通常所称呼的那样，资本家，根据工资契约的约定，把处置商品的权利保留在自己手中，因此，他就以其真正价值，亦即10小时劳动的价值，来出售该商品。工人则在得到资本家付给的仅仅作为其劳动力（Arbeits-craft）的价格的工资之后，他和商品的关系就被切断了，而资本家则保有随意处置商品的权利。劳动力价值是由与决定其他一切可以交换的商品的价值相同的方法决定的。劳动力或体力劳动只是一种商品，其价值是根据生产它的必要劳动时间的数量决定的。

“生产劳动力所必要的劳动量”这一说法听起来多少有些骇人听闻，初步开始学习马克思主义的人很难理解其重要意义，但是，这句话很重要，我们必须努力弄明白，因为一切都取决于清楚理解这句话的含义。实际上，它并没有那么神秘难解。假设我们拿一台机器来代替一个工匠的劳动。如果我们问工程师维持这台机器运转的费用是多少，他会毫不惊奇地回答说，机器每小时耗煤一吨、两吨，或每天耗煤8吨或12吨，而由于煤的价值只代表了煤矿工人一定数量的劳动，因此，不难用劳动来表达其价值。在工资制度下，劳动者只不过是一台机器，他与机器所不同的，只是他所生产的财富比机器少些。一小时或一天劳动的价值可以由维持工人在此时段内为了充分保持生产效率而需要的生活必需品的数量来衡量。每一个用实物来支付工资的雇主——在农业方面现在情况仍是如此——总是用此种方法来计算，即使工人被付给货币工资时，情况也大致如此，因为货币本身只不过代表那些生活必需品的费用。

让我们再进一步。用于维持劳动所必需的商品的价值，绝不会与劳动所生产的价值相等。在上面所举的例子中，前者的价值不会等于10小时劳动的价值，甚至不会等于5小时劳动的价值。在通常情况下，人类劳动总会生产出比他所消费的价值更多的价值。这就是问题的关键之所在。笼罩着资本主义生产的秘密终于被揭开。劳动者所生产的价值落入资本家手中，由资本家处置，只付给工人足以在生产该商品期间购买食品的费用，而多余部分则落入资本家的腰包。产品按10小时劳动的等价物出售，但劳动者所得到的只是5小时劳动的等价报酬。马克思把这多余的部分称作剩余价值（Mehrwerth），从此以后，这一术语便极为广泛地流行。

李大钊在文章中说："这样办去，资本家获得工人十小时的工力，而仅以五小时的代价还给工人。其余五小时的工力，在工人毫不值钱。前五小时间工人所生产的，等于他的工值。第五小时以后他所做的工，于他什么也不值了。这生产'余值'的额外时间，于工人本身一文不值的工力，马氏叫作'余工'（Surplus labour）。余值既全为资本家的掠夺品，那工人分外的工作，就是余工，便一点报偿也没有。刚是对工人的能力课额外的汗血税，而为资本家增加幸运，这是现代资本主义的秘密，这是资本主义下资本家掠夺劳工生产的方式。"①

李大钊文章中说："因为这个原故，资本家的利益，就在增大余值。他

① 中国李大钊研究会编注：《李大钊全集》第三卷，人民出版社2013年版，第26—27页。

们想了种种办法，达这个目的。解析这些方法，揭破资本主义的秘密，就是马氏学说特色之一。依马氏的解析，资本家增大余值的方法有二要着。

“一，尽力延长工作时间，以求增加余工时间的数目。假使工作时间的数目，可以由十小时增至十二小时，这余工时间，自然可以由五小时增至七小时。企业家常谋为此。虽有工场立法，强制些产业限制工作时间，于阻止余值的增长多少有点效果，但推行的范围，究竟限于少数产业，所以‘八时间工作’的运动，仍不能不纷纷四起。

“二，尽力缩短生产工人必要生活费的时间。假令生产工人必要生活费的工作时间由五小时缩短至三小时，那余工时间自然由五小时增至七小时了。此种缩短，是可以由产业组织的完全或由生活费的减少作［所］得到的。生活费减少常为由协力（Cooperation）的影响所生的结果。资本家每依建立慈善院或雇用比成人生活费较少的妇幼劳工以图此利益。妇幼离开家庭，那一切家事乃至煮饭洗衣等等，都留给男子去做，但若有维持女工工银与男工相等的方法或限制妇幼劳工的法律，此种战略，也就完全失败了。”①

《经济学说史》中说：

Naturally the capitalist’ s interest is to augment this surplus value which goes to swell his profits. This can be effected in a number of ways, and an analysis of some of these processes is one of the most characteristic features of the Marxian doctrine. This analysis may be summed up under two main divisions.

1.The first method is to prolong the working day as much as possible in order to increase the number of hours of surplus labour. If the number of working hours

① 中国李大钊研究会编注：《李大钊全集》第三卷，人民出版社 2013 年版，第 27—28 页。

can be increased from ten to twelve the surplus will automatically grow from five to seven. This is exactly what manufacturers have always tried to do. Factory legislation, however, has forced some of them to limit the number of hours, and this has resulted in checking the growth of surplus value somewhat. But this check applies only to a limited number of industries.

2. A second method is to diminish the number of hours necessary to produce the worker' s sustenance. Were this to fall from five to three it is clear that the surplus would again rise from five to seven. Such reduction is possible through the perfection of industrial organisation or through a reduction in the cost of living, a result which is usually effected by means of co-operation. The capitalist also often manages to bring this about by setting up philanthropic institutions or by employing women and children, who require less for their upkeep than adults. Women and children have been taken from the house and the task of housekeeping and cookery has been left in the hands of the men.But laws regulating the employment of women and children have again defeated these tactics.①

参考译文：资本家所关心的自然是怎样增加这种剩余价值以扩大其利润。这可能通过好几种方法来实现，而马克思学说最显著的特点之一，就是对这些方法进行解析。可概括为两种：

1.第一种是尽可能延长工时以增加剩余劳动时间。如果工时由10小时增加到12小时，剩余劳动时间就自动从5小时增加到7小时。这实际上就是厂主们一直都在极力做的。但是，工厂立法迫使一些厂主对工时加以限制，这在一定程度上限制了剩余价值的增长。不过，此种限制仅适用于少数行业。

---

① Charles Gide and Charles List: A History of Economic Doctrines from the Time of the Physiocrats to the Present Day, pp.454.

2. 第二种方法是减少生产工人生活必需品所必需的工时。如果生产工人生活必需品所必需的工时从5小时下降到3小时，剩余劳动时间显然又会从5小时上升至7小时。这种减少可以通过完善工业组织或通常通过组织合作社等方式来降低生活必需品价格来实现。资本家经常也会通过设立慈善机构或通过雇用妇女、儿童来达到这一目的，因为妇女、儿童的生活必需品要求通常比成年男工要低。妇女、儿童离开家庭，那么，管理家务、做饭等活计就留给男子。但是，限制雇用女工、童工的立法又会挫败资本家的这些招数。

李大钊在文章第一部分结尾处对马克思的剩余价值学说的性质进行了分析，写道："马氏的论旨不在诉说资本家的贪婪，而在揭破资本主义的不公。因为掠夺工人的，并不是资本家，乃是资本主义。工银交易的条件，资本家已经全然履行，你得一份钱，他买一份货，也算是公平交易。既然许资本主义与自由竞争行于经济界，这种结果是必不能免的。资本家于此，固极愿购此便宜物品，因为它能生产比它自身所含价值远多的东西。惟有这一班可怜的工人，自己把自己的工力像机械一样贱价给人家，所得的价格，仅抵自己生产价值之半，或且不及其半，在法律上、经济上全没有自卫之道，而自己却视若固然。这不是资本家的无情，全是资本主义的罪恶。"①

《经济学说史》中写道：

Such is a very brief summary of Marx's demonstration. Its real originality lies in the fact that it does not consist of commonplace recriminations concerning the exploitation of workers and the greed of exploiters, but shows

① 中国李大钊研究会编注：《李大钊全集》第三卷，人民出版社2013年版，第28页。

how the worker is robbed even when he gets all that he is entitled to.

It cannot be said that the capitalist has robbed him. He has paid him a fair price for his labour; that is, he has given it its full exchange value. The conditions of the wage bargain have been observed in every particular: equal value has been given in exchange for equal value. Given the capitalist régime and the free competition of labour, the result could not be otherwise. The worker, perhaps, may be surprised at this unexpected result, which only secures him half the value of labour, but he can only look on like a bewildered spectator. Everything has passed off quite correctly. The capitalist, no doubt, is a shrewd person, and knows that when he buys labour power he has got hold of a good thing, because it is the only merchandise which possesses the mysterious capacity of producing more value than it itself contains. He knows this beforehand, and, as Marx says, it is "the source of considerable pleasure to him". "It is a particularly happy condition of things when the buyer is also allowed to sell it wherever and whenever he likes without having to part with any of his privileges as a vendor." The result is that the worker has no means of defence either legal or economic, and is as helpless as a peasant who has sold a cow in calf without knowing it.

参考译文：这就是对马克思的论述所做的一个极其简略的概括。其创新之处在于下述事实，即：它不是庸俗地谴责对工人的剥削或剥削者的贪婪，而只是揭示了工人甚至在得到了他所应该得到的一切时仍然还是被掠夺。

不能说资本家掠夺了工人。他对工人的劳动已经支付了公平的价钱，换言之，他已经把全部交换价值给予了这种劳动。工资契约的条款已经全部履行，等价物换等价物。在既定的资本主义制度和劳动自由买卖下，结果只能如此。工人也许会对这一出乎意料的结果感到吃惊，但他只能像一个惊呆的旁观者一样看着这一结果。一切都正常进行。资本家无疑是个狡黠的家伙，当购进劳动力时，他就已经知道抓住了一件好东西，因为只有这种商品才具有神秘的能力，能够产生比其自身价值更多的价值。他早就预见到了这种情况，而且正如马克思所说的那样，“这正是他发笑的原因”。“特别令人高兴的情况是，买主也可以随时随地想出售就出售这种商品而无须放弃他作为卖主的特权。”结果，工人无论在法律上还是经济上都没有办法自卫，就像一个农民在不知道自己家养的母牛已经怀有小牛的情况下卖掉这头母牛一样无可奈何。

（四）李大钊对《经济学说史》的取与舍

李大钊撰写《我的马克思主义观》一文时，可以参考的相关文献资料并不像国际上有的学者所说的那样除了日文文献外几乎没有什么可以参考的资料。尤其是对于李大钊这样既在国外留过学，精通英、日等国语言，主编过《晨报》这样的大报并亲自为该报翻译过系列文章介绍欧美社会党与社会主义运动情况，又身处中国的学术文化中心北京且担任着北大图书馆主任的学者来说，参考文献并不成什么问题。尤其是李大钊 1918 年 1 月中旬担任北京大学图书馆主任一职，使他“得以利用北京大学图书馆的图书资源和信息优势，可以更快、更充分地了解、学习和追踪世界先进思潮，为其思想的转变与发展提供了不可多得的有利条件”[①]。像季特这样在国际政治经济学界享有崇高地位的学者所撰写的《经济学说史》《政治经济学》这样的著作，无论是作为政治经济学专业的学生还是教师，都是必读的参考书。

李大钊对马克思主义经济学说的理解完全来自季特吗？从现有的材料看，李大钊在概述马克思的剩余价值学说和资本集中说的过程中，对季特著作有取有舍，并非全盘接受。

① 杨琥:《李大钊年谱》(上卷)，云南教育出版社 2021 年版，第 444 页。

李大钊对季特的取舍可以概括为“两取一舍”：取其叙述框架，取其对马克思剩余价值说和资本集中说的正面介绍；舍其对于马克思经济学说的批评与否定。

第一，叙述框架取自季特。

《经济学说史》一书中，由季特所撰写的《马克思主义》一章共由三节组成：第一节《卡尔·马克思》，第二节《马克思学派》，第三节《马克思派的危机与新马克思主义者》。

李大钊《我的马克思主义观》下篇主要编译自该章第一节《卡尔·马克思》。该节的结构如下：

帽段：简介此书出版前近40年来马克思对社会主义的巨大影响，引出马克思经济学说中的两大基本内容，即剩余劳动、剩余价值说和资本集中说。其中，资本集中说只是一种通俗的说法，并不准确，并不是西方经济学界所使用的专业术语。用孔德的“经济动学”和“经济静学”来概括马克思的经济思想，就出在该段。

第一目：《剩余劳动和剩余价值》，介绍马克思的劳动价值论和剩余价值说、资本家加大剩余价值榨取力度的两种常用方法等。

第二目：《资本集中律或剥夺律》，介绍资本兴起的历史及竞争导致垄断、劳动后备军的形成、剥夺者被剥夺、资产阶级必然灭亡、社会主义必然实现。

在第一目的后半部分，季特在介绍了马克思的劳动价值论、剩余价值论和资本家加大剩余价值榨取力度的两大伎俩之后，又用三页多的篇幅介绍马克思的不变资本、可变资本概念及平均利润率问题，而这三页之中，介绍不变资本、可变资本概念的总共只有一页多一点，其余部分都用来讨论马克思的平均利润率问题。在季特看来，如果只介绍剩余劳动和剩余价值，对于理解马克思经济学说来说，仍是不完整的：

Hitherto we have spoken only of labour. But the outstanding personage in the book—— the hero of the volume—— is capital, whose name appears on the title-page. Our Exposition of the Marxian doctrine of production would accordingly very incomplete if we omitted to make reference to his treatment of capital. Taken by itself capital is, of course, sterile, for it is understood that labour is the sole source of value. But labour cannot produce unless it consumes a certain proportion of capital, and it is important that we should understand something of the combination of capital and labour.

参考译文：迄今为止，我们只讨论了劳动。但是，马克思《资本论》书中的主要人物——主角——是资本，其名号出现在封面标题中。因此，如果不提及马克思对资本的论述，那么，我们对其有关生产的学说的叙述将会是极不完整的。当然，就其本身而言，资本是没有增值能力的，因为，劳动被认为是价值的唯一来源。不过，除非消耗一定量的资本，否则，劳动也不能生产，所以，重要的是我们必须理解资本与劳动的结合方面的内容。

李大钊《我的马克思主义观》开门见山地说："马氏的'经济论'有二要点：一'余工余值说'，二'资本集中说'。"而在正文中，则除了第一部分"余工余值说"和第四部分"资本集中说"之外，中间另有第二部分"平均利润率论"和第三部分"资本说"。后藤教授认为中间二、三两部分是李大钊在写作过程中临时插入的，故表述上前后有此矛盾。但是，正像季特原作中所表述的那样，李大钊文章开头所说的马克思经济学说"有二要点"，完全是就马克思经济学说本身的思想内容而说的，并不是指的他所要撰写的文章的结构。换言之，李大钊和他所参考文献的作者季特一样认为，劳动价值论和剩余价值论及资本集中说是马克思经济学说中最有代表性、在经济学说史上最有价值的两部分内容。但是，仅介绍这两大核心内容，而不介绍马克思的资本构成说及平均利润率，显然还不能完整地了解马克思的经济学说，因此，在介绍完劳动价值论和剩余价值论之后，顺便介绍马克思的不变资本和可变资本概念及平均利润率，就是顺理成章之事。

1922 年 2 月 19 日，李大钊在北京大学马克思学说研究会发表演讲，说：“马克思的学说很深奥。根据我所知的，提出他学说中的两大原理：第一，在现代资本主义的经济组织之下，资本家把劳动的结果怎么劫去；第二，现代经济组织之趋势。”① 结构与《我的马克思主义观》大致相同，但不变资本、可变资本等未再单独立节目，而是并入两大原理中的第一个原理之中。另，1923 年 3 月 11 日，李大钊在上海职工俱乐部演说《马克思经济学说》，结构、观点与上文相同②。李大钊以上两文均可印证我们的上述判断。

同时，由于这一部分内容在季特原书中并不是重点，要展开论述这些问题，必须另外寻找参考资料。这一部分中，李大钊所用的参考资料，直接来自日本经济学家福田德三的《续经济学研究》中有关马克思经济学说研究部分，而福田德三的研究，主要编译自奥地利经济学派的主要创始人、国际著名资产阶级经济学家柏姆 - 巴维克（旧译庞巴卫）。柏姆 - 巴维克曾经撰写《资本与利润》《马克思及其体系的崩溃》等，其特点是：以看似纯学术化的方式，系统引用马克思的相关概念界定、公式与论述，然后加以猛烈批判。福田德三的著作也延续了这种传统。李大钊在引述其著作时，主要引用了其中有关不变资本、可变资本和平均利润率的概念界定、公式推导等部分，而其理论分析与批判部分则未全引用。

第二，对剩余劳动和剩余价值及资本集中的介绍取自季特。

① 中国李大钊研究会编注：《李大钊全集》第四卷，人民出版社 2013 年版，第 52 页。
② 中国李大钊研究会编注：《李大钊全集》第四卷，人民出版社 2013 年版，第 187—191 页。

李大钊《我的马克思主义观》第一、第四部分内容基本编译自季特书中《马克思主义》一章中的第一节《卡尔·马克思》。

“一舍”表现为：季特书中把马克思主义放在第四卷。该卷的总标题是《反对者》（*The Dissenters*），显然是把它作为非正统、反正统的思想流派来介绍的，而被当作“正统”的，自然是近代西方古典经济学（包括法国重农学派、亚当·斯密、马尔萨斯、李嘉图等人的学说）及自由主义经济学。列入该卷的社会主义流派包括：第一章，历史学派；第二章，国家社会主义；第三章，马克思主义；第四章，受基督教启发而产生的社会主义诸流派（Le Play、天主教社会主义、新教社会主义、神秘主义等）。其中第一、二章由李斯特执笔，第三、四章由季特撰写。

在《马克思主义》一章的三节之中，有两节（第二节《马克思学派》、第三节《马克思派的危机与新马克思主义者》）包含较多批评马克思主义的内容，这些批评性内容，有的是第二国际修正主义、“新马克思主义”对马克思的修正与批评，有的是作者季特本人在综述了马克思主义各派的观点之后做出的批评。

该部分在描述马克思、恩格斯逝世后马克思主义的境况时，节标题中使用了“危机”这样的字眼，在具体述评中则几乎全盘否定了马克思主义经济理论本身。例如，该节中说：

“马克思主义的基本理论，即劳动价值论，似乎已经被现代大多数马克思主义者所抛弃。他们正逐渐转变方向，要么采用‘最终效用论’，要么采纳‘经济平衡论’。甚至马克思本人尽管最终采用了劳动价值论，但却不得不时常承认——当然不是明确地承认——价值取决于供求关系，在利润理论方面尤其如此。有关此点，我们在前边早已提及过。在《资本论》第一卷中被当作不可辩驳的定理的东西，到了后边各卷中，则仅仅是被当作研究假设来处置的。但是，由于马克思的其他学说——例如剩余价值理论和剩余劳动理论——都只不过是从劳动价值论推导出来的，推翻了这一基本原理，其他两种理论自然也就被推翻。如果劳动并不必然产生价值，或者可不经劳动而创造价值，那么，就无法证明劳动总能创造出剩余价值，也无法证明资本家所得利润大部分一定是由无偿劳动构成。”

It is difficult to see what difinite contribution Marx has made to the question, and the old problem as to whether workers are really exploited or not and whether the revenues obtained by the so-called idle classes correspond to any real additional value contributed by themselves still remains unsettled.

参考译文：看不出马克思在这一问题（劳动价值论和剩余价值论）上有什么具体贡献，而工人是否被剥削、所谓游惰阶级所得收益是否符合他们自己所真正附加的价值，这些老问题仍然悬而未决。

又说：

Passing on to the law of concentration—— the vertebral column of the Marxian doctrine—— we shall find upon examination that it is in an equally pitious condition.

参考译文：谈到资本集中律——马克思学说的脊柱部分——我们经过考察，发现它同样处于可怜的境地。

这类的否定论断很多。可以看出，季特在这两节中对马克思经济学说基本上持全盘否定的态度。

对于这两节的内容，李大钊一字未译。显然，李大钊之所以这样做，是因为其心目中，马克思主义并不是像季特书中所说的那样“看不出有什么贡献”，马克思的学说不是“处境可怜”，更不是处在“危机”之中。马克思真正是社会主义经济学的“鼻祖”、“改造世界的新纪元”的开创者，马克思主义的经济学说生机盎然，即将取代西方资产阶级正统经济学的地位而成为经济学的新正统。

李大钊指出：

现在世界改造的机运，已经从俄、德诸国闪出了一道曙光。从前经济学的正统，是个人主义。现在社会主义、人道主义的经济学，将要取此正统的位系，而代个人主义以起了。从前的经济学，是以资本为本位，以资本家为本位。以后的经济学，要以劳动为本位，以劳动者为本位了。这正是个人主义向社会主义、人道主义过渡的时代。马克思是社会主义经济学的鼻祖，现在正是社会主义经济学改造世界的新纪元，“马克思主义”在经济思想史上的地位如何重要，也就可以知道了。本来社会主义的历史并非自马氏始的，马氏以前也很有些有名的社会主义者，不过他们的主张，不是偏于感情，就是涉于空想，未能造成一个科学的理论与系统。至于马氏才用科学的论式，把社会主义的经济组织的可能性与必然性，证明与从来的个人主义经济学截然分立，而别树一帜，社会主义经济学才成一个独立的系统，故社会主义经济学的鼻祖不能不推马克思。[①]

正是因为在动笔之前，李大钊已经给马克思和马克思主义确立了崇高而牢固的地位，因此，季特书中这类批评性的内容自然无法撼动马克思及马克思主义的地位，李大钊在引用季特时对这类批评性文字一

① 中国李大钊研究会编注:《李大钊全集》第三卷，人民出版社 2013 年版，第 4 页。

概摒弃不取。

此外，该章第一节《卡尔·马克思》中有27条脚注，李大钊对这些脚注完全未译。该节第一目最后有关不变资本、可变资本及平均利润率部分，李大钊未译。这一部分中包含了对马克思资本说及平均利润率说的批判和否定。例如，在总结马克思有关平均利润率问题的观点时，季特说：

While admiring the ingenuity of the dialectics，we must not blind ourselves to the simple fact which Marx was so anxious to hide，but which is nevertheless implicit in all this，namely，that the rate of profit，which means also the value of the goods，is regulated by competition—— that is，be demand and supply—— but bears no relation to the quantity of labour employed. We must also remember that the enterpreneur，far from seeing this profits diminish as he employs less human labour，finds them increasing.This contradiction is just one of those flaws that finally cause the downfall of the majestic edifice so labourously raised by Marx.

参考译文：在羡慕辩证法的创造性的同时，我们不能让马克思急于掩盖但却仍然暗含在这一切之中的这样一个简单的事实蒙蔽了我们自己的眼睛，即：利润率，同时也是商品的价值，是由竞争来调节的，换言之，是通过供求关系来调节的，而与所使用的劳动量没有关系。我们还必须记住，企业家在减少雇佣劳动力时，不仅没有发现利润下降，反而发现利润升高了。这一矛盾只不过是最终导致马克思如此殚精竭虑而建筑的大厦倾倒的缺陷之一而已。

季特书中对马克思主义经济学说所做出的这类否定性的描述，李大钊一概予以舍弃。最终，李大钊的《我的马克思主义观》虽然对季特与李斯特合著的《经济学说史》中涉及马克思主义经济学说的正面材料有所参考借鉴，而对其中的负面部分则一概不取。这就使得李大钊的文章具有了与季特的《经济学说史》完全不同的理论基调和政治意蕴。

四、《我的马克思主义观》所构建的真理（理论）体系

对马克思及其学说的片段性介绍，在 19 世纪末 20 世纪初即已开始，但是，马克思主义在世界政治经济发展史上处于什么地位、对于人类社会有何重要影响、此种学说整体结构与内容如何，却始终不得而详。在近代中国，李大钊是第一个对上述问题做出比较系统、完整解释的人。

首先，李大钊从世界经济思想发展史角度对马克思主义做出了定位。

李大钊指出："由经济思想史上观察经济学的派别，可分为三大系，就是个人主义经济学、社会主义经济学与人道主义经济学。""个人主义经济学，也可以叫作资本主义经济学。三系中以此为最古。著'原富'的亚丹·斯密（Adam Smith）是这一系的鼻祖。亚丹·斯密以下，若马查士（Malthus）、李嘉图（Ricardo）、杰慕士·穆勒（James Mill）等，都属于这一系。把这一系的经济学发挥光大，就成了正系的经济学，普通称为正统学派。"①

"个人主义经济学，有二个要点：其一是承认现在的经济组织为是；其二是承认在这经济组织内，各个人利己的活动为是。社会主义经济学正反对他那第一点。人道主义经济学正反对他那第二点。人道主义经济学者以为无论经济组织改造到怎么好的地步，人心不改造仍是现在这样的贪私无厌，社会仍是没有改善的希望，于是否认经济上个人利己的活动，欲以爱他的动机代那利己的动机；不置重于经济组织改造的一方面，而置重于改造在那组织下活动的各个人的动机。社会主义经济

① 中国李大钊研究会编注：《李大钊全集》第三卷，人民出版社 2013 年版，第 2 页。

学者以为现代经济上社会上发生了种种弊害，都是现在经济组织不良的缘故，经济组织一经改造，一切精神上的现象都跟着改造，于是否认现在的经济组织，而主张根本改造。人道主义经济学者持人心改造论，故其目的在道德的革命。社会主义经济学者持组织改造论，故其目的在社会的革命。这两系都是反对个人主义经济学的，但人道主义者同时为社会主义者的也有。”①

其次，李大钊又对马克思主义的整体结构及各部分之间的相互关系进行了初步剖析。

“马氏社会主义的理论，可大别为三部：一为关于过去的理论，就是他的历史论，也称社会组织进化论；二为关于现在的理论，就是他的经济论，也称资本主义的经济论；三为关于将来的理论，就是他的政策论，也称社会主义运动论，就是社会民主主义。离了他的特有的史观，去考他的社会主义，简直是不可能。因为他根据他的史观，确定社会组织是由如何的根本原因变化而来的；然后根据这个确定的原理，以观察现在的经济状态，就把资本主义的经济组织，为分析的、解剖的研究，预言现在资本主义的组织不久必移入社会主义的组织，是必然的命运；然后更根据这个豫见，断定实现社会主义的手段、方法仍在最后的阶级竞争。

“他这三部理论，都有不可分的关系，而阶级竞争说恰如一条金线，把这三大原理从根本上联络起来。所以他的唯物史观说：‘既往的历史都是阶级竞争的历史。’他的《资本论》也是首尾一贯的根据那‘在今日社会组织下的资本阶级与工人阶级，被放在不得不仇视、不得不冲突的关系上’的思想立论。关于实际运动的手段，他也是主张除了诉于最后的阶级

① 中国李大钊研究会编注：《李大钊全集》第三卷，人民出版社 2013 年版，第 3—4 页。

竞争，没有第二个再好的方法。为研究上便利起见，就他的学说各方面分别观察，大概如此。其实他的学说是完全自成一个有机的有系统的组织，都有不能分离不容割裂的关系。”①

最后，李大钊在上篇其余部分概述了马克思主义的唯物史观和阶级斗争理论，下篇则评述了马克思主义的剩余价值论和资本集中说。

需要强调指出的是，马克思在下篇结尾处特别注明：“以上系以马氏‘经济论’的概要，本篇暂结于此。”而从文章开头部分的介绍看，李大钊实际上只完成了对马克思主义“三部”之中的“两部”的介绍，即“关于过去的理论”亦即历史论或者“社会组织进化论”，以及“关于现在的理论”即“资本主义经济论”，而对于其中的第三部“关于将来的理论”亦即马克思的“社会主义运动论”，则还没有介绍。这方面的内容，李大钊陆续通过《中国的社会主义及其实行方法的考察》《中国的社会主义与世界上的资本主义》《由平民主义到工人政治》等做了阐发。

李大钊给中国读者所建构的马克思主义形象：

从前旧的经济学正统：个人主义代表人物——亚当·斯密、马尔萨斯、李嘉图等。

今后经济学的新正统：社会主义、人道主义——马克思是社会主义经济学“鼻祖”。

马克思主义组成部分：关于过去的理论，即历史论；关于现在的理论，即资本主义经济论；关于将来的理论，即社会主义运动论（文中暂未介绍）。

马克思主义的主要理论内涵：唯物史观；阶级斗争；剩余价值学说及

① 中国李大钊研究会编注：《李大钊全集》第三卷，人民出版社2013年版，第5页。

劳动价值论；资本集中论；社会主义（文中暂未介绍）。在当时的历史文化语境下，李大钊《我的马克思主义观》对马克思主义所做的这样高的历史定位、这样完整的整体介绍、这样清晰的主要理论内涵的剖析，在中文世界几乎找不出第二篇，在整个东亚世界似乎也难找出立意这样高远、观点鲜明的文章来，河上肇、福田德三等人的文章也没有这样的高度和思想感染力。

我们可以来看看列宁相关的著述。

1913 年 3 月，列宁发表《马克思主义的三个来源和三个组成部分》，1914 年 11 月，列宁为《格拉纳特百科词典》撰写有关马克思的条目，这就是后来著名的《卡尔·马克思》一文。列宁的这两篇文章对马克思主义做出了公认的经典性的阐释。列宁在《马克思主义的三个来源和三个组成部分》中总结称："马克思学说是人类在 19 世纪所创造的优秀成果——德国的哲学、英国的政治经济学和法国的社会主义的当然继承者。"马克思、恩格斯正是在继承和发扬这些优秀成果的基础上，结合资本主义发展和工人运动的实际，创立了革命的马克思主义理论，这一革命理论主要由唯物主义、剩余价值学说、阶级斗争学说等三部分组成。①

列宁又在《卡尔·马克思》中从哲学（辩证法、唯物史观、阶级斗争）、政治经济学（价值、剩余价值）、社会主义、无产阶级阶级斗争的策略等方面，详细阐述了马克思主义的科学内涵。

列宁的上述文章，尤其是《卡尔·马克思》一文被公认为是对马克思主义理论体系所做的经典性的总结。

作为一个职业革命家，列宁从 1888 年开始研读《资本论》，1892 年翻译《共产党宣言》为俄文，1895 年后多次流亡德、英等国，与欧洲共

---

① 《列宁全集》第二十三卷，人民出版社 2017 年版，第 41—48 页。

产主义者多有联系，1905 年回到俄国参加革命，成为俄国革命领袖。到列宁发表上述有关马克思主义的两篇文章时，他已经研读、翻译马克思主义经典著作 20 多年，难怪他的这些文章一经发表，就成为国际共产主义运动中公认的经典。

1925 年，俄共（布）中央列宁研究院编印列宁专题文集《论马克思恩格斯及马克思主义》，收录了列宁在各个时期创作的有关马克思、恩格斯生平及理论体系的 38 篇文章，是列宁系统阐述马克思主义科学内涵的重要成果。该文集于 1925 年首次出版，后经多次修订再版，至 1946 年更新至第六版，被翻译成多种文字在苏联及欧亚多国共产党中广泛传播。①

《论马克思恩格斯及马克思主义》第一篇即《卡尔·马克思》。该文最早从 1926 年开始有节译本出现，主要有：

李春蕃译:《唯物史观与马克斯》（节译），载于 1926 年 12 月 24 日的汕头《岭东民国日刊》副刊《革命》第 3 卷第 3 期。

画室译:《科学的社会主义之梗概》，1929 年 6 月由上海泰东图书局出版。

黄剑锋译:《马克思评传》，1929 年由上海启智书局出版。

乔治译:《科学的社会主义》，1930 年 1 月由北平燕山书店出版。

李一氓译、乜乜校:《马克思主义引论》，刊载于 1930 年 2 月出版的《马克思主义论文选译》。

郭沫若译:《马克思传》（节译），载于 1931 年 10 月上海联合书店出版的《社会科学原论》的附录部分。

高希圣、郭真合译:《马克思主义的本质》（节译），载于 1932 年 8 月神州国光社出版的《经济学教程》。

瑞麟译:《马克思学说体系》，载于北京《晨报》1933 年 3 月 23、24、

---

① 中央党校编写组:《〈列宁全集〉注释选编》，人民出版社 1975 年版，第 97 页。

27、28 日。

博古译:《卡尔·马克思》，最早于 1943 年 8 月由延安解放社出版单行本。

此后由新华书店（1946 年 5 月）、华北人民革命大学（1946 年 5 月）、太岳新华书店（1947 年 1 月）、解放社（1947 年 9 月）、太行群众书店（1948 年 1 月、1948 年 12 月）、冀鲁豫新华书店（1949 年 5 月）、中原新华书店（1948 年 12 月、1949 年 5 月）、北平中新图书公司（1949 年 4 月）、东北新华书店（1949 年 10 月）等单位以相同题名再版。1949 年以《卡尔·马克思小传》为名，由上海国强出版社出版。

第一个权威性的中文全译本，是谢唯真在莫斯科翻译的《卡尔·马克思》，最早由莫斯科苏联外国工人出版社 1933 年出版单行本。

唯真译本此后出版的单行本还有：1937 年 7 月上海智新书局的《马克思学说》，1938 年 3 月汉口中国出版社的《马克思及其学说》，1936 年 9 月和 1938 年 1 月延安解放社、1938 年新文化书房、1939 年 4 月汉口中国出版社、1949 年 11 月广州天光出版社的《什么是马克思主义》，1951 年莫斯科外国文书籍出版局的《卡尔·马克思》，以及 1938 年汉口和广州未署出版者的《马克思及其学说》等。此外，唯真译《卡尔·马克思》还收入莫斯科外国文书籍出版局 1948 年至 1950 年出版的《论马克思恩格斯及马克思主义》、莫斯科外国文书籍出版局 1949 年出版的《论马克思和恩格斯》和上海纪元出版社 1949 年出版的《马克思与恩格斯》等文集中。

列宁《论马克思恩格斯及马克思主义》的第一个全译本是 1939 年 6 月，由柯伯年、王石巍、吴黎平翻译的，以《马恩与马克思主义》为名由延安解放社出版。1948 年以后，柯伯年修订版、唯真译校版和解放社编印版等 3 种中译本陆续出版，被解放社和各地新华书店翻印数十次，成为在中国传播范围最广的列宁著作之一，是中国共产党推进马克思列宁主义中国化的重要成果。

李大钊在世之时，除 1926 年李春蕃节译的版本之外，其他各种版本都还未出世。李大钊《我的马克思主义观》对马克思主义理论体系的完整阐释，比李春蕃的节译文早 7 年，比唯真莫斯科译本早 14 年，比延安解放社译本早 20 多年。更加难能可贵的是，李大钊《我的马克思主义观》对马克思主义理论体系所做的整体性的阐释，其主体部分除社会主义部分未及写出之外，其余主要内容与列宁的《卡尔·马克思》大体相当。由此可以看出李大钊此文在马克思主义在中国传播史上的开创性贡献和重要历史地位。

五、结语

任何经典文本的背后，自然都有文献知识上的参考物，这是思想文化传播的基本规律。

李大钊要完成这样一篇历史性文献，自然需要参考大量文献资料。由于当时的历史条件所限，李大钊所要参考的，自然大量都是欧美、日本等资本主义国家学者所写的有关马克思主义的文章，这中间虽然也有一些是各国工党、社会主义党系统的学者所写，但主要的、大量的还是资产阶级学者所写的文章，这些资产阶级学者从资产阶级哲学、政治经济学、社会学等角度，对马克思主义提出了种种批评和攻击，即使是社会主义学者所写的文章，也不同程度地含有误解马克思主义之处。

要在这样的学术文化环境下，完全避免受其误导和影响，是很难做到的。但是，从整体上看，李大钊《我的马克思主义观》一文中虽有个别问题上受到了他所参考的学术文献的负面影响，如在平均利润率问题上直接受福田德三、间接受奥地利学派创始人柏姆－巴维克公式推导的误导而对马克思《资本论》第三卷有关平均利润率的理解上有误之外，整体上却没有接纳他们有关马克思主义理论体系“崩溃论”的错误结论，读者通读完李大钊此文后，不是形成一个马克思主义“错误”或“崩溃”的结论，而是得出一个马克思主义是“科学”，是“真理”，揭示了资本主义社会的内在矛盾及其发展规律，资产阶级已经找好掘墓人、资本主义必须灭亡、社会主义必须胜利的结论，真正是瑕不掩瑜，大醇小疵。

李大钊说：“余信宇宙间有惟一无二之真理。此真理者，乃宇宙之本体，非一人一教所得而私也。余信世界文明日进。此真理者，必能基于科学，循其逻辑之境，以表现于人类各个之智察，非传说之迷信所得而蔽也。”

“吾人欲寻真理之所在，当先知我之所在，即其我之身份、知识、境遇以求逻辑上真实之本分，即为真理。”[①]

追求真理、实践真理（信仰）是最高目标，但追求真理、实践真理，离不开个人的身份、处境、知识，必须在明了个人身份、境遇、知识的前提下，用逻辑的即科学的方法，弄清楚事物的真实状况与发展规律，这就是真理，信仰真理、实践真理，也离不开知识做其支撑，但真理和信仰一旦形成，个别的知识只能做其参考，做其营养，而不能改变此真理，影响此信仰。知识、真理、信仰三者之间的这种内在关联，在以李大钊为代表的第一代中国共产党人身上表现得尤其突出。

在真理和信仰问题上，李大钊认为，应该“勇往奋进以赴之”，“断头流血以从之”，“瘅精瘁力以成之”。[②]

鲁迅先生在为《守常全集》[③]所作题记中曾经说过：“热血之外，守常先生还有遗文在。不幸对于遗文，我却很难讲什么话。因为所执的业，彼此不同，在《新青年》时代，我虽以他为站在同一战线上的伙伴，

---

① 中国李大钊研究会编注：《李大钊全集》第一卷，人民出版社 2013 年版，第 426—427 页。

② 中国李大钊研究会编注：《李大钊全集》第一卷，人民出版社 2013 年版，第 339 页。

③《守常全集》未及发行被没收并销毁。后重印出版时更名为《守常文集》，鲁迅所写题记作为序刊于书中。——编者注

却并未留心他的文章，譬如骑兵不必注意于造桥，炮兵无须分神于驭马，那时自以为尚非错误。所以现在所能说的，也不过：一、是他的理论，在现在看起来，当然未必精当的；二、是虽然如此，他的遗文却将永在，因为这是先驱者的遗产，革命史上的丰碑。一切死的和活的骗子的一叠叠的集子，不是已在倒塌下来，连商人也‘不顾血本’的只收二三折了么？”①

① 李大钊:《守常文集》,“民国丛书”第一编，第92册，上海书店1989年版，第2页。

走近李大钊　理解李大钊

——编撰《李大钊年谱》的若干体会和认识

主 讲 人：杨琥[①]

主讲时间：2022 年 10 月 14 日

李大钊是中国共产主义运动的先驱，伟大的马克思主义者，杰出的无产阶级革命家，中国共产党的主要创始人之一。为这样一位伟人编撰年谱，任务光荣，亦很艰巨。“走近李大钊　理解李大钊”正是我编《李大钊年谱》（以下简称《年谱》）时遵守的态度。

李大钊

编《年谱》是当时王学珍老师跟我谈话，希望我能够做这方面的工作。王学珍老师当时是李大钊研究会会长，也是北京大学党委书记，还担任着北京大学党史校史研究室的主任。从这个角度讲，编《李大钊年谱》对我来说是一个任

① 北京大学校史馆副研究员、中国李大钊研究会常务理事。

务。但在另一方面，这也是我的兴趣。因为我本身就是研究新文化运动的，同时也参编过《李大钊全集》，对李大钊比较熟悉，所以我当时愉快地接受了王学珍老师布置的任务。

不过接受任务以后，我才感受到工作的艰辛。要知道，李大钊既是在中国系统传播马克思主义第一人，又是中国共产党主要创始人之一，对这样一位重要历史人物，相关研究成果非常丰富，用汗牛充栋来形容也毫不夸张。我既然答应承担《年谱》的编写，就一定要认真地做这件事。我把从中华人民共和国成立以来的研究成果都检视一遍，发现这些研究成果存在“三多三少”的现象。第一，重复的成果很多，原创性的研究比较少。第二，概念性研究很多，实证性研究很少。李大钊的很多情况，我们不清楚，但是很多人照样写文章，而且写很多文章。第三，宣传性成果多，但是学术性研究比较少。以此为基础，就明确了编《年谱》的目标，并由此确定了原则：前人研究多的，就少涉及；前人没有研究或研究不足的，就尽量地、充分地展现。

一、基础入手　广搜史料

编《年谱》的工作还要从基础入手，要有清晰的思路，即如何理解李大钊。李大钊的文章，尤其早期文章（如《李大钊全集》第一卷收录的部分文章）很难懂，如《民彝与政治》《青春》等。从什么途径走近李大钊，以什么方式理解李大钊，是需要认真考虑的问题。古人说，书读百遍，其义自见。但是对李大钊的著作，你即使读上百遍，如果不结合他的时代和当时古今中外的文化，还是不易读懂。只有具备更广泛的视野与眼光，今人对李大钊的理解才可能比前人更进一步。

李大钊是革命家，也是学者。但“烈士之烈，人人知之；烈士之学，则罕有知之者”（梁启超），大家都知道李大钊是革命家，但说到李大钊还是北京大学教授，是一位知识渊博的学者，社会大众对此就了解不足。同时，李大钊交往广泛，是一位社会活动家。可以说，李大钊是多种身份集于一身的人。以前研究主要讲李大钊的光荣与伟大，比较集中在李大钊个人身上。但实际上，李大钊之所以能成为这样的人，和他所处的时代密切相关，是那个时代造就了李大钊。

因此，我研究的立脚点就是探究李大钊的时代到底是怎样的时代。马克思说过，环境创造人。以前的研究也结合时代环境来谈论人物，但那基本都是机械的，如“无产阶级诞生”“工人运动”等等，与李大钊真正的生活、生活环境距离较远。我的研究则是紧密结合李大钊所处的环境、所生活的时代，以及他经常接触的事物，来考察李大钊、研究李大钊。

首先，想要理解李大钊，就要明白李大钊生活的时代是近代中国报刊传媒出现的时代。在此之前，中国是没有报刊的；鸦片战争以后，中国才出现报纸。同时，那还是一个社团学会、新式学校出现的时代。京师大学堂，也就是现在的北京大学，在维新运动期间出现了。

李大钊正是这些新生事物培育的产物，是受益者。如果没有这些，李大钊可能也像他的前辈一样，走科举之路，成为一位在科举和仕途上奔波的官员，李大钊也就不可能成为现在的李大钊。近代的传媒和公共空间，造就了新时代的李大钊。这是首先要理解的。

其次，李大钊除了是新生事物的受益者，同时又是积极参与者、实践者和开拓者。从传媒方面来看，李大钊创办了《言治》月刊；从社团学会来说，他参与过很多社团学会。李大钊最终能够创建中国共产党，与这些密切相关。另外，从新式学校来说，李大钊本身就是新式学校——天津北洋法政学堂培育的，后来他又到了北京大学任教。李大钊还传播马克思主义，创建中国共产党早期组织，所以又是实践者和开拓者。

这样才能够把李大钊和他的时代讲清楚：从李大钊来理解那个时代，

又从那个时代来更加深入地理解李大钊。

在当时历史条件下，李大钊从事的革命工作，都是地下的秘密活动。这就导致《年谱》里很多都没法涉及，因为那些革命活动很难弄清楚。这就要求广泛搜集史料，同时要围绕中心来搜集，不能漫无边际。我主要是围绕三个方向进行：报刊、社团、秘密活动。

（一）基于李大钊是生活在中国近现代的公众人物，首先集中于报刊资料的搜集和阅读

前人研究李大钊已经使用了大量报刊，但限于条件，使用的报纸主要是《晨报》，运用很充分；也用了一些《京报》，但不多。而北京大学图书馆的报刊室，收藏有丰富的报刊，即使不是全国收藏最多的，也可与国家图书馆、上海图书馆比肩。既然研究者都用过《晨报》，这方面就主要依托前人研究。《大公报》有影印版本，《京报》只有北京大学图书馆有，国家图书馆收藏有少部分。我又把《申报》《民国日报》《时事新报》《益世报》等，凡是五四前后的报纸都翻阅一遍，从中寻找关于李大钊的记载。

此外就是李大钊本人主编或者参与编辑的刊物，也是每一页都翻阅了，包括《言治》月刊、《言治》季刊、《甲寅日刊》、《宪法公言》、《新青年》、《少年中国》、《新生活》、《新潮》、《国民》、《政治生活》、《中央政治工作通讯》等等。只要与李大钊相关的报刊都得去找，把其中的材料全部找出来，这对于我们丰富认识李大钊的革命事迹有很大的帮助。《年谱》确实把很多前人不清楚的问题，从报刊上查到了，搞清楚了。

如李大钊欢迎加拉罕的问题。加拉罕是当时俄国派到中国的代表团团长，《胡适日记》记载了李大钊和加拉罕见面之事。但加拉罕来中国之时，李大钊是否到车站欢迎加拉罕呢？以前的书都没有相关记载。《晨报》《京报》没有相关报道，但《大公报》记载了。《大公报》1923 年 9 月 3 日

李大钊与《晨钟报》《晨报》同人合影

有："昨日午前十点十五分，苏俄代表加拉罕氏由奉抵京。北京中外各界人士及各团体联合会之代表，赴车站欢迎者极众。""筹备中俄交涉事宜王正廷及北大图书馆长李大钊等，均在站欢迎。"[①] 从这些材料就可以知道，李大钊是到车站欢迎加拉罕了。

（二）从李大钊任职北大的角度考虑，致力于从他在北大的朋友、同事和学生的日记、书信、文集中收集相关资料

本人博士论文是关于新文化运动的，发现前人研究新文化运动的思想等方面较多，对其中人际关系以及新文化人物如何会聚在一起等问题，则少有人关注。我写过一篇文章，分析他们的这种关系，如同乡、同事、同学、志同道合等各种不同的关系。[②] 寻找有关李大钊的新材料，除了报刊，就是以李大钊交往的人为线索去寻找。举例如下：

《苏甲荣日记》。上天总是眷顾有准备的人，我是很幸运的。刚着手编撰《年谱》之时，发生了特别碰巧的事情。当时从北京大学老图书馆（即今档案馆）的阁楼里清理出大量的、未经整理的材料，都捆绑着，也

① 《昨日各界欢迎加拉罕之胜况》，载《大公报》1923 年 9 月 3 日。

② 杨琥：《同乡、同门、同事、同道：社会交往与思想交融》，《清末民初的思想与人物》，四川人民出版社 2022 年版。

没有编目。参与此事的就有我认识的一位老师，也是一位朋友，他知道我喜欢翻阅旧资料，让我帮忙看看，结果挑出许多珍贵材料。其中就有两本日记。一本是关于清华的，第一页记载了费孝通和作者的交往，但具体作者是何人不清楚。另外一本日记是有关北大的，并且在 1919 年 5 月 4 日那一天记载了关于五四运动的几句。这太吸引我了，迫不及待往前翻，果然找到好几条有关李大钊的记载。我就把这本日记的内容拣重要的抄录下来，除了李大钊，还有胡适、陈独秀、蔡元培等人相关的内容。后来弄清了日记的主人是苏甲荣。苏甲荣是五四时期的北大学生、少年中国学会会员，他留下的日记以及其中有关李大钊的记载，以前并不为人所知。比如《苏甲荣日记》记载：

1919 年 8 月 16 日：上午十时赴王光祈处，不一刻高一涵至，谓《每周评论》已被封，因王君之《司法独立与教育独立》一题论也。并有捕人之说，王君乃决意往昌黎李大钊处暂避，下午二时一刻赴津。[1]

其中提到的王光祈是少年中国学会的创始人之一；高一涵当时是北大教授，同时还是李大钊和胡适的好友。关于《每周评论》是否被封的问题，尚有许多推测和争论。但是《苏甲荣日记》这一则明确记载了《每周评论》被封之事，起因是登载王光祈《司法独立与教育独立》。王光祈计划往昌黎投奔李大钊，而当时李大钊正在昌黎的五峰山。这也提醒我们，李大钊相关材料尚有许多存世，只不过需要下决心去找。何况苏甲荣不是特别有名的人，有许多比苏甲荣更知名的人，他们与李大钊的联系更要用心发掘。

《顾颉刚日记》。我从顾颉刚先生的女儿顾潮老师编纂的《顾颉刚

① 苏甲荣：《苏甲荣日记》（手稿），北京大学图书馆藏。

年谱》里知道，顾颉刚先生有日记存世。但当时顾颉刚先生日记还在整理中，我就只好等待，等到台湾出版了，就立马通过朋友从台湾把《顾颉刚日记》买回来，从中找到很多有关李大钊的记载。这里列出其中一条：

1923年2月12日：与伯祥到寰球中国学生会，加入北大旅沪同学会，讨论善后办法。今日之会，到会者李守常、梅心如、张荣福、张春木、杨廉……雁冰、伯祥及我。……寰球会中以有北大学生（梅心如）住在内，故假为会场。守常先生亦来，鼓吹革命。①

"伯祥"是王伯祥，当时是商务印书馆的编辑；"张春木"是张太雷。而1923年二七大罢工期间，李大钊正在武昌讲学，同时也指导二七大罢工的活动。大罢工失败以后，吴佩孚下令在全国通缉李大钊、陈独秀等人。李大钊不能从武昌回北京，只好坐船顺流而下到上海。此前，不清楚李大钊到上海以后的活动。直到当年5月份，《北京大学日刊》上才又出现李大钊的名字。《顾颉刚日记》这一则记载，对于弄清李大钊在上海几个月的活动很关键。与此相关的还有几则，这样就基本可以清楚李大钊在上海的活动，比以前的认识前进了一步。

《钱玄同日记》。顾颉刚、苏甲荣是李大钊的学生，而钱玄同则是李大钊的同事，是李大钊同代人，因此《钱玄同日记》中有更多李大钊相关记载。《钱玄同日记》我看得更多，当时是杨天石老师在整理。杨老师对我帮助很大，先是提供了夏曾佑的材料，这次又把《钱玄同日记》整理稿借给我抄材料。杨老师是一位非常无私的学者，我从他那里获益甚多。这里选一则钱玄同与李大钊初次见面的日记：

---

① 《顾颉刚日记》卷一，中华书局2011年版，第327页。

1917 年 1 月 20 日：独秀今晚宴客于庆华春，同座者为沈尹默、高一涵、李大钊、刘三诸公。①

这则记载的意义在于：其一，这是钱玄同和李大钊第一次见面；其二，此时陈独秀正要到北大当文科学长（陈独秀是到北京来募款，蔡元培就邀请陈独秀到北大担任文科学长）。同座者中沈尹默、高一涵、刘三等人都是陈独秀多年的老朋友。可以看出，当时陈独秀和李大钊的关系已经非常密切。后来《新青年》的八位编辑，这里就集中出现五位（陈独秀、李大钊、钱玄同、高一涵、沈尹默）。有老师也要编年谱，他说看很多人的日记很无趣，不过天天记载吃饭喝酒之类琐事。我就举此作例，说明日记琐事也有可能成为重要事件的线索。

（三）从李大钊革命活动的秘密特点出发，着力发掘未刊、档案或者档案资料汇编中以往未注意或被忽略的材料，尤其是革命对手方的情报档案

这是新的视野。以前比较注重使用革命档案，把对手方的情报档案称为敌特档案，觉得不太正式，认为很多不可信。其实对手方档案可作多方参照，来体现其价值。

比如“南陈北李，相约建党”，李大钊护送陈独秀脱险离开北京。至于陈独秀具体何时离开北京，有很多说法，有说是 1 月，有说是 2 月，或者 1 月中旬或者 2 月中旬等，至少有三四种说法。为搞清这个问题，我在北京市档案馆查阅到一条北洋政府的密探汇报（1920）：“查于二月九日下午一时余，见陈独秀乘人力车出门，声言至缎库后身胡适宅拜访，是日并未回。复经调查数日，并未回家。”而陈独秀 1920 年 2 月 14 日给同乡、警察总监吴炳湘写的信如下：

① 杨天石主编：《钱玄同日记》（整理本）上，北京大学出版社 2014 年版，第 303 页。

镜潭总监台鉴：

夏间备承优遇，至为感佩，日前接此间友人电促，前来面商西南大学事宜，匆匆启行，未及报厅，颇觉歉仄，特此专函补陈，希为原宥，事了即行回京，再为面谢。

敬请

勋安！

陈独秀　鞠躬

二月十四日[①]

结合以上材料，可以肯定陈独秀是1920年2月9日从北京离家，14日到上海，因此陈独秀实际离开北京的时间应在9日至14日之间。至于更具体的时间，我并没有在《年谱》中下准确的判断，但陈独秀很可能是9日下午或10日离开北京。这就比之前研究结论更准确。

为了推动国民革命，李大钊和许多军阀有联系和来往。比如，李大钊曾经动员吴佩孚保护或默许工人运动；李大钊还和冯玉祥有大量接触，动员冯玉祥率领国民革命军加入北伐，壮大了革命力量。这些都是革命活动的一部分，我们对此要给予充分肯定。

冯玉祥的部队（后来叫西北军）从内蒙古辗转陕西去解救西安之危，其间要经过山西，山西军阀阎锡山对国民革命持什么态度呢？于是我就想到从阎锡山档案中寻找有关李大钊的材料。当时，阎锡山驻京代表是温寿泉，他给阎锡山发了七份电报，其中都提到李大钊。从中可以看出，温寿泉和李大钊进行了多次秘密谈话或谈判。如温寿泉1927年1月21日致阎锡山的密电：

① 刘苏:《五四时期陈独秀被捕档案选编》,《北京档案史料》1986年第1期。

太原督帅钧鉴：

肃密。顷据尾什庆彦言，北京市党部干部李大钊诸人秉承国民政府及共产党之内意，以非公式的向日本提出下列条件，表示联络好意，拟于将来国民政府派人与日本接洽时，即以此条件为交涉之基础也。……

二、多方参证　考订正误

从基础入手收集的资料有真有假（伪造的材料），要鉴别就要多方参证，考订正误。在编撰《年谱》过程中，对于史料充分的史事，按其不同类型、不同来源，每一种史料都摘要录入一条，以互相印证。同时，对于各种叙述矛盾或有歧异或与李大钊生平、思想不符的各种史料，则严格考辨，仔细分析，择其可信者而用之，其不可信者而弃之，在准确可靠的史料基础上努力呈现准确的李大钊生平事迹。

古代大学者顾炎武曾经说过，“其必古人之所未及就，后世之所不可无，而后为之”（《日知录》）。意思就是做学问，要做前人没做过或做得少的，而后人需要的，同时也是自己能够做的，这样比较好。所以要编撰《年谱》，首先要对得起李大钊本人，要写出真实准确的李大钊。其次，要对得起广大的读者，这些材料都是可信的，让大家认识真正的李大钊。采用的方法是，对于有关史事，列出日记一条、报刊一条、档案一条、回忆一条等四种来源的材料。若四方面材料不全时，则用至少两种来源不同的材料。如果来源只有一种，那么至少是日记或档案。报刊报道也有不准确的，也要辨析。有关回忆的辨析更多，也是多方参证的最好例子。

（一）多方参证

比如，“1917 年 3 月 4 日，神州学会在京会员开会，李大钊被选为北京支部评议部长”[①]。

① 杨琥：《李大钊年谱》（上册），云南教育出版社 2020 年版，第 315 页。

材料来源有四种：

（1）报刊。《晨钟报》1917 年 3 月 4 日报道《神州学会成立会》："去岁留东人士在日本发起之神州学会，已设本会于东京。该会会员之来京者，拟于北京设支会……定期于今日午后一时，假中央公园春明馆开成立会。"

（2）档案。中国第二历史档案馆编《中华民国史档案资料汇编》收录的《神州学会支部职员名单》，载明神州学会"评议部长：李大钊"[①]。

（3）日记。白坚武（李大钊好友）是日日记："驻京神州学会开会于中央公园，选举职员。"

（4）回忆资料。黄介民（当时与李大钊来往密切）回忆："……乃复与李守常、张泽民、高一涵、仇亦山、熊罴（罴）士商设北京神州学会支部事。"[②] 仇亦山即是神州学会会长。回忆时，黄时年约三十岁，比较准确。

四种来源的材料放在一起，可以充分肯定李大钊与神州学会之事。

（二）鉴别真伪

一是，坚决摒弃伪造材料。如影视片或宣传里经常提到，李大钊在刑场上高呼"中国共产党万岁""共产主义万岁"。但事实上，这是不准确的。如何考辨呢？就要进行追溯。一直追溯到张次溪 1951 年 8 月出版的《李大钊先生传》[③]，这部书中很多说法都是有问题、出处不明的，但因为出版较早，影响很大。后人沿用而不考辨，贻误甚多。

另外，还有材料讲李大钊八岁时在课上跟老师说，我长大要当洪秀全。但那时是清朝时期，说要当洪秀全，是要砍头的；那样宣传，根本不符合

---

① 《京师警察厅抄报仇鳌、李大钊等组织神州学会支部致内务府备案呈》，见中国第二历史档案馆编《中华民国史档案资料汇编》第三辑《文化》，江苏古籍出版社 1991 年版，第 626 页。

② 黄介民：《三十七年游戏梦》，见中国社会科学院近代史研究所近代史资料编辑部编《近代史资料》总 122 号，中国社会科学出版社 2010 年版，第 157 页。

③ 张次溪编著：《李大钊先生传》，北京宣文书店 1951 年版，第 79 页。

历史实际。再说，八岁小孩子也不太可能说出那样的话。

二是，孤证慎重采用。《年谱》之前很多书，都言之凿凿地提到李大钊参加了社会党。后来日本学者后藤延子对此进行了考辨，说明李大钊加入社会党一事缺乏有力的证据。我的判断是李大钊没有加入社会党，《年谱》没有采用李大钊加入社会党的说法。本来《年谱》收录了七八千字的辨析，但自觉还不够充分，最后还是撤下来了，准备以后再写文章专门探讨此问题。

三是，两说并存，择其证据充分者。比如，共产国际派到中国帮助建党的第一个代表是维经斯基，张申府、张国焘、罗章龙包括李达等人的回忆都是如此。后来，中共早期党员彭述之在20世纪80年代出版的回忆录里提供了另一种说法。彭述之在苏联学习期间，见到了前来参加共产国际会议的李大钊。有一天，李大钊和一个苏联人热情地打招呼并拥抱，李大钊就给在场的彭述之讲述了这个苏联人的故事。彭述之这才知道，苏联人叫霍霍诺夫金，是李大钊接触的第一个苏俄派遣到中国的代表。这样就造成了两说并存，在《年谱》中，一方面继承传统的说法（维经斯基），同时也摘录了彭述之的回忆（霍霍诺夫金），让研究者来判断。

在《年谱》快要写完之时，上海中共一大纪念馆在当时日本监视档案中查到，维经斯基来到中国后曾经被租界逮捕过，这是以前不为人所知的事情。另外，苏联档案也记载霍霍诺夫金在1920年底被派往中国，在此之前霍霍诺夫金有没有来过中国则不得而知。也许将来会有新的材料证明，霍霍诺夫金在维经斯基之前就已经到过中国，也就更加能够说明李大钊建党活动的更具体时间。《年谱》将两种说法并存，材料记录在案，也是启发学人的思路，以便继续探究这个问题。所以，两说并存，择其证据充分者，对于证据不充分的一说，也应保存资料，以便将来的研究。

四是，多人回忆，比较印证后而采纳。比如，有关李大钊办公室的回忆，主要有四种。一是张申府的回忆，一是张国焘的回忆，他们对李大钊办公室称赞有加。有人可能会质疑，张申府和张国焘之所以那样说，因为他们都是早期党员。但实际上，在对手方材料方面，或者没有参加革命、不是党员的人怎么说呢？李大钊的办公室曾被称为“饱无堂”就来自罗家伦的回忆。1930 年，罗家伦回忆说，李大钊办公室是出新思想的地方。从五四时期的报刊上，还查到罗家伦在一篇文章中提到，今天到守常办公室遇到刘半农、钱玄同，畅谈一番。另外，傅斯年在 1936 年回忆王光祈的文章里也提到，李大钊的办公室充满了自由放肆的空气，王光祈是律己很严的人，王光祈一到，空气好像凝固了。那时，李大钊牺牲已过去九年的时间，国民党也早已背叛革命。而傅斯年与国民党关系很密切，但他对李大钊办公室的作用还是持肯定态度。张申府曾经说过，“谈到‘五四’，谈到中国的革命，是绝不可以忘掉那个地方的”[①]。李大钊的办公室对于这个评价当之无愧。北大对中国共产党的创建、对中国革命的贡献很大。中共中央充分肯定了北大红楼的价值，2021 年 6 月 25 日，习近平总书记带领第十九届中央政治局同志来北大红楼参观展览，并发表重要讲话，高度评价了红楼的价值和北大的贡献。我在《年谱》里把这些事实和他同时代人的回忆列出来，也让大家更能够体会北大红楼在中国共产党创建史上的地位。

（三）考订正误

前人有关李大钊研究也有可能存在错误，这时就需要纠正，需要考订正误。

利用多种史料查清李大钊的行踪。因为有关李大钊的原始资料不足，他参与的很多活动我们不清楚，后人的回忆也可能因为记忆不准确，出现

① 张申府：《忆守常》，见《回忆李大钊》，人民出版社 1980 年版，第 63 页。

种种错误。这里举两个例子。一个是，李大钊入北京大学的时间。之前的书有写 1 月的，有写 2 月的，也有 1 月底或 2 月中旬的说法。我到北大以后，很快就查清了这个问题。我发现北大 20 周年纪念刊上，12 月 17 日的照片，李大钊就在第一排。这说明当时李大钊已经到了北大，不过当时李大钊具体担任什么职务还不清楚。

顾颉刚 12 月 17 日《致叶圣陶函》也提到，时任北大图书馆部主任的章士钊“近已将图书馆主任开去，易以李守常，亦《甲寅》杂志记者也”[1]。同时，李大钊的名字出现在了 1918 年 1 月《北京大学日刊》上，那时他已经是图书馆主任了。这些材料说明，1917 年 12 月，李大钊进入北大并接任图书馆主任一职。这一准确的时间尽管是很细小的问题，但对李大钊本人很重要，同时对北京大学来说也很重要。

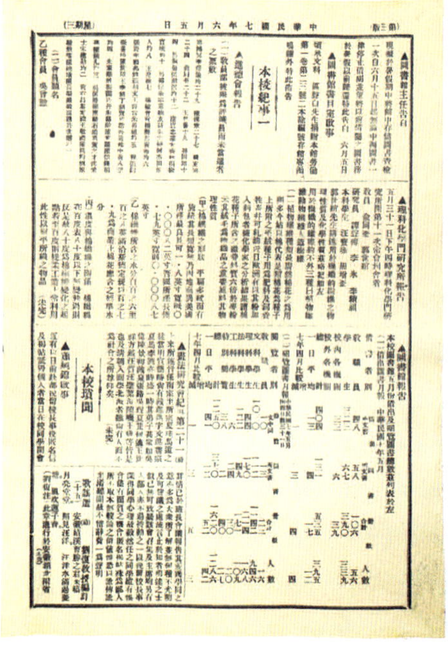
(第三版) 中華民國七年六月五日
▲圖書館主任告白
▲圖書館借日室啟事
本校紀事一
▲理科化學門研究所報告
▲圖書館報告
本校瑣聞

1918 年 1 月 24 日，就任北京大学图书馆主任的李大钊发布第一次《图书馆主任告白》

另一个即是李大钊从莫斯科回国时间。关于这个问题，以前也有 1924 年 10 月、1924 年 11 月、1924 年 12 月、1925 年 1 月等等说法。李大钊 1924 年到苏联参加共产国际会议，会后，作为中国共产党在苏联的代表，李大钊参与了很多活动。但他究竟何时回国的呢？1924 年，孙中山从上海北上，在天津受到了热烈欢迎。此后又到北京。很多人

① 《顾颉刚书信集》卷一，中华书局 2011 年版，第 28 页。

回忆都提到，李大钊11月到天津去迎接孙中山北上。我想弄清楚的是，李大钊有没有去迎接孙中山。很多人的回忆是矛盾的，却始终找不到原始材料。直到从《蔡元培年谱长编》收录的《李季致蔡元培手札》中，查到了明确信息："守常先生本月三日起程归国。"[①] 这说明李大钊1924年12月3日才从俄国启程，不可能在之前的11月去天津迎接孙中山北上，所以李大钊只能在北京与孙中山会面。

自我纠正。我参编的《李大钊全集》收录一封李大钊致袁守和的信，前几版都把时间定在1918年10月。后来发现袁守和1918年3月给李大钊写过的一封信，结合相关材料，判定李大钊的这封回信应该是在3月。

纠正他人失误。比如《朱希祖年谱长编》提到，1923年11月，朱希祖和李大钊拜访孙中山。这一条时间有误，正确的应是1923年2月。因为二七大罢工（1923年2月7日）时，李大钊在上海。1923年2月春节前后，在武汉高师任教的胡小石先生，邀请北大一批老师到湖北武昌讲学，李大钊即在其中。讲学结束，这批北大老师就顺流而下到了上海。正是在上海，李大钊和朱希祖一起拜访孙中山。而1923年11月，李大钊在上海，朱希祖却在北大授课，两人也就不可能同时在上海拜访孙中山。

三、加强研究　拓展认识

编年谱并不是简单堆积材料，其间会遇到各种各样的问题。不只我一个人在研究，大家都在研究，老一辈学者在研究，同代人也在研究。况且李大钊作为国际性人物，除了中国人在研究，外国人也在关注。所以多种

① 高平叔撰著：《蔡元培年谱长编》第二卷，人民教育出版社1999年版，第692页。

观点都会传进来，不同的观点你都要了解。

编年谱需要吸收最新的研究成果，研究中存在错误的也要纠正。具体怎样做,《年谱》也给出了自己的答案。《年谱》主要以收录丰富的资料、客观叙述李大钊生平事迹和介绍诗文著作内容为主，但又不以此为限，而是在整理史料、辨别史料的基础上，吸收学术界新的研究成果，结合自己对李大钊生平事业、思想演变的理解和研究，对李大钊的社会交往、革命活动、思想演变等方面进行了细致考察和深入研究。一方面，希望拓展和丰富对李大钊生平及其革命活动的认识；另一方面，则专门针对学术界某些错误观点，依据年谱编撰中搜集的史料，撰写了若干论文，对其提出了一些商榷或批评意见，力图实现年谱编撰与专题研究互相结合、互相促进，以期在一些重大问题或关键点上推进李大钊研究。

（一）加强对李大钊社会交往、人际网络的考察

从中国社会、文化和历史的实际状况出发,《年谱》注重对李大钊师友、同学及人际交往圈、社会活动圈的追索与考察，也为今人了解较少的李大钊师友撰写小传，尽可能展现李大钊成长道路的曲折性和人际交往的广泛性。

李大钊与早年师长的关系。《年谱》之前的传记、年谱或研究文章，少有提到李大钊早年受教育的老师。李大钊纪念馆提到了李大钊少年时代的私塾老师，至于后来的永平府中学堂老师，则还是不清楚。即使对北洋法政学堂，一般也只是考察其校长，不注意其他老师。

李大钊同学郁嶷在一篇文章中写到，在北洋法政学堂同届学生中，李大钊是文章写得最好的。[①] 于树德在后来的回忆中也说，守常在校之时，

---

① 郁嶷当时曾撰文称赞说：“同人之文，多拘挛法理糟粕之学，而君则振翰荦荦，发为感慨悲歌之篇，其造意树义，一以民生为念，阐发先哲贻德为急。览者感发兴起，颂声交至。”出自郁嶷《送李龟年游学日本序》,《言治》第四期，1913 年 9 月 1 日。

文章即是全校之冠。[1] 两位同学都对李大钊的文章评价很高。《李大钊全集》收录的文章，确实很好。李大钊 25 岁时写的《青春》就很有感染力,《民彝与政治》也是很深刻的文章，其后的文章更不必多说。

李大钊一出手就如此不凡，肯定与他的教育经历有关系。因此就要考察李大钊早年授业的国文老师们，比如崔琳、籍忠寅、邓毓怡三人。崔琳是李大钊在永平府中学堂的老师，籍忠寅、邓毓怡则都是李大钊在北洋法政学堂的老师。而这三位老师之间还有一层很深的关系：他们都是桐城派大师吴汝纶在保定所办莲池书院的学生。当地清末县志上就有他们的记载，而且有诗文集传世，籍忠寅在日本留学的学校就是李大钊后来留学的早稻田大学。可以说，李大钊之所以文章写得好，与桐城派大师弟子为其讲授国文有很大关系。这就是李大钊受教育的环境，可以说他正是站在了巨人的肩膀上。

李大钊与汤化龙、孙洪伊。李大钊与汤化龙、孙洪伊的关系密切到何种程度，前人研究也不清楚。前几年，有人编成《孙洪伊集》，可以说，孙洪伊是一位历史上被遗忘的政治活动家。

李大钊和孙洪伊关系很密切，他们早在天津就结识。而孙洪伊是清末直隶立宪运动的领导人，他很欣赏李大钊，并把李大钊介绍给当时北洋政府众议院议长汤化龙。李大钊作为年轻的学生，和这样高职位的人不仅认识，而且得到了很大的帮助。我们看一下霍侣白的回忆：

> 君于民国初元毕业于天津北洋法政专门学校，旋因孙公伯兰之介，得交蕲水汤济武先生。蕲水爱才如命，念君敏而好学，不慕荣利，然贫乏不能自存，乃解囊助君东渡，俾精研学术，以成其志。[2]

---

① 于树德回忆：“大钊同志在法政学堂读书时，就善于写文章，其文章浑厚磅礴为全校冠。”出自《介绍李大钊、周恩来等的一些情况》（1956 年 12 月 6 日），见王来棣采访、编辑《中共创始人访谈录》，2012 年自印本，第 163 页。

② 霍侣白:《李大钊烈士遗札题词》，手稿抄件。

其中“孙公伯兰”就是孙洪伊，“汤济武”就是汤化龙，他“爱才如命”，非常赏识李大钊。李大钊遇到自己的伯乐，得到汤化龙的资助，去日本留学。留学归来后，李大钊又被委托创办《晨钟报》。李大钊最后成长为中国共产主义运动的先驱、中国系统传播马克思主义第一人，和这些主客观条件分不开。前人对李大钊的研究，对此注意不够，所以我想把这些相关的材料都放到《年谱》里，让大家看到一个立体的李大钊。

李大钊青少年时代的成长环境是不利的，但后来受到了各方面的帮助，受孙洪伊、汤化龙等人很深的影响。俄国发生十月革命以后，其时的革命领袖孙中山还未充分认识十月革命的历史意义，但李大钊却最先意识到了，这也是有因可循的。

李大钊一生很短暂，算起他的政治生涯，从 1911 年登上政治舞台，到 1927 年牺牲，实际上只有 16 年。但他的身上却凝聚着清末以来中国的历史文化发展演变的成果，所有代表中国历史前进方向的思想素质、客观条件，同时也浓缩了西方几百年的历史。一个时代，一个民族发展之时，要找到自己的领袖人物，带领它前进。李大钊正是那个时代我们这个民族的精英和领袖，是全民族的精华。从这个角度来走近李大钊，才能够真正理解李大钊。

李大钊在办《晨钟报》不久，因和汤化龙政见不合而辞去主编的职务。因为汤化龙拥护段祺瑞，而李大钊要追随孙中山革命，要护法。那是 1916 年，李大钊很年轻（27 岁），一般人大约没有这么大的勇气和决心，去跟与己恩情如此重的人决裂。李大钊此后又追随孙洪伊，因为孙洪伊追随孙中山革命。但李大钊很快意识到，中国古老的一套不行，孙中山、孙洪伊等人的资本主义道路也走不通，所以他要寻求“第三新文明”[①]。当

① 李大钊：《东西文明根本之异点》，《言治》季刊第三册，1918 年 7 月 1 日。

时，李大钊还不清楚“第三新文明”是怎样的，后来俄国发生了十月革命，李大钊就从十月革命追溯到马克思，然后就确定马克思主义、社会主义正是他苦苦追寻的“第三新文明”。

李大钊宣传马克思主义的时候是1918年，其时他才刚刚30岁，只是一个年轻人。但他却敏锐捕捉到了历史发展和时代前进的方向，超越了很多他曾经追随的领袖，这正是李大钊了不起的地方。

李大钊与杨昌济。尽管杨昌济日记在20世纪80年代就已出版，里面涉及杨昌济与李大钊的交往，但此后很多李大钊传记或年谱根本不提及，大多不过是提及杨昌济介绍毛泽东到北大图书馆做助理员而已。但是，李大钊与杨昌济本人到底是怎样的交往，则少有人注意。所以，也提醒大家做研究还是要细心，很多材料需要用心梳理。

杨昌济日记有记载如下：

大学中人中如蔡孑民、胡适之、陶孟和、李守常皆可与谈者。……

李守常谓日本武者小路实笃是一思想大家，又谓吉野作造、界利彦、室伏高信、河上肇，皆日本学者中之杰出者。①

吉野作造是李大钊的老师，而界利彦、河上肇等人则是宣传共产主义、马克思主义的学者。短短几句话，信息量却很大，不仅介绍了杨昌济和李大钊的关系，同时也可以看出李大钊对日本学术界很熟悉。

李大钊与黄炎培。黄炎培手稿明确记述了两人的结交经过：

早年从北京大学诸友好处闻守常先生名，而未获见。一九二二年，……从上海入京，专访先生，从清晨谈至近午。时我方倡职业教育，

① 杨昌济著，王兴国编注：《杨昌济集》第一卷，湖南教育出版社2008年版，第679页。

详述所怀抱的理想与所采取的途径，终极目标为使无业者有业，有业者乐业，先生亦详细见告所志所事，将使每一个人站立起来，一群人组织起来，能自力解放个人和大众一切问题，结论认为双方所用方法不同，而目的则一。欢然而别。既而我为《申报》辑《最近之五十年》，将刊，先生为写《一八七一年的康妙恩》文见赠。先生盖借欧洲群众运动故事，以写其想象中的革命方式也。①

查找这则材料是很艰难的，找到后抄下来，怕有误又请人校对一番。

申报馆曾经出版《最近之五十年》，从黄炎培的回忆可知，1922 年，黄炎培专门从上海到北京拜访李大钊，而李大钊《一八七一年的康妙恩》一文，正是黄炎培约写的。如果缺乏这些材料，那我们也就无从得知李大钊和黄炎培的具体关系了。大家在做研究时，遇到有用的材料要抓住，同时还要到处去找难得一见的材料，这样有助于深入研究。

李大钊与曾琦。两人 1918 年春即开始通信，后与王光祈等创建少年中国学会。少年中国学会发起人有七位，而其中的六位为四川同乡（王光祈、曾琦、陈淯、张尚龄、周太玄、雷宝菁），六人之外就是李大钊。而李大钊成为少年中国学会发起人之一，与曾琦有很大关系。曾琦是四川的学生领袖，后来也留学日本。1918 年，为抗议段祺瑞签订《中日军事协定》，大批留日学生回国，其中就包括黄日葵、曾琦等人。回国之后，曾琦联络了几位好友创建少年中国学会。少年中国学会虽然在中国落地开花，其实早在日本时期，曾琦等人就进行了筹备工作。据曾琦日记记载，早在 1917 年之时，曾琦就和李大钊有通信往来。

按照李璜的回忆，少年中国学会后来分裂的重要原因，即是李大钊

① 黄炎培手抄稿件。

和曾琦思想见解有很大分歧。李大钊建立中国共产党早期组织以后，在他的动员或指导下，少年中国学会的很多会员都加入了共产党，如邓中夏、黄日葵等人。但曾琦不赞成共产党，而是创建了中国青年党。

在20世纪20年代，在中国政治舞台上，主要的政党有三个：共产党，国民党和青年党。李大钊和曾琦本来是很好的朋友，但在当时思想剧烈碰撞和大分化的时代背景下，两人创建了不同的党。少年中国学会分裂之后，曾琦也变得很反动，他创立的中国青年党提出了反苏反共的口号，与中国共产党成了敌对的关系。在少年中国学会最后一次会议上，恽代英就说，好吧，大家在战场上相见。因为曾琦后来的反动，新中国成立以后，关于李大钊的研究基本回避了李大钊与曾琦的关系。改革开放以后，思想解放，李大钊为曾琦《国体与青年》一书作的跋才收入《李大钊文集》中去，李大钊与曾琦的关系才被逐渐认识和了解。

李大钊思想发展具有曲折性，而人际交往具有广泛性。一方面，李大钊要超越前辈；另一方面，他还要与同代的时代精英批驳辩难，在这过程中找到真理。李大钊正是在这样的环境中成长起来，也是在这样的环境之中生存下来。李大钊与那个时代有方方面面的联系，形成了以李大钊为中心的关系网络。正如，马克思所说，人的本质就是所有社会关系的总和。只有研究清楚李大钊的社会关系，我们才能够真正理解走近李大钊，理解李大钊为什么是我们这个民族选择的精英和领袖。

（二）多角度认识和理解李大钊革命活动

李大钊所从事的革命工作，既是为中华民族的独立而奋斗的革命事业，也是为世界无产阶级获得彻底解放的伟大事业。这场革命的国际性、中外革命人士联系的密切及其互动，是其鲜明特点。如果仅从某一方面的视角和眼光，或者仅仅孤立地看待李大钊的革命活动，就会忽略一些极其重要的方面或史实。《年谱》则从中外革命互动、李大钊革命活动所处具体环境等角度来考察李大钊及其革命事业，丰富和拓展了对李大钊革命活动的认识。

共产国际的幕后指导与帮助。1922 年，非基督教运动兴起，李大钊起草了《非宗教者宣言》(1922 年 4 月 4 日发表)。关于此事，共产国际的一份报告就有相关记载，即《利金就在华工作情况给共产国际执委会远东部的报告》(1922 年 5 月 20 日)："从表面上看，非基督教运动是青年学生进行的一场运动，旨在反对 4 月 4 日在北京举行的世界青年基督教同盟代表大会。但这仅仅是从表面上看问题。实际上，这场运动是形成一个整体的几个因素的综合反映。……运动的总指挥部队从第一天起就掌握在

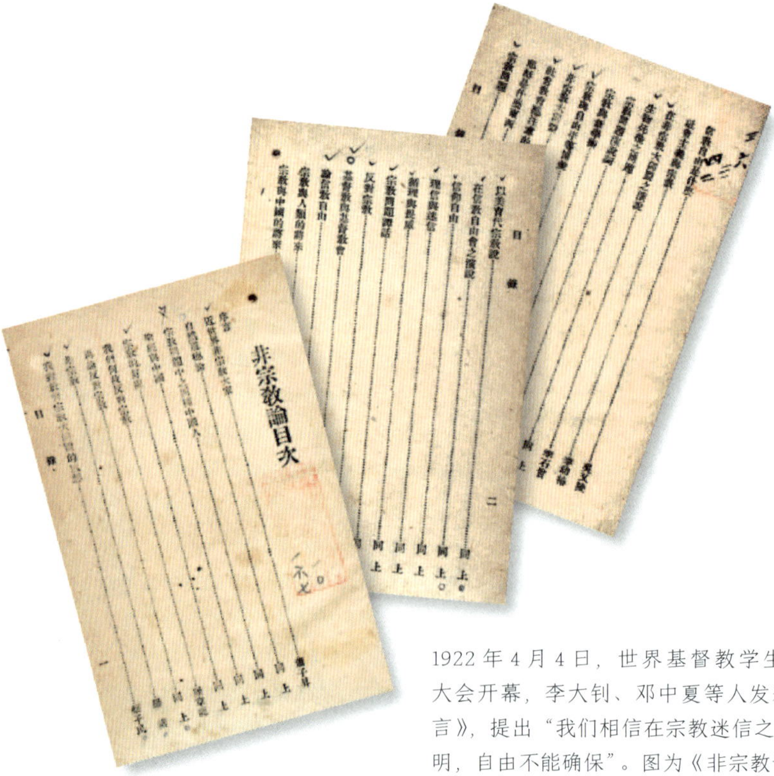

1922 年 4 月 4 日，世界基督教学生同盟第十一次大会开幕，李大钊、邓中夏等人发表《非宗教者宣言》，提出"我们相信在宗教迷信之下，真理不能昌明，自由不能确保"。图为《非宗教论》目录

共产党中央局手中，它通过青年团成功地控制了整个运动。”[①] 在中国共产党的有力领导下，非基督教运动由学生运动发展成为一场社会性的群众运动，运动规模大，持续时间长，产生了深远的影响。又如，1922 年 11 月 7 日，北京各团体在北京大学第三院举行“苏俄十月革命纪念会”。会上散发了很多传单，这些活动也与共产国际密切相关。因此，要重视中国革命的世界性，这一点在《年谱》里进行了充分展现。

北京大学对李大钊革命活动的掩护。1924 年 5 月份，张国焘被捕。当时北洋军阀对革命活动监视、搜查、追捕越来越严。李大钊曾当面提醒过张国焘，现在敌人比较疯狂，一定要注意。张国焘却有些大意，结果被北洋政府逮捕。张国焘后来叛变并供出了李大钊、黄日葵、高君宇等人。其后，北洋军阀发布通缉令，通缉李大钊等人。张国焘被捕时，李大钊已离开北京去五峰山，后又接到党中央命令去苏联参加共产国际代表大会。针对北洋政府的通缉令，北京大学评议会在 6 月 4 日会上专门进行了讨论，并于 8 月 7 日正式致函教育部，请取消通缉李大钊令：

敬启者：顷据本校评议会函开，近阅报载，内务部以工党一案，与本校教授李大钊有关，业经明令通缉。……阅竟之余，殊深诧异。查李教授大钊，从事本校，颇称稳健，就令平时于言论或著作上有所主张，然大学为讲学之地，研究各种学说，实为大学教授应尽之责任，不能因此遽令通缉。事关国家学术前途，为此函请校长，特函教育部咨行内务部，请将通缉李大钊明令，迅予取消，以维学术。……谨上教育部。

国立北京大学[②]

① 中共中央党史研究室第一研究部译:《联共（布）、共产国际与中国国民革命运动（1920—1925）》，北京图书馆出版社 1997 年版，第 80 页。

② 《为致教育部请咨行内务部将通缉李教授大钊明令取消事》，北京大学档案馆藏。

从中可以看出，北京大学对李大钊的革命活动做了很好的掩护。此外，1920 年、1923 年、1925 年，北洋政府都曾发出密电，命令禁止李大钊在北京大学组织革命活动。但这些命令都由北京大学出面多方掩护，最终无形取消。这些都真正体现了鲁迅所说“北大是常为新的”“北大是常与黑暗势力抗战的”之精神，《年谱》也充分发掘和揭示了北大在此方面的一些作为和史实。

（三）多方考索，质疑辩难

本《年谱》的编撰，一方面基于本人搜集的丰富史料，另一方面尽量吸收前人的研究成果。但对于以往或目前研究中存在的问题、流行的成说、错误的观点，则依据所掌握的史料，通过多方面的考察、研究，提出更加符合历史事实的看法，从而纠正了前人某些错误的观点。

日本学者石川祯浩在 2001 年中国共产党建党 80 周年之际，出版了《中国共产党成立史》一书，先是日文版，后又有中文版、英文版，在国际学术界影响很大。这本书整体不错，细致考察了中国共产党成立过程，收集了很多材料，也进行了大量的史实考辨。

但这本书最大的问题有两个：一是宣传马克思主义方面，二是观点和立场。我认为出版界、学术界介绍这本书是没问题的，但应该严肃认真地看待书中的观点，该肯定的肯定，该否定的否定，这才是吸收借鉴他人成果的正确态度。但是，石川祯浩这本书正式出版以后，国内十几篇书评都是赞扬之声，一些批评又非常粗暴，但这些批评也无非是指责石川祯浩在“源泉”是陈溥贤的笔名考证上不够诚实，因为那是别人的成果。但书中真正挑战性的观点——“没有原始资料能够证明李大钊直接参与了《晨报副刊》的编辑工作”，以及“五四时期指导《晨报副刊》积极宣传马克思主义的不是李大钊，而是翻译、介绍上述日文社会主义‘源泉’

（即陈溥贤——引者注）”[①]——却没有人认真对待。

按照石川祯浩的意思，李大钊能写出《我的马克思主义观》等宣传马克思主义的文章，关键是有陈溥贤提供的日文资料。换句话说，在中国宣传马克思主义的先驱不是李大钊，而是陈溥贤。奇怪的是，国内学术界没有任何人对此反驳，反而在赞扬。我本人肯定要应对，亮明自己的观点：我不赞成石川祯浩的说法。不赞成当然要拿出令人信服的史料证据，为此我连续写了三篇文章，收在新书《清末民初的思想与人物》中。

首先是考证出“去闇”是李大钊的笔名，“明生”是陶孟和的笔名。[②]考证这些，是因为这里牵涉一个问题：李大钊到底何时撰写的《我的马克思主义观》？在李大钊研究界，没有人知道“明生”是谁。陈独秀研究专家沈寂先生给我信上直接说，“明生”这个问题太难了，恐怕在世的人都不知道。但你必须弄清楚，否则石川祯浩的挑战就无法回答。我后来终于考证清楚“去闇”“明生”笔名问题，就将李大钊离开《晨钟报》（《晨报》前身）后于1918年再次与《晨报》恢复关系的隐秘史实揭示出来。李大钊与《晨报》不仅一直保持着密切关系，而且1919年2月《晨报》的改版就是在李大钊的组织和指导下进行的。

其次，从《新青年》的编辑过程、出版周期、交通和信息传播等多个角度，考察了该刊“马克思专号”的准确出版时间，弄清了李大钊《我的马克思主义观》一文撰写的具体过程和时间。李大钊是1919年5月开始撰写《我的马克思主义观》，8月送到上海，因为北京和上海出版时间不同，两地路途和印刷、辑稿都需要时间。

① ［日］石川祯浩：《中国共产党成立史》，袁广泉译，中国社会科学院出版社2006年版，第9页。
② 详细考证参阅杨琥《〈每周评论〉等报刊若干撰稿人笔名索解》，《历史研究》2009年第3期。

最后，通过大量史料证明，《晨报副刊》改版之后，新文化群体迅速聚集在该刊周围。《每周评论》《新青年》《晨报副刊》三家有着密切关联和互动关系，而居中主持人物正是李大钊。李大钊是《新青年》的撰稿人和编辑，与陈独秀等人一起创办《每周评论》，又和《晨报副刊》保持密切联系。在所有宣传马克思主义的活动中，李大钊可算运筹其间的最主要人物。三家报刊联动才呈现出马克思主义在中国传播的热潮。

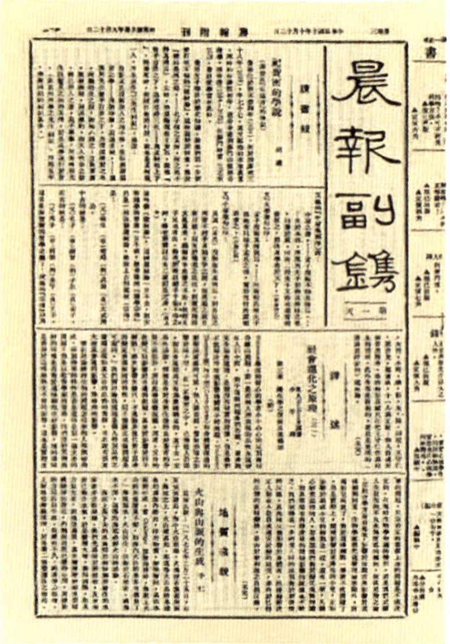
晨報副鐫

1921 年 10 月 12 日，《晨报》副刊改出四开四版的单张，改名为《晨报副镌》

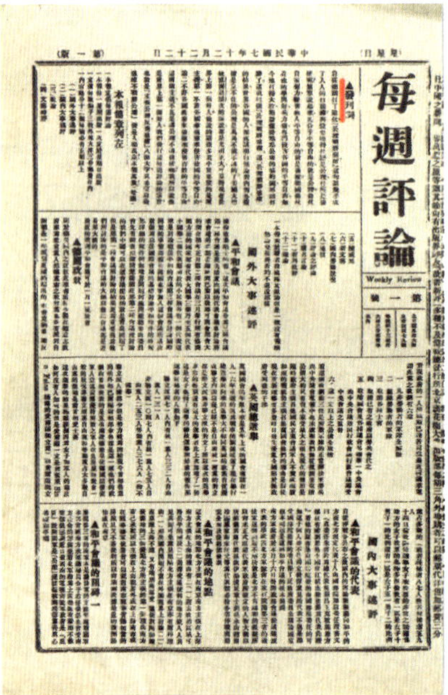
每週評論

Weekly Review

《每周评论》创刊号，发刊词明确提出了“主张公理、反对强权”的宗旨

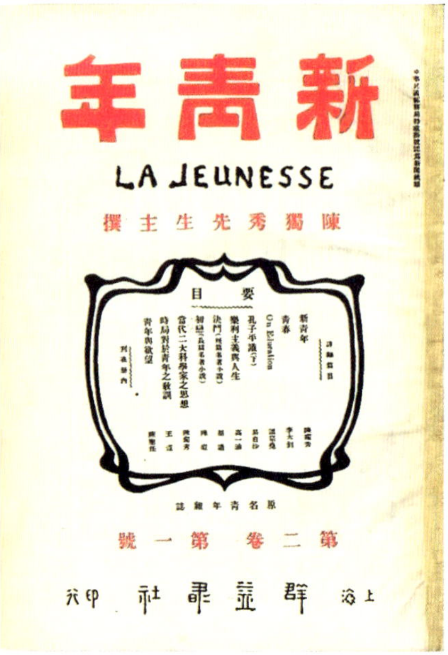
新青年

LA JEUNESSE

陳獨秀先生主撰

要目

新青年

青春

On Education

孔子平議(下)

樂利主義與人生

決鬥

磷光

當代二大科學家之思想

時局對於青年之教訓

青年與欲望

原名青年雜誌

第二卷第一號

上海 群益書社 印行

1916 年 9 月，《青年杂志》自第二卷第一号始，更名为《新青年》

李大钊在《晨报》的工作，并不是一个普通的报社记者或通讯员的工作，也不是一个普通文字编辑工作；他所担当的是一个组织者、协调者的角色。正是通过他的杰出工作,《晨报》从1918年12月1日复刊特别是从次年2月7日起，开始大幅改革，成为五四时期最具影响力的报刊之一。而《晨报副刊》也成为马克思主义在中国有组织、有系统传播的最重要的阵地之一。

《晨报副刊》前人研究很多，但还不深不透。我把《晨报》1918年复刊到1924年的每一页都翻阅一遍，这样就有了整体的判断，明确了李大钊和《晨报》的关系。于是，我和师兄王宪明合作撰写了一篇论文，专门探讨这一问题。① 做研究，你必须真正去翻阅原始材料，才能够真正体会和领悟到，才能打开一片天地。在《年谱》中，以“按语”的方式将本人的这些研究心得择要写入，以纠正误说，希望推进学术界更深入的探讨。

湖北大学马克思主义学院的田子渝教授将我的几篇研究文章发给了石川祯浩，后来石川给我写了一封信，大意是说，之前有很多批评他的文章，他都不赞成，甚至有些反感，像大批判一样，因此他以为中国学术界不过如此。但看了我的文章，他还是服气的，因为我是根据史料进行细致的考辨，纠正了他的错误，他自己也承认了。后来我做《李大钊全集》第三版时，其中《不自由之悲剧》有两个人物需要注释，我给他写信请教，他就帮我把这两个人物查清楚，做了注释。在学术上就是如此，只要你批评得对，对方还是接受的。

四、总结：全面、准确、立体地理解李大钊

一是谨守规范。做研究，一定要做守规、入规之学，尊重前人的成

① 王宪明，杨琥:《五四时期李大钊传播马克思主义的第二阵地——〈晨报副刊〉传播马克思主义的贡献与意义》,《安徽大学学报》2011年第4期。

果。二是继承与创新。继承前人的成果，也提出自己的见解，温故知新。三是论世知人，知人论世。研究李大钊，不能仅仅研究李大钊一个人，而是要研究整个群体，形成双向循环，才能够真正全面、准确、立体地理解李大钊。

搜集、挖掘、补充一切材料，是为了弄清李大钊的各个方面。而考证、辨析、纠误是为了准确地说明李大钊的活动，三者有机结合，互相参照，多层次、多方位地展现，动态还原李大钊的生活、工作、思想、政治活动。李大钊不能只是宣传的符号，要真正让李大钊"活"起来，让大家认识到李大钊是一个有血有肉的历史人物，他在他的时代是一个活生生的个体，只不过这个个体做出了惊天动地的、伟大的、光辉的业绩。这就是我题目所说"走近李大钊　理解李大钊"的真正含义。

北京大学与中国共产党的创建

主 讲 人：杨琥[1]

主讲时间：2021 年 11 月 10 日

中国共产党的诞生，是中国近代社会、政治、经济和文化发展的必然结果，是马克思主义同中国工人运动结合的产物。五四运动和俄国十月革命，促进了马克思主义的传播，为中国共产党的创建提供了思想基础。以陈独秀、李大钊为首的一批具有初步共产主义思想的知识分子，在建党过程中发挥了极其重要的作用。

北京大学，作为新文化运动的中心、五四运动的策源地，是中国最早传播马克思主义的高等学府。它为我国培育了最早的一批共产主义知识分子和马克思主义者，为中国共产党的成立创造了必要的条件。以陈独秀、李大钊为首的一批北大师生和校友中具有初步共产主义思想的知识分子，参与了各地共产党小组的创建活动。北京大学，为中国共产党的创建做出了重要而独特的贡献。

---

① 北京大学校史馆副研究员、中国李大钊研究会常务理事。

一、北京大学是新文化运动中心和五四运动的策源地

北京大学是新文化运动的中心。北京大学与中国共产党的关系，追根溯源，首先得从蔡元培改革北大说起。1916 年 12 月，著名教育家、民主主义革命家蔡元培出任北京大学校长，倡导“思想自由，兼容并包”的办学方针。为此，他上任伊始，就聘请《新青年》主编陈独秀担任北京大学文科学长。在陈独秀的协助下，蔡元培大力引进才华出众的革新人才，对北京大学进行了卓有成效的改革，为新文化运动的发展创造了条件。

新文化运动的主要倡导者是陈独秀。1915 年 9 月 15 日，陈独秀在上海创办《青年杂志》(次年改为《新青年》)，并在创刊号上发表《敬告青年》一文，对青年提出了六条纲领性的要求——“自主的而非奴隶的”“进步的而非保守的”“进取的而非退隐的”“世界的而非锁国的”“实利的而非虚文的”“科学的而非想象的”，号召青年的“自觉”与“奋飞”①，由此揭开了新文化运动的序幕。1917 年，陈独秀受聘北大，《新青年》也随迁北京，实现了《新青年》与北大的结合。胡适、钱玄同、刘半农、李大钊、鲁迅、沈尹默、高一涵、陶孟和等参与编辑工作，迅速形成了一个以《新青年》编者为核心的革新营垒，推动新文化运动迅猛发展，北京大学和《新青年》编辑部成了新文化运动的主要阵地。与此同时，校长蔡元培和其他北大师生陈大齐、王星拱、杨昌济、周作人、傅斯年、罗家伦、俞平伯、黄凌霜等也加入撰稿，北大遂成为新文化运动的中心。

新文化运动的倡导者鲜明地提出了“民主”与“科学”的口号，把批判的矛头集中指向了长期以来占据统治地位的正统思想——孔学。陈独秀宣称:“要拥护那德先生，便不得不反对孔教、礼法、贞节、旧伦理、旧政治；要拥护那赛先生，便不得不反对旧艺术、旧宗教；要拥护德先生又

① 陈独秀:《敬告青年》，原载《青年杂志》第一卷第一号，后收入《陈独秀著作选编》第一卷，上海人民出版社 2009 年版，第 158—163 页。

《新青年》八大同人编辑

要拥护赛先生，便不得不反对国粹和旧文学。”[①] 从此，民主与科学成为中国现代社会为之努力奋斗的目标。

以思想解放为使命的新文化运动，通过批判孔学，动摇了正统思想和儒家专制主义理论的统治地位，打开了遏制新思想传播的闸门，从而在中国社会上掀起了一股思想解放的潮流。正是这场思想解放的潮流，推动着新文化运动的倡导者去探索挽救民族危亡的新途径，成为他们以后接受马克思主义的思想土壤。

---

① 陈独秀:《〈新青年〉罪案之答辩书》，原载《新青年》第六卷第一号，1919 年 1 月 15 日；转引自任建树主编:《陈独秀著作选编》第二卷，上海人民出版社 2009 年版，第 10 页。

《国民》杂志

《新潮》杂志

不仅如此，新文化运动在思想上也启迪了一代青年。北大学生于1919 年元旦创办了《新潮》杂志和《国民》杂志。《新潮》效法《新青年》，主张反对封建礼教、宣传新文化、提倡文学革命和介绍西方文学。《国民》杂志则以关心政治、爱国反帝为鲜明特点，刊载了揭露日本帝国主义侵略、宣传介绍社会主义和马克思主义的大量文章。

北京大学是五四运动的策源地。五四运动的直接导火索，是中国政府在巴黎和会上的外交失败。

正当新文化运动蓬勃发展之时，1917 年 11 月俄国发生革命，一年之后，第一次世界大战结束。战后，协约国于 1919 年在巴黎召开“和平会议”，但这次和会是在第一次世界大战中取胜的几个帝国主义强国的把持下进行。中国政府因战时参加协约国一方，作为战胜国派代表参加和会。中国代表在会上提出废除外国在中国的势力范围等要求，但是，会议不仅拒绝这些要求，而且竟然规定战败国德国应将在中国山东

北大讲演团在讲演

的一切特权转交给日本。消息传来，学生中久已郁积的愤怒一下子爆发出来了。在北大学生发起并积极活动下，5 月 4 日，北京各大专学校学生三千余人齐集于天安门举行学界大示威，爆发了震惊中外的五四运动。北大学生傅斯年，担任五四学生游行队伍的总指挥。学生游行途中，散发了由北大学生罗家伦起草的《北京学界全体宣言》，宣称“我们的外交大失败了！山东大势一去，就是破坏中国的领土！中国的领土破坏，中国就亡了！……中国存亡，就在

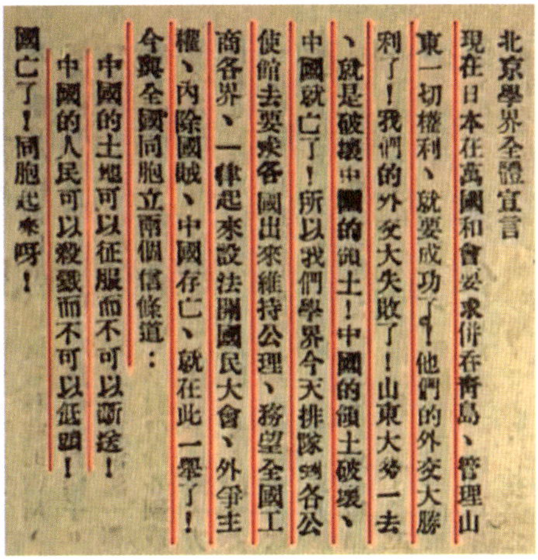

北京學界全體宣言

現在日本在萬國和會要求併吞青島、管理山東一切權利、就要成功了！他們的外交大勝利了！我們的外交大失敗了！山東大勢一去、就是破壞中國的領土！中國的領土破壞、中國就亡了！所以我們學界今天排隊到各公使館去要求各國出來維持公理、務望全國工商各界、一律起來設法開國民大會、外爭主權、內除國賊、中國存亡、就在此一舉了！今與全國同胞立兩個信條道：

中國的土地可以征服而不可以斷送！

中國的人民可以殺戮而不可以低頭！

國亡了！同胞起來呀！

北京大学学生罗家伦起草的《北京学界全体宣言》

上海學生聯合會慰問商工界諸君書

上海學生聯合會謹以至誠告商工界同胞曰中國之危弱由於政治之不良而政治之不良由於大多數國民之不問事以致國賊當路主權喪失歐洲和會提案着着失敗內亂外患紛起迭乘豈惟政府之罪抑亦我國民無能力之羞也於是學生奮起商工繼與爭議之不足繼之以罷課罷課之不足繼之以罷市又繼之以罷工北京政府雖冥頑不靈至是亦稍有覺悟對於我國民堅決一致之表示乃微有所顧忌夫曹章陸三人之免職與我國民所要求之懲辦賣國賊相去猶甚遠也何也賣國賊不止曹章陸三人而懲辦亦非輕輕免職所得搪塞然而曹章陸三人與政府關係甚深今竟致於割愛是不可不謂爲國民一部分之勝利諸君須知學生聯合會對於此次救國運動雖奮起在先而決不敢居功何也學生罷課半月政府不惟不理且對待日益嚴厲乃商界罷市不及一日而北京被捕之學生釋工界罷工不及五日而曹章陸去吾人非面諛商工界諸君也彼歐美諸立憲國其政治實權無不操之商人工人之手商工受損政府不惜以兵力保護其明證也是故救國之業學生可以鼓吹而實行之責實在我商工界同胞吾學生等對於此次商工界之一致不敢妄爲稱許尤不敢表示感謝同是國民同有救國之責無彼此稱贊感謝之理也吾等今茲惟一之表示厥惟希望二字希望者何希望諸君從此堅持勿懈繼長增高實行監督政府改良政治之責任對於賣國賊之已去職者務達到懲辦之目的對於賣國賊之尚盤據要津者務迫之使不得再留對於賣國賊之繼任者務嚴密監督勿令效尤中國前途庶幾有望吾等學生年事尚幼歷經未多自罷市以來事繁勢迫對於諸君接洽必多不周好在同是爲國諸君必可見諒今商工界已與吾人以莫大之榮譽而與吾人表示同情嗣後尤望諸君時時加以指導與以援助豈惟本會之幸抑亦全國無疆之休也惟諸君實鑒諒之

民國八年六月十二日

1919 年 6 月 12 日，在上海商界宣布罢市后，上海学生联合会致书慰问工商界，表示“救国之业学生可以鼓吹，而实行之责实在我商工界同胞”。图为上海学生联合会慰问工商界的公开信

此一举了”，号召民众奋起抗争。宣言中提出的“外争主权，内除国贼”[1]成为五四运动时期的主要口号。

北洋政府对学生的爱国行动进行了残酷的镇压，但被捕学生仍斗志昂扬。北京学生的爱国行动和遭到军阀政府残暴镇压的消息激起全国人民的义愤。6 月 5 日，上海七八万工人总罢工，显示了工人阶级团结战斗的强大力量。在全国工人罢工、商人罢市、学生罢课的“三罢”斗争的压力下，北洋政府 6 月 11 日罢免了曹汝霖、陆宗舆、章宗祥三人的职务，释放被捕学生，于 6 月 28 日拒签巴黎和约，五四运动取得了伟大胜利。

毛泽东指出：“五四运动是反帝国主义的运动，又是反封建的运动。五四运动的杰出的历史意义，在于它带着为辛亥革命还不曾有的姿态，这

① 罗家伦：《北京学界全体宣言》，《救国日报》1919 年 5 月 8 日。

就是彻底地不妥协地反对帝国主义和彻底地不妥协地反对封建主义。”①五四运动，是推动中国旧民主主义革命转变为新民主主义革命的划时代的里程碑。五四运动对社会主义思潮在中国的蓬勃兴起，起到了极大的推动作用。它促进了马克思主义在中国的传播以及与工人运动的结合，为中国共产党的成立在思想上、干部上做了准备。北京大学作为新文化运动的中心和五四运动的策源地，对此做出了不可磨灭的贡献。

二、北京大学是中国最早传播马克思主义的主要阵地

众所周知，中国共产党是以马克思主义为信仰和指导思想的无产阶级革命政党。没有马克思主义的传播，没有马克思主义作为思想基础，中国共产党的创建与诞生也就无从谈起。在中国，第一个举起马克思主义的旗帜，系统地接受、传播和实践马克思主义的人是李大钊。

北京大学是中国传播马克思主义的最初基地。北京大学传播马克思主义是从李大钊开始的。李大钊（1889—1927），字守常，河北乐亭人。1918 年 1 月担任北京大学图书馆主任，后兼任政治学系、史学系教授。1918 年 11 月底，李大钊在中央公园的演讲和不久后在《新青年》上发表的《庶民的胜利》《Bolshevism 的胜利》等文，热情歌颂十月革命，向中国人民介绍布尔什维主义，为中国革命指明方向。

不必讳言，在俄国十月革命前，五四新文化运动的基本取向是西方的资本主义文化，而主要领袖人物陈独秀则更是法兰西文明的崇拜者。青年时代的李大钊也不例外，他也是西方资产阶级民主主义和自由主义的信奉者。但在俄国十月革命爆发以后，具有敏锐的世界眼光、追踪世界潮流的李大钊，通过法、俄两种大革命的比较，逐渐认识到人类方向从崇尚法国大革命的文明转向崇尚俄罗斯大革命的新文明即社会主义方向的新文明，

① 毛泽东:《新民主主义论》,《毛泽东选集》第二卷，人民出版社 1991 年版，第 699 页。

俄国革命代表了人类历史发展的新方向。他说："吾人对于俄罗斯今日之事变，惟有翘首以迎其世界的新文明之曙光，倾耳以迎其建于自由、人道上新俄罗斯之消息，而求所以适应此世界之新潮流。"①

当人们对于俄国十月革命还多抱漠然态度甚至疑虑悲观的时候，李大钊却率先发出欢呼声。他认为，欧战中德国的失败与俄国十月革命的胜利，其实质："是人道主义的胜利，是平和思想的胜利，是公理的胜利，是自由的胜利，是民主主义的胜利，是社会主义的胜利，是 Bolshevism 的胜利，是赤旗的胜利，是世界劳工阶级的胜利，是二十世纪新潮流的胜利。"为此，他在《新青年》上发表了《庶民的胜利》《Bolshevism 的胜利》两文，专门介绍了俄国布尔什维克的情况，指出："他们的主义，就是革命的社会主义；他们的党，就是革命的社会党；他们是奉德国社会主义经济学家马客士（Marx）为宗主的；他们的目的，在把现在为社会主义的障碍的国家界限打破，把资本家独占利益的生产制度打破。"②

表面上看，李大钊在这里论述的是俄国革命，是中国之外发生的事情，实际上，他内心时时思考和关心的是中国的社会现实。他从俄国十月革命和德国、匈牙利等国革命的爆发与革命思潮的传播中，敏锐地意识到整个人类社会历史即将发生大变革的征兆。他说："人类的历史，是共同心理表现的记录。一个人心的变动，是全世界人心变动的征几。一个事件的发生，是世界风云发生的先兆。一七八九年的法国革命，是十九世纪中各国革命的先声。一九一七年的俄国革命，是二十世纪中世界革命的先声。"③李大钊指出，俄国革命所引起的世界革命潮流，"实非现在资本家的政府所能防遏

① 李大钊：《法俄革命之比较观》，原载《言治》季刊第三期，1918 年 7 月 1 日；转引自《李大钊全集》第二卷，人民出版社 2013 年版，第 332 页。

② 李大钊：《Bolshevism 的胜利》，原载《新青年》第五卷第五号，1919 年 1 月；转引自《李大钊全集》第二卷，人民出版社 2013 年版，第 362—368 页。

③ 李大钊：《庶民的胜利》，原载《北京大学日刊》，1918 年 12 月 6 日；转引自《李大钊全集》第二卷，人民出版社 2013 年版，第 359 页。

得住的”，“由今以后，到处所见的，都是 Bolshevism 战胜的旗。到处所闻的，都是 Bolshevism 的凯歌的声。人道的警钟响了！自由的曙光现了！试看将来的环球，必是赤旗的世界！”[①] 自 1840 年以来，无数优秀人物所艰苦探索的救国之道，终于由李大钊率先揭示而明白。这就是，真正要解决中国的救亡与复兴问题，中国必须在世界上正在形成的两大阵营、两条道路之间做出抉择，即信仰马克思主义，依之建立革命党组织，选择社会主义道路。

李大钊在接受马克思主义之后，义无反顾地承担起在中国传播马克思主义的历史责任。1919 年 9 月、11 月，李大钊在《新青年》第六卷第五号、第六号上发表长文《我的马克思主义观》。全文将近三万字，包括序言在内共分十一个部分。在文章中，李大钊系统地介绍了马克思主义的唯物史观、政治经济学和科学社会主义。在介绍唯物史观的部分里，指出：“一切社会上政治的、法制的、伦理的、哲学的，简单说，凡是精神上的构造，都是随着经济的构造变化而变化”，“生产力一有变动，社会组织必须随着他变动”。接着，他指出：“与他的唯物史观很有密切关系的，还有那阶级竞争说。”“马氏与昂格思合布《共产者宣言》，大声疾呼，檄告举世的劳工阶级，促他们联合起来，推倒资本主义，大家才知道社会主义的实现，离开人民本身，是万万作不到的，这是马克思主义一个绝大的功绩。”文章在介绍了马克思关于剩余价值、资本集中等原理后指出：“资本主义是这样发长的，也是这样灭亡的。他的脚下伏下了很多的敌兵，有加无已，就是那无产阶级。这无产阶级本来是资本主义下的产物，到后来灭资本主义的也就是他。现今各国经济的形势，大概都向这一方面走。”文章还明确指出：“他这三部理论，都有不可分的关系，而阶级竞争说恰

---

① 李大钊：《Bolshevism 的胜利》，原载《新青年》第五卷第五号，1919 年 1 月；转引自《李大钊全集》第二卷，人民出版社 2013 年版，第 368 页。

如一条金线，把这三大原理从根本上联络起来。”①

此后，1919年12月，李大钊在《新潮》第二卷第二号发表了《物质变动与道德变动》，又于1920年1月在《新青年》第七卷第二号上发表了《由经济上解释中国近代思想变动的原因》，运用唯物史观分析中国近代社会，开始将马克思主义运用于中国的历史和现实社会的发展之中，反映了他对马克思主义理论研读和认识的深化。李大钊的这些文章，影响到全国各地的进步青年，远在广州的杨匏安和南京的张闻天，在介绍马克思主义的文章中，都参考了李大钊的文章。

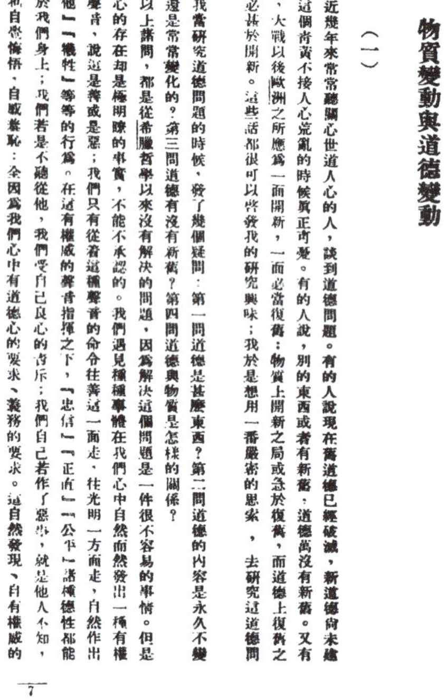
物質變動與道德變動

（一）

近幾年來常常聽關心世道人心的人，談到道德問題。有的人說現在舊道德已經破滅，新道德尚未建設，這個青黃不接人心荒亂的時候眞正可憂。有的人說，別的東西或者有新舊，道德萬沒有新舊。又有人說，大戰以後歐洲之所應爲一面開新，一面必當復舊；物質上開新之局或急於復舊，而道德上復舊之必要必甚於開新。這些話都很可以啓發我的研究興味；我於是想用一番嚴密的思索，去研究這道德問題。

我嘗研究道德問題的時候，發了幾個疑問：第一問道德是甚麼東西？第二問道德的內容是永久不變的，還是常常變化的？第三問道德有沒有新舊？第四問道德與物質是怎樣的關係？

以上諸問，都是從希臘哲學以來沒有解決的問題，因爲解決這個問題是一件很不容易的事情。但是道德心的存在却是極明瞭的事實，不能不承認的。我們遇見種種事體在我們心中自然而然發出一種有權威的聲音，說這是善或是惡；我們只有從着這種聲音的命令往善這一面走，往光明一方面走，自然作出「愛他」「犧牲」等等的行爲。在這有權威的聲音指揮之下，「忠信」「正直」「公平」諸種德性都能表現於我們身上；我們若是不聽從他，我們受自己良心的苛斥；我們自己若作了惡事，就是他人不知，我們也自覺悔悟，自感羞恥：全因爲我們心中有道德心的要求、義務的要求。這自然發現、自有權威的

7

《物质变动与道德变动》

北京大学率先在中国高校开设马克思主义课程。在中国的高校中，北京大学最早把马克思主义理论正式列入课程，向学生讲授。1920年7月8日，北京大学评议会全体通过将“图书馆主任改为教授”，李大钊被聘为政治学系教授。从1920年10月起，李大钊先后在北大史学系、政治学系等系开设了“唯物史观”“史学思想史”“现代政治”“工人的国际运动与社会主义的将来”“社会主义与社会运动”等课程和讲座，编写了《唯物史观》和《史学思想史》等专著和讲义，开中国大学讲授马克思主义理

① 李大钊：《我的马克思主义观》，原载《新青年》第六卷第五号、六号，1919年9月、11月；转引自《李大钊全集》第三卷，人民出版社2013年版，第5、14—15、20、39页。

论课程之先河。从现在所掌握的情况可知，这是我国大学第一次把马克思主义理论作为正式课程进行讲授。考虑到在当时北洋政府的统治下，在大学讲坛上公开宣传被当作“洪水猛兽”“过激主义”的马克思主义，确实是需要非凡的勇气和胆识的，而北京大学的开放、包容和“敢为天下先”的精神，于此可见一斑。

今天保存下来的几份北大学生试卷反映了李大钊的授课效果。如1923年北大政治系二年级的学生贺廷珊，在“唯物史观”试题“试述马克思唯物史观的要义并其及于现代史学的影响”中，就阐述了马克思唯物史观的基本原理，称“自有马氏唯物史观，才把历史学提到与自然科学同等的地位。此等功绩，实为历史界开一新纪元，也是影响于史学上的最大之点”。在对各种唯心史观略作批判后，他写道：“马氏真不愧为纪元人。”[1] 从这份试卷上，可见答题者对唯物史观理解很准确，李大钊为这份答卷给出了

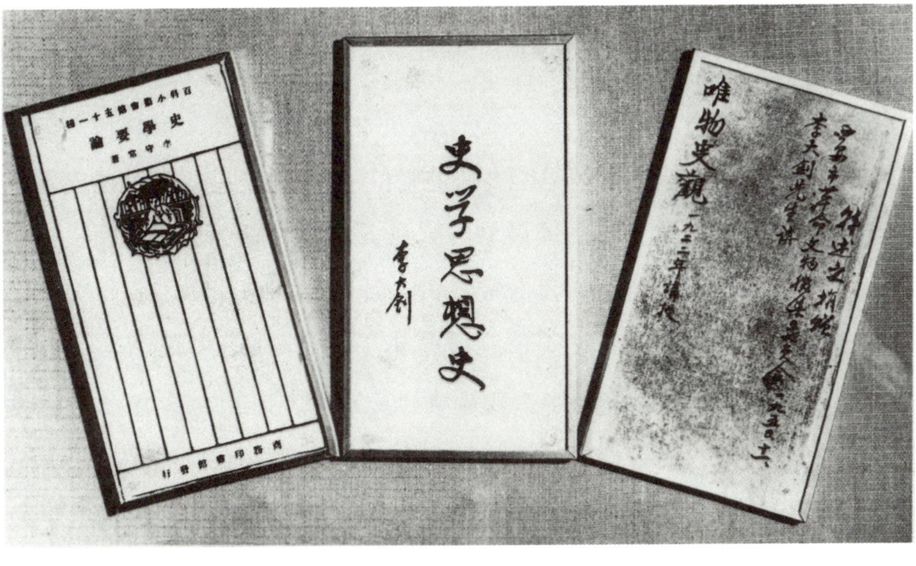

李大钊在北京大学任教期间撰写的著作和讲义

① 贺廷珊“试述马克思唯物史观的要义并其及于现代史学的影响”（试卷），北京市档案馆藏。

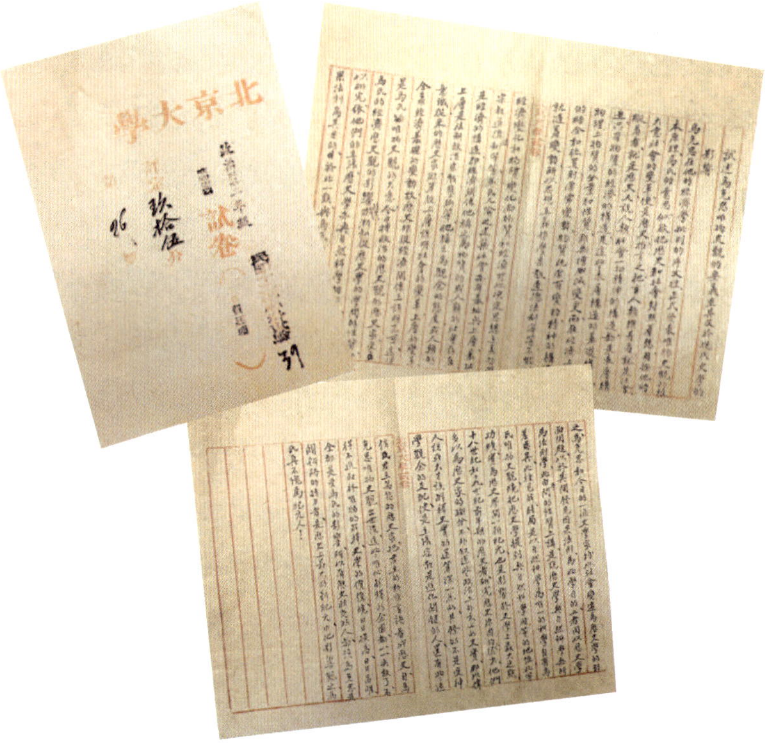

李大钊批阅的北京大学学生贺廷珊的“唯物史观”试卷

“玖拾伍分”的高分。由此可见李大钊讲授和宣传马克思主义理论的成果。

北京大学最先成立了中国最早研究和宣传马克思主义的社团——北京大学马克斯学说研究会。发起成立进步社团并加以指导，是李大钊宣传马克思主义的又一个重要渠道。1920 年 3 月，在李大钊指导下，北京大学进步学生邓中夏、高君宇、何孟雄、黄日葵、王复生等 19 人秘密发起成立马克斯学说研究会。这是中国最早的一个学习和研究马克思主义的团体。1921 年 11 月 17 日，马克斯学说研究会在《北京大学日刊》发布启事，公开征求会员。启事称：“本会叫做‘马克斯学说研究会’，以研究关于马克斯派的著述为目的。对于马克斯派学说研究有兴味的和愿意研究马氏学说的人，都可以做本会会员。”呼吁：“现在谨致意校内外的同志们：盼望你们热心的赞助，并欢迎你们加入共同研究。”[①]

马克斯学说研究会得到北京大学校方的支持，校长蔡元培不仅在该会的成立大会上讲话，还批准由学校拨给两间房屋供其使用。[②]据此，研究会建立了“亢慕义斋”图书室。马克斯学说研究会成立伊始就购买了英、德、法三种文字的《马克思全集》各一套，到1922年2月，“亢慕义斋”有马克思主义英文书籍40余种、中文书籍20余种。[③]至今，北大图书馆保存着封面盖有“亢慕义斋图书”印章的8本德文文献，这是20世纪初期马克思主义在北大乃至全国传播的见证。

马克斯学说研究会的活动主要有三个方面：一是组织会员翻译马克思主义著作。“在翻译马克思主义著作方面，研究会成立了一个翻译室，下设英文、德文与法文三个翻译组。”“德文组曾译过《共产党宣言》，是从德文本翻译的，有油印本。还译过《资本论》第一卷，这是李大钊先生号召我们翻译的。”[④]二是组织会员学习和研究马克思主义。当时，研究会分组分专题研究。会员根据自己的兴趣，实行自由组合，固定分组，共分为10组，分别是：唯物史观、阶级斗争、剩余价值、无产阶级专政、社会主义史、各种社会主义之比较及其批评、经济史及经济学之研究、俄国革命及其建设、布尔什维克党、资本主义在世界各弱小民族掠夺之实况。三是举行定期的讨论会和演讲会。研究会规定每星期六晚举行一次讨论会，每月举行一次讲演会，敦请知名学者讲演。第一场演讲，于1922年2月19日在北大二院大讲堂举行，请李大钊演讲《马克思的经济学说》。在此前后，研究会还曾以“社会主义是否适合于中国”为题举行辩论会，参

---

① 《发起马克斯学说研究会启事》，《北京大学日刊》1921年11月27日。

② 罗章龙：《回忆北京大学马克思学说研究会》，中国社会科学院现代史研究室、中国革命博物馆党史研究室选编：《一大前后》（二），人民出版社1980年版，第190页。

③ 《北京大学日刊》1922年6月22日。

④ 罗章龙：《回忆北京大学马克思学说研究会》，中国社会科学院现代史研究室、中国革命博物馆党史研究室选编：《一大前后》（二），人民出版社1980年版，第192页。

加者有北京各院校的教员和学生，李大钊所做的最后总结引起了很多听众研究马克思学说的兴趣。[①]

在李大钊和邓中夏、罗章龙、王复生等进步学生的推动下，北大“马克斯学说研究会”会员迅速发展，1921年有50余人，1922年有150余人，1923年发展到250人左右。[②]成员中以北大师生最多，一批骨干陆续加入中国共产党。研究会为北方地区的建党做了思想上、干部上的准备。

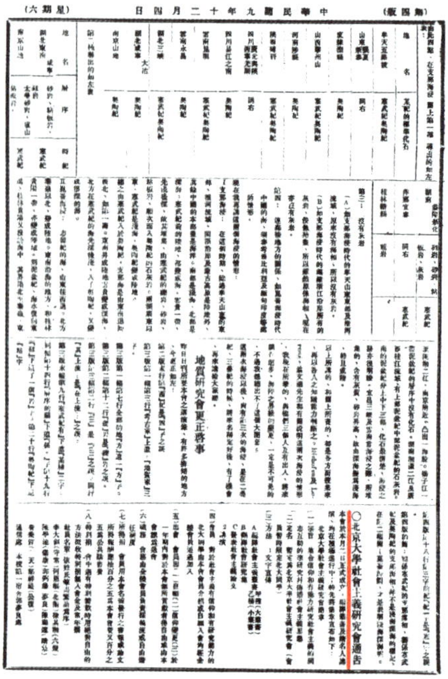
中華民國九年十二月四日（星期六）
北京大學社會主義研究會通告
地質研究會更正啓事

《北京大学日刊》上刊登的《北京大学社会主义研究会通告》

1920年12月，李大钊和北大政治系学生徐六几、郭梦良、费觉天等9人又公开发起了“北京大学社会主义研究会”，希望“集合信仰和有能力研究社会主义的同志，互助的来研究并传播社会主义思想”[③]。这说明，李大钊是在与各种社会主义流派的比较中选择马克思主义的信仰。而该会的活动，同样促进了社会主义思潮在全国传播的兴起。

三、北京大学是创建中国共产党的重要基地

北京大学是创建中国共产党的重要基地。由于李大钊卓有成效的宣传、教育和组织活动，北京大学不仅成为马克思主义传播的中心，而且对

① 朱务善:《回忆北京大学马克思学说研究会》，张允侯、殷叙彝等编:《五四时期的社团》(二)，生活·读书·新知三联书店1979年版，第295—296页。

② 王孝挺、黄文一主编:《战斗在北大的共产党人》，北京大学出版社1991年版，第3页。

③ 《北京大学社会主义研究会通告》,《北京大学日刊》，1920年12月4日。

中国共产党的创立做出了重要而独特的贡献。这主要体现在以下几方面：

南陈北李，首创党组。1920 年春，就在马克思主义和各种社会主义思潮广泛传播之时，共产国际向中国派来了使者维经斯基。维经斯基的到来，加快了中国共产党创建的步伐。在天津北洋大学俄籍教授柏烈伟的引见下，维经斯基到北京大学拜访了李大钊。李大钊和维经斯基在热烈交谈和讨论之后，又介绍他到上海去会见北京大学原文科学长、新文化运动的领袖陈独秀。其后，陈、李二人通信不断，商讨创建中国共产党事宜，北大青年教师张申府和学生张国焘则来往京沪，传递信息和意见。当陈独秀为取名“社会党”还是“共产党”征求李大钊意见时，李大钊明确回答应定名为“共产党”。[①]1920 年 8 月，在共产国际代表的帮助下，陈独秀在上海创建了中国共产党第一个党组织——上海共产党小组。随后，李大钊在北京发起建立北京中国共产党早期组织。“南陈北李，相约建党”，就是对这一历史事实的概括和反映。

1920 年 10 月，北京共产党小组在北大红楼图书馆李大钊主任室成立。小组成立时其成员仅有 3 人，即李大钊、张国焘、张申府。1920 年底改为共产党北京支部，李大钊任支部书记，张国焘负责组织，罗章龙负责宣传。支部成员共有 15 人：李大钊、张国焘、张申府、邓中夏、罗章龙、刘仁静、张太雷、高君宇、何孟雄、范鸿劼、李梅羹、朱务善、吴汝铭、陈德荣、缪伯英（女）。其中张太雷为北大校友、缪伯英是北京女高师学生，其他都是北大师生。

李大钊指导和帮助北方各省建立党团组织。如前所述，在中国共产党第一次代表大会之前，在李大钊的直接教育和培养下，北大进步学生邓中夏、高君宇、张国焘、黄日葵、范鸿劼、何孟雄、罗章龙等迅速成长为早

① 张申府：《中国共产党建立前后情况的回忆》，《张申府文集》第三卷，河北人民出版社 2005 年版，第 474 页。

期马克思主义者和共产主义运动的最初骨干。当时在北大图书馆任书记员[①]的毛泽东，也受到李大钊的深刻影响。

在中国共产党创建初期，北京党支部成立以后，李大钊作为北京地区的负责人，不仅领导北京一地的革命活动，而且高瞻远瞩，派出不少党员或“马克斯学说研究会”会员，到他们各自的家乡或其他地方宣传马克思主义，开展建党建团活动。这方面的事例很多，重要的如山东党组织的创建，就是1920年冬派北京党员陈为人赴山东，与王尽美联系，王尽美又数次来到北大拜访李大钊，由此推动山东党组织在1920年冬成立。又如天津，1920年11月李大钊指导张太雷到天津建立社会主义团组织。再如山西，1921年至1922年之间，李大钊派高君宇多次回到太原，在太原推动成立了社会主义青年团和山西党组织。而在陕西学生李子洲、魏野畴等毕业回家乡工作时，李大钊专门与他们谈话，指导他们如何从事党的地下工作，开展建党、建团工作。之后，李大钊又派来自云南的北大学子王复生、王德三兄弟先后到陕北绥德工作，一边教书谋生，一边开展党的工作。他们都为陕北、云南等地党组织的成立做出了贡献。当时在陕北榆林中学学习的刘志丹就受到影响，后来参加革命，并成长为陕北革命根据地的领导人。此外，远在东北的齐齐哈尔乃至南方的江西，也在李大钊的视野之内。在东北，他先后派罗章龙、陈为人、楚图南等早期党员去宣传革命主张，逐渐开展当地的建党活动。在江西，他通过北大学子袁玉冰利用寒暑假回家的机会，宣传马克思主义。在袁玉冰的带动下，江西也成立了马克思主义研究会，后来著名的革命烈士方志敏即为其会员，他们先后都成为江西党团组织的负责人或骨干。[②]

---

① 毛泽东1918年10月至1919年3月在北京大学图书馆，其所任职务，因斯诺在《西行漫记》中写作“助理管理员”，后来均沿袭此一称呼。实际上，据北京大学档案所保存的北大职员录，毛泽东当时任图书馆的初级职员，正式名称为“书记员”。

② 中共党史人物研究会编:《中共党史人物传》第七卷，陕西人民出版社1983年版，第110—113页。

北大师生、校友的建党活动。实际上，在陈独秀于上海、李大钊于北京的建党活动之外，北大师生、校友还参与了其他地方的建党活动。在此简单列举如下：1920 年秋，包惠僧与董必武、陈潭秋等创建湖北共产党小组。其中包惠僧为北大旁听生。1920 年冬，毛泽东与何叔衡等筹备创建湖南共产党小组。毛泽东 1918 年冬至 1919 年春在北京大学图书馆任书记员。1921 年 1 月，陈独秀在广州指导重建广州共产党小组，其成员有谭平山、谭植棠、陈公博等，均为北大校友。1921 年春，旅法共产党小组在巴黎建立，其成员有张申府、刘清扬、周恩来、赵世炎等。负责人张申府曾为北大哲学系讲师。1920 年冬赴法，在法国发起组织共产党，先后介绍周恩来、朱德入党。而在前述上海共产党小组中，除陈独秀外，沈雁冰（茅盾）、袁振英和李季三人亦为北大校友。

在各地党组织成立之后，创建一个团结、坚强、统一的全国性共产党组织必然提上了日程。1921 年 3 月，李大钊在《曙光》杂志发表《团体的训练与革新的事业》。在该文中，李大钊呼吁中国的 C 派朋友组织起来，建立一个大团体，以进行中国的大改革。文章说："我们现在还要急急组织一个团体。这个团体不是政客组织的政党，也不是中产阶级的民主党，乃是平民的、劳动家的政党，即是社会主义团体。中国谈各种社会主义的人都有了，最近谈 Communism 的也不少了。但是还没有强固精密的组织产生出来。""各国的 C 派朋友，有团体组织的很多，方在跃跃欲试。更有第三国际为之中枢，将来活动的势力，必定一天比一天扩大，中国 C 派的朋友，那好不赶快组织一个大团体以与各国 C 派的朋友相呼应呢？""中国现在既无一个真能表现民众势力的团体，C 派的朋友若能成立一个强固精密的组织，并注意促进其分子之团体的训练，那么中国彻底的大改革，或者有所附托！"[①]

---

① 李大钊：《团体的训练与革新的事业》，原载《曙光》第二卷第二期；转引自《李大钊全集》第三卷，人民出版社 2013 年版，第 350 页。

1921年7月，中国共产党第一次全国代表大会在上海召开，一个新型的工人阶级的政党诞生了，中国革命由此掀开了新的一页。据统计，在中共一大前，共有8个地方建立了党组织，其中6个地方党组织的负责人是北大的师生或校友；共有党员58（旧说为53）人，其中在北大入党的师生13（旧说11）人，在北大学习及工作过已离校的校友10人，两项合计共23（旧说21）人，约占党员总数的40%。出席中共一大代表的13人中，有北大的学生和校友5人，占代表总数的38.5%。从这几个数字可以看出北大在建党时期的重要地位和突出贡献。

在中国共产党创建前后，在北大乃至全国的青年学生中，流传着这样两首诗。其一为："北大红楼两巨人，纷传北李与南陈。孤松独秀如椽笔，日月双悬照古今。"① 其二是："北李南陈，两大星辰。漫漫长夜，吾辈仰承。"②1959年，老一辈无产阶级革命家林伯渠为《李大钊选集》题词："登高一呼群山应，从此神州不陆沉。"这些诗词，形象地揭示了南陈、北李在当时青年心目中的地位，也说明了北京大学在传播马克思主义和创建中国共产党所起的引领作用。在北李、南陈的引导下，从北京大学走出的革命青年，就像火种一样，点燃了华夏大地的革命之火，并最终成燎原之势，彻底改变了中国的历史命运。"其作始也简，其将毕也必巨。"中国共产党已走过了百年的光辉历程，谨以此文纪念其创建，并缅怀李大钊等老一辈无产阶级革命家和革命先烈。

---

① 罗章龙：《亢斋回忆录——记和守常同志在一起的日子》，《回忆李大钊》，人民出版社1980年版，第35页。

② 黄仲苏：《赵世炎笔记与诗稿抄录》，中共中央党史研究室科研管理部编：《赵世炎百年诞辰纪念集》，中共党史出版社2001年版，第106页。

五四运动和中国共产党的创建

主 讲 人：张珊珍①

主讲时间：2021 年 12 月 27 日

今年是中国共产党诞生 100 周年。习近平总书记在庆祝中国共产党成立 95 周年时说："一切向前看，都不能忘记走过的路；走得再远，走到再光荣的未来，也不能忘记走过的过去，不能忘记为什么出发。"

"我们党在内忧外患中诞生，在磨难挫折中成长，在攻坚克难中壮大。"追根溯源，中国共产党诞生于近代中华民族的危难之际，为了争取民族独立、人民解放，实现国家富强、人民富裕，中国社会各阶级掀起了波澜壮阔的改良与革命运动，但均以失败告终。唯有中国共产党人前仆后继、浴血奋战，承担了挽狂澜于既倒，扶大厦之将倾的重任。

1919 年 5 月 4 日，在北京首先爆发的五四运动，直接促成了中国共产党的诞生和发展，为中国共产党的创立做了思想上、干部上的准备。中国共产党党史一般将其定义为"反帝反封建的爱国运动"，并以此运动

① 中共中央党校（国家行政学院）党史部教授。

作为旧民主主义革命和新民主主义革命的分水岭。大家都知道五四运动是新民主主义革命的开端。为什么？因为从五四运动以后，领导中国革命的是中国共产党。

一、五四运动爆发的原因和过程

（一）中国的参战

1914 年 7 月，第一次世界大战突如其来。德意志帝国、奥匈帝国以及支持它们的奥斯曼帝国、保加利亚组成同盟国成为交战一方，英国、法国、俄罗斯帝国以及支持它们的塞尔维亚、比利时、意大利等组成协约国成为另一方。第一次世界大战是帝国主义争霸性质的掠夺战争，它是世界资本主义发展不平衡的产物。20 世纪初，凭借着工业革命占尽先机的欧洲大国先后进入帝国主义阶段，在侵略扩张的本性“驱使”下，这些帝国主义列强在亚洲、非洲和中东疯狂进行殖民掠夺。然而，它们的贪得无厌、大肆掠夺，不仅激起被殖民国家的反抗，也在它们内部积累了无法妥协的利益纷争。德国垂涎英国、法国、比利时、葡萄牙等国的殖民地，企图把自己的势力范围扩大到南美，同时获取在巴尔干的利益；英、法等国则抢占世界霸权地位，竭力压制德国的扩张，进而觊觎德国在非洲的殖民地。争夺利益的双方剑拔弩张，最终不可避免地导致兵戎相见。

对于中国来说，这场远在欧亚大陆西端的战争不仅毫无正义可言，而且没有利害关联，因为无论协约国方面的英、法、俄、意诸国，还是同盟国方面的德、奥匈帝国，都是一丘之貉。因此，在战争始发阶段，北京袁世凯政府阁僚中的大多数以及一些地方行政、军政长官及部分驻外使节，均不主张介入战事。

为避免被欧洲战火殃及，8 月 6 日，距世界大战爆发后不足半个月，

1914 年爆发的第一次世界大战，是以英、法、俄为首的协约国（日本、美国随后加入）与德、奥、意（后退出）为首的同盟国集团之间，为争夺和重新瓜分殖民地所进行的一场非正义的战争。图为 1916 年在战壕中的英军士兵

北洋政府继美国和一些欧洲小国之后宣布中立。紧接着，为了防止列强在中国领土、领海上争夺厮杀，北洋政府又公布了中华民国《局外中立条规》第 24 条："各交战国，在中国领土领海内，不得有占据及交战行为；凡中国海陆各处，均不得倚之为根据地以攻敌人。各交战国之军队、军械及辎重品，均不得由中国领土、领海经过。其有违背前项规定者，应听中国官员卸去武装，……各交战国有破坏中国之中立条规者，中国如以各种方法阻止之时，不得视为启衅之举。"

北洋政府的这一决策，还得到了一些社会舆论的支持。在中国有较大影响的《东方杂志》发文表态："吾国近十年中外交状态，固赖列强均势

第一次世界大战结束后，北洋政府在故宫太和殿前举行胜利阅兵仪式

之局，得以维持，无容讳饰，欧洲均势之破坏，其必非吾国之福，不等智者而知。故严正之中立，实为政府于国民共同之意思。”[①] 由此可见，当时从政府到国民，确实有一部分人希望以“中立”来避开这场无谓的战争，维持现状。

然而，实际情况是，在一个弱肉强食的丛林时代，丧失独立主权的中国想要掌控自己的命运，只是一厢情愿。

世界大战的爆发对觊觎中国已久的东邻日本而言，正中下怀。日本驻华公使日置益在得知欧洲开战后，大呼：“战则大妙！”1900 年开始担任日本驻华使馆头等参赞的日置益，当年参与了八国联军侵华及镇压义和团活动，他老谋深算，认为世界大战使欧洲列强忙于厮杀，无暇东顾，正是日本向中国“发展”的“千载难逢的好机会”。

8 月 8 日，即中国宣布中立之后的第三天，日本舰队竟然肆无忌惮地

① 《东方杂志》第十一卷，第三号。

出现在德国租借地胶州湾海岸。8月15日，日本对德国发出最后通牒，限其在8月23日之前将胶州租借地交出，由它来接收。8月23日，日本对德宣战。9月2日，日军在远离胶州湾的山东半岛北岸龙口登陆。

面对日本对中国领土主权的公然践踏，北洋政府束手无策，没有任何约束日本的实际措施。在8月23日日军大举登岸龙口后，不得已的北洋政府只能退而求其次，划出所谓的特别区域供日军使用，指望此举能限制日军的活动范围。但是，日军很快超出所谓特别区域扩大进占范围，并声称："若有冲突，日本将认为助德敌日之举。"其蛮横之状无以复加。登陆日军迅速占领济南，控制胶济铁路，于11月7日攻占青岛。

日本的野蛮行径让北洋政府忍无可忍，不得不提出强烈抗议。但是，强硬的日本政府非但不加收敛，反而警告中国政府："中国方面的任何抵抗，都将被认为是援助日本的敌人，中国必须为由此而产生的一切严重后果承担责任。"不仅如此，日本随后还在所占地带施行宵禁，完全把这些区域当作被自己占领的土地。

日本借大战之机从德国手中夺取中国胶州湾，进而占领山东的行径，证明中国先前声明的所谓"中立"，不仅不能使国家受益，反而处处受其掣肘。为改变被动局面，北洋政府不得不改变策略，考虑放弃先前中立的打算。

1915年10月，袁世凯谋划暗中与英、法、俄三国公使协商参战一事。日本获悉中国的这一意图后，唯恐中国因参战而发生地位变化，妨碍它在中国实施既定计划，立即用软硬兼施的手段逼迫中国政府就范。日本外相加藤高明先是警告中国驻日公使陆宗舆：既然中国已经宣布中立，就不能又有参战的打算。而此时协约国方面因在远东有赖日本的协助，也不敢公开邀请中国参战而得罪日本。于是，北洋政府只得眼睁睁看着战火烧到自己的国土而无能为力，陷入"中而不能立"的境地。

然而，随着战争的持续，局势发生了变化。到 1916 年，经过此前惨烈的交战，协约国和同盟国双方伤亡已近 120 万人，战争进入了漫长而艰难的消耗阶段。面对兵员锐减、劳动力奇缺的现实，英法两国不约而同想利用中国的劳动力做劳工，从而让更多的本国青年走上战场。协约国以战后利益的重新划分作为交换条件。

曾任袁世凯总统府秘书长、时任交通银行经理的梁士诒制订了一个所谓的妙计，即表面中立暗中参加，具体方法是以工代兵赴欧参战。北洋政府的盘算是：如果协约国战胜则功在北洋；如果协约国战败，则罪在商人。根据这一谋划，中国外交部和法国政府于 1916 年 5 月创建了一个名为劳工海外输出公司即惠民公司的招聘机构，由商人出面招募华工，其中英法方面招工团由军方指定的陶履德负责；中国方面则以梁士诒和惠民公司经理梁汝诚为全权代表。

从 1916 年 8 月到 1918 年 11 月两年多时间里，中国共派出超过 14 万

图为在欧洲战场挖战壕的华人劳工

劳工前往欧洲。其中英方管理下的劳工约10万，法方管理下的劳工约4万。这些华工主要来自中国的北方，尤以山东人为主。另有来自湖北、江苏、湖南、安徽、上海、香港的少部分学生，从事双方的沟通及翻译工作。因远洋相隔，征途遥远，14万赴欧华工中，先后有3000人在未到达目的地前就丧失生命，如1917年2月24日，一艘运送中国华工的邮轮遭到德国潜艇的袭击，船上543名华工全部葬身大海，他们成为最早为一战付出生命的中国劳工。

1917年2月3日，美国宣布对德绝交，并将这一情况通知中国，希望采取一致行动。1917年8月14日，中国政府对德宣战。

另有一些材料证明，中国对德宣战后，北洋政府还曾向协约国表示，只要给予财政援助，中国愿意派正规军队到欧洲参战。当时法国同意中国出兵，但是，英方坚持仅需中国劳工，不用中国军队，由此，中国派兵之议才作罢。尽管如此，在战争进入最激烈阶段，不少中国劳工直接参加了战斗，有2000多人与协约国士兵一道战死。此外，据记载，战争期间，中国还为协约国提供了大批粮食和战略物资，仅上海江南造船厂，一次就与协约国订约建造价值3000万元的万吨巨轮4艘。

1918年11月11日11时，德国政府代表同协约国联军总司令在法国东北部贡比涅森林的雷东德车站签署停战协定，第一次世界大战以同盟国的投降而结束。中国参与一战的决策是正确的，至少它为中国赢得了作为战胜国进入国际社会的“入场券”，也就是说，正是因为这次历经曲折的参战，中国才能够以战胜国的身份，出现在巴黎和会上。在战争期间，无论从人力还是物力的支持上，中国都是当之无愧的参战国，尤其是中国劳工以生命和汗水，为协约国的胜利做出了不可磨灭的贡献。

（二）战后中国的狂欢

作为战胜国之一的中国，在签字停战的消息传来时，举国上下表现出欣喜若狂的景象。

为庆祝胜利，北洋政府做的第一件事就是拆除克林德碑。说起克林德碑，不得不提到近代中国的一段屈辱历史。那是在1900年，掌权的慈禧太后因光绪皇帝废存问题，一度与入侵中国的帝国主义发生矛盾。这个愚昧而狂妄的统治者，在盛怒之下突然宣布对外开战。利用当时义和团的民气，清政府居然鼓励捕杀在中国的洋人："果能生擒洋人一名，男则赏银五十两，女则四十两，幼则三十两。"在这种情势下，发生了德国公使克林德在前往总署途中被满洲兵丁枪杀的事件。这一事件成为帝国主义扩大战争的借口。这就是1900年八国联军武装入侵中国的缘由。1901年，彻底投降帝国主义的清政府被迫签订了丧权辱国的《辛丑条约》，其中一条，就是为克林德被杀赔礼道歉。怎么赔礼道歉？经与克林德遗孀交涉，由清政府出面，在克林德被杀的东单牌楼北边，建起一座高大的牌坊，上书克林德一生经历以及遇难情形，以示纪念。这个牌坊白（大理石）身蓝（琉璃）瓦顶，上面还雕刻着飞禽走兽，很是威风。从它竖立的那天起，就突显着中国的莫大耻辱。1918年11月13日，北洋政府一声令下，克林德碑被正式拆除。第二年，政府将堆放在东单北大街的克林德碑石料散件运至中央公园（今中山公园），重新组建，上题中英文"公理战胜"，以纪念第一次世界大战的胜利。

除拆除克林德碑这一行动外，北京各界人士还组织、参加了更大规模的庆祝活动。北京各大中小学在11月14日至16日放假三天，白天人们奔走相告；夜晚上万人上街提灯游行，真是"旌旗满街，电彩照耀，鼓乐喧阗，好不热闹"[①]。特别是东交民巷和天安门一带，更是人山人海，热闹非凡。15日、16日两日，北京大学在天安门举行讲演大会，校长蔡元培

① 《克林德碑》,《新青年》第五卷第五号。

1918 年 1 月 8 日，美国总统威尔逊发表国会演说，提出建立战后国际新秩序的“十四点原则”，反对秘密外交，这使中国国内社会各界舆论一时充满了不切实际的幻想。图为 1919 年 3 月在北京中央公园内建立的“公理战胜”纪念牌坊

和胡适、陶孟和、马寅初、陈启修、丁文江等著名学者都纷纷登台亮相，发表演说。同月 28 日至 30 日，北洋政府还宣布北京举行三天大庆，在故宫的太和殿举行了四五个小时的阅兵典礼。当时的大总统徐世昌率领国务总理、陆军部长等官员检阅，所有在京的北洋军都参加受检。这一天，各国在京公使都收到邀请参加观礼，并在检阅典礼完毕之后，共同到中南海总统府接受宴请。如此盛况，空前绝后。与此同时，北京各学校再次放假三天，这三天的每天下午，北京大学都在中央公园举办露天讲堂。

中国人如此热心于庆祝欧战的胜利，同美国总统威尔逊著名的“公理战胜强权”演说有直接关系。1918 年 1 月 8 日，世界大战已经接近尾声，协约国胜利在望，美国总统威尔逊在美国国会发表演说，为即将结束的第一次世界大战提出和平谈判“唯一可行”的计划，作为促进战后世界和平的基础。他在演说中提出《和平条款十四条》[①]，其主要内容如下：

一、公开之和平条约，以公开之方法决定之。此后无论何事，不得私结国际之盟约。凡外交事项，均须开诚布公执行之，不得秘密从事。

二、领海以外，无论和平或战时，须保绝对的航海自由。但于执行国际条约时，得以国际之公意，封锁一部分或全部之公海。

三、除却各种关于经济之障碍物，使利益普及于爱和平及保障和平之各国。

四、立正确之保障，缩小武装至最低额，而足以保护国内治安为度。

五、对于殖民地处置，须推心置腹，以绝对的公道为判断，殖民地人民之公意，当与政府之正当要求共适权衡。此种主义，各国须绝对尊重，不得丝毫假借。

（第六条至第十三条，专门讨论俄国、比利时、法国、意大利、奥匈、罗马尼亚、塞尔维亚等国具体问题，在此从略。）

十四、确定约章，组织国际联合会，其实旨为各国交互保障其政治自由，及土地统辖权。国无大小，一律享同等之利权。

此演说内容一经公布，四方轰动。尤其是《和平条款十四条》中提出各国在外交事务中“均须开诚布公”和“以国际之公意”为准则，“对于殖民地处置，须推心置腹，以绝对的公道为判断”，“组织国际联合会，其实旨为各国交互保障其政治自由，及土地统辖权。国无大小，一律享同等之利权”。[②] 这些说辞对饱受弱国之苦，渴望民族独立和领土完整的中国

① 国际关系学院编：《现代国际关系史参考资料》（1917—1932），高等教育出版社 1958 年版，第 187—188 页。

② 国际关系学院编：《现代国际关系史参考资料》（1917—1932），高等教育出版社 1958 年版，第 187—188 页。

人来说，真有天降甘霖之感，人们几乎无法抑制地喷涌出对“公理战胜强权”的向往，并对美国寄予极大的幻想。

胡适在演说中对美国的溢美之词连篇累牍，他说：“这一次协约国所以能大胜，全靠美国的帮助。美国所以加入战国，全是因为要寻一个‘解决武力’的办法。……把各国私有的武力变成了世界公有的武力，就是变成了世界公有的国际警察队了。这便是解决武力的办法。”①

陈独秀的《每周评论》发刊词中，全篇主旨就是“公理战胜强权”这一句话。他直截了当地断言：“美国大总统威尔逊屡次的演说，都是光明正大，可算得现在世界上第一个好人。”②

傅斯年自豪地说，他可以把威尔逊的“十四条”一字不漏地背诵下来。可见这个北京大学高才生对威尔逊的崇拜。

胡适、陈独秀等人的言论影响了更多的青年学生，使当时北京各校的学生对美国肃然起敬，11 月 30 日晚，在提灯游行结束后，竟有不少学生专程跑到美国使馆区高呼：“威尔逊大总统万岁！”

可以说，威尔逊的演说使“公理战胜强权”的理念被国人视为铁板钉钉的现实。

蔡元培在他的题为《黑暗与光明的消长》演讲中宣称，协约国的胜利有四大意义：一是黑暗的强权论消灭，光明的互助论发展；二是阴谋派消灭，正义派发展；三是武断主义消灭，平民主义发展；四是黑暗的种族偏见消灭，大同主义发展。他以安那其主义（无政府主义的音译）的目光去看待这场战争，乐观地预言“协约国占了胜利，定要把国际间一切不平等的黑暗主义都消灭了，用光明主义来代他”③。

---

① 《北京大学日刊》，1918 年 12 月 27 日。

② 《每周评论》第 1 号，1918 年 12 月 22 日。

③ 《北京大学日刊》，1918 年 12 月 27 日。

中国人对巴黎和会的召开无疑是充满热望的。一方面，威尔逊的“十四条”激发了不少中国人对协约国产生不切实际的幻想；另一方面，自鸦片战争以来，中国基本上每战必败，签订了无数丧权辱国的求和条约，这次终于因“站对了队”，成了胜利国，这是多么难得的转机！当时的人们普遍认为，作为战胜国的中国，这次终于可以通过巴黎和会摆脱不平等条约的束缚，争得关税自主的权利，收回被日本占据的青岛和胶济铁路，在国际上赢得翻身的机会。当时的实际情况是，不仅民间人士殷切企盼，北洋政府也有这样的准备，司法部曾专门发电各省，征求收回领事裁判权的意见，国会中也有人提出收回山东权利的方案。一时间，各界人士纷纷围绕巴黎和会献计献策。

不仅青年学生和普通民众有这些不切实际的一厢情愿，连梁启超这样的大人物也对战后的世界产生自己的想象。梁启超以戊戌变法领袖之一而闻名于世，是当时集思想家、政治家、教育家、史学家、文学家于一身的大腕巨擘。梁启超当时著文《国际联盟与中国》，不仅替威尔逊的“国际联盟”大肆宣扬一番，而且断言从此世上没有侵略主义了。他说：

威尔逊提出的“国际联盟”是实现“将来理想的世界大同”的“最良之手段”。……我国为表示此热望之真诚起见，宜率先厉行裁兵。盖侵略主义既为天下之所共弃，此后我友邦断无复有以此加诸我。藉曰有之，而亦必有他方面之制裁，使莫能发，故此后更无国防之可言。[1]

怀抱着这样的信念，梁启超开启了一次欧洲之行。这趟在当时显得极为独特的行程后来定格在他的名著《欧游心影录》之中，留下了 20 世纪初期中国饱学之士在东西文化交融裂变中的心路历程。

① 《东方杂志》第十六卷第二号，1919 年 2 月。

梁启超原本就有旅欧之念，欧战结束与巴黎和会的召开，则给他创造了绝好的机会，因此当即决定自费亲自赶赴巴黎一睹该会盛况。他以个人名义早早开始呼朋引伴，组织了一个民间团体，以赴欧洲考察为名，其实在于开展国际上的“民间外交”。临行前他特别声明，此举与政府方面无关，纯以私人资格考察战后欧洲现状，即“看看这空前绝后的历史剧怎样收场”；同时，他也表示要利用一切机会向西方说明中国的主张、诉求和期望，以及对重建远东政治新格局应采取的态度。他说：“将我们的冤苦，向世界舆论申诉，也算尽一二分国民责任。”

12 月 28 日，梁启超从上海登上日本邮船会社的“横滨丸”轮船启程，取道印度洋、地中海，前往法国，同行的还有著名人士蒋百里、张君劢、丁文江等。1919 年 2 月 12 日，梁启超一行抵达伦敦，除了参观、游览和考察，他还接受了英国伦敦《日日电报》新闻记者的专访，表现出非常乐观的情绪。2 月 18 日，梁启超一行终于抵达目的地巴黎。巴黎万国报界联合会举办了欢迎会，梁启超在会上做了长篇演说，还在《巴黎时报》发表署名文章。不仅如此，他还利用与各国政要、各政党党首会见的机会，反复申明中国应有的权益，积极争取各方面的支持。这时，他的期望值很高，不仅要收回德国在山东的权益，还希望解决关税自主、领事裁判权等问题。梁启超的这些论调和行为现在看来有些不切实际，但在当时，确实是不少中国有识之士的普遍认识和真实写照。

“公理战胜，强权失败”，这一理念在 1918 年至 1919 年巴黎和会召开之前风行于中国社会各个阶层。然而，公理果然战胜了吗?

（三）巴黎和会上中国外交的失败

列宁在他的论著《帝国主义是资本主义的最高阶段》中，曾一语道破：第一次世界大战“从双方来说，都是帝国主义的战争，都是为了瓜分世界”。作为战争产物的巴黎和会，其实质是也只能是一次帝国主义的分赃会议。

1919 年 1 月 18 日，万众瞩目的巴黎和会终于在凡尔赛宫正式开幕。参加和会的有美国、英国、法国、意大利、日本、中国等 20 多个国家，代表共计 1000 多人。中国政府派出的出席巴黎和会的代表共 5 人，原为陆徵祥[①]（外长）、顾维钧（驻美公使）、施肇基（驻英公使）、魏宸组（驻比公使），以及代表南方政府的王正廷。

1919 年 1 月 18 日至 6 月 28 日，英、美、法、意、日等 27 个国家，在法国巴黎凡尔赛宫举行和平会议，讨论如何处置战败的德国。中国作为战胜国之一，参加了此次和会，并提出了收回山东主权等要求。图为巴黎和会会场

当阵容庞大的中国代表团兴冲冲赶到巴黎，一个意外的消息给了中国人当头一棒。原来巴黎和会的组织者们并没有如之前所标榜的那样“国无大小，一律享同等之利权”；他们把与会国参会代表分成 3 个等级，即

① 陆徵祥，出生于上海。毕业于广方言馆和同文馆，随清朝驻俄、德、奥、荷四国钦差大臣许景澄在驻俄使馆任翻译，袁世凯治下，他担任外交总长，被迫在“二十一条”上签字。此后的人生一直背负着“二十一条”的“十字架”，终于在 1927 年彻底告别政界，从此隐居于比利时圣安德隐修院，直至 1949 年 1 月 15 日病逝。著有《回忆与思考》《人道主义的会和》。

5 人、3 人和 2 人。当初协约国在拉拢中国参战时还曾答应，如果中国参战，战后将以大国相待，而英、法政府驻北京使节又以照会方式，进一步确认过这个空泛的许诺。所以，北洋政府信以为真，派出和主要协约国及参战国相同数目的代表。但和会正式开幕时，和会的组织者却规定协约国及参战各国在和会上的不同类别：第一类是 5 个主要协约国，即英、美、法、意、日属一等国家，各有 5 个代表席位；第二类是战争中提供过某些有效援助的国家，各有 3 个代表席位；第三类是协约国阵营中的其他成员，只有 2 个代表席位。英、法等国的组织者无视中国劳工在战争中的贡献，竟把中国归为第三类，因此中国只能派两人出席和会。此外，代表们还了解到，巴黎和会完全由英、法、美三国操纵，一切重大问题，皆由他们决定，其他国家只是在讨论和其有关的问题时，才能列席。“中国仍属向隅”的现实就像一瓢冷水，一下子浇灭不少中国人的热情。

尽管对巴黎和会的期望一开始就打了折扣，但中国代表团和国内的民众此时依然对和会心存幻想。中国代表团最初向和会提出的议案是以下七条：

一、废弃势力范围；

二、撤退外国军队、巡警；

三、裁撤外国邮局及有线无线电报机关；

四、撤销领事裁判权；

五、归还租借地；

六、归还租界；

七、关税自由权。

当时，中国留欧学生爱国心切，他们密切关注巴黎和会，并结成团体派出代表，强烈要求中国外交代表在向和会的提议中必须加上一条，即废除“二十一条”。由此，中国代表团又追加了一项提案，请求和会取消1915年5月25日的中日协约（即“二十一条”）及换文的陈述书。但是，和会的最高会议以这些问题不在讨论之列为借口，拒绝了这两份提案中的所有要求。和会议长克里孟梭在答复中国代表的函中表示：这次巴黎和会的会议最高组织者，充其量承认中国代表所提各项问题的重要性，但不能认为这些问题的解决在和会权限之内。请中国代表等待万国联合会成立并能行使职权时，再提请万国联合会行政部门注意。

1915年5月9日，袁世凯政府基本接受了“二十一条”草案，后以该草案为基础，中日双方于25日签订中日协约。图为双方代表签订协约时的合影（左侧左起：中国外交次长曹汝霖、外交总长陆徵祥、秘书施履本。右侧右起：日本参赞小幡酉吉、日本驻华公使日置益、书记官参赞高尾）

提案被拒，中国代表退而求其次，即求解决山东问题，大部分中国人也将注意力转到山东，希望在这个问题上能有所收获。

然而，事与愿违，从1月27日，巴黎和会开始讨论德属殖民地问题开始，到4月30日英美法三国会议议定了巴黎和约关于山东问题的三个条款为止，无论中国代表如何据理力争，最后结果是作为参战国的中国一无所获，而日本在中国夺取到的权益却被明文规定下来。这是对中国多么巨大的侮辱！连软弱无能的北洋政府也感叹“此次和会条件办法，实为历史所罕见”。

但是，就是这样“历史罕见”的条约，北洋政府依然考虑签字。

（四）五四运动的爆发

从 4 月中旬开始，中国在巴黎和会上步步失利、处处被动的消息不断传到北京，作为中国的政治和文化中心，北京社会各阶层做出了最迅捷、最强烈的反应，其中最有代表性的，应该是北京的青年学生。

20 世纪初，北京已经拥有近 20 所高等院校，成为全中国高校最为密集的城市。第一次世界大战的爆发震惊了世界，也震惊了中国的莘莘学子，处于外侮、内乱双重逼压的年代，忧国忧民的青年学生们急于寻求国家的出路，更加关注世界局势的发展变化。那时北京的大学校园里，课余饭后，在教室、操场、公寓以及学校附近的公园，凡是学生们游散聚坐的地方，总有三五成群的学生在争论国事，或讨论报纸刊物上的最新文章。一股新的力量在北京的高校中蕴蓄、滋长，遍布北京全城，又向全国扩散……

巴黎时间 4 月 30 日，梁启超致电汪大燮（北洋政府外交元老，外交委员会成员之一）、林长民（身为总统徐世昌顾问和总统府外交委员会委员兼事务长，林觉民堂兄）警醒国民与政府拒绝在合约上签字：“请警告政府及国民严责各全权，万勿署名，以示决心。”5 月 1 日当夜，汪大燮面见总统，林长民撰文。5 月 2 日，林长民在北京《晨报》（总编辑陈博生）上发表《外交警报敬告国民》一文，发出沉痛哀叹：“胶州亡矣，山东亡矣，国不国矣！”并呼吁：“国亡无日，愿合四万万众誓死图之！”林文虽然没有详细透露巴黎和会上的外交细节，但他发出的消息无疑证实了噩耗，他的哀叹和呼吁击中了国人的痛点。这篇题为《外交警报敬告国民》

代論

外交警報敬告國民 林長民

昨得梁任公先生巴黎來電略謂青島問題因日使力爭結果英法頗爲所動聞將直接交於日本云云（原電見另欄）

嗚呼此非我舉國之人所奔走呼號求恢復國權主張應請德國直接交還我國日本無承繼德國掠奪所得之權利者耶我政府我專使非代表我舉國人民之意見以定議于內折衝于外者耶今果至此則膠洲亡矣山東亡矣國不國矣此噩耗前兩日僕即聞之今得任公電乃徵實矣聞前次四國會議時本已決定德人在遠東所得權利交由五國商量處置惟須得關係國之同意我國所要求者再由五國交還我國而已不知因何一變其形勢也更聞日本力爭之理由無他但執千九百十五年之二十一款及千九百十八年之膠濟換文及諸鐵路草約爲口實嗚呼二十一款出于脅迫膠濟換文以該路所屬確定爲前提不得逕爲應屬日本之據濟順高徐草約爲預備合同尚未正式訂定此皆我國民所不能承認者也國亡無日願合我四萬萬衆誓死圖之

图为 1919 年 5 月 2 日，北京《晨报》刊登了《外交警报敬告国民》一文，报道了巴黎和会上中国外交失败的消息

的文章事后被认为是“放了一把野火”，点燃了五四游行。

通过林文，中国人对巴黎和会上外交的失败已经深信不疑，结合自巴黎和会开启以来不断揭开的中日外交秘密，国人对帝国主义的怨恨和对国内当局出卖国家利益的愤慨交织在一起，群情激昂，有排山倒海之势。

5 月 3 日，北京各个阶层，包括学界、政界、商界、军界等，都以最快的时间举行了各种集会，议论纷纷，商讨如何抗议关于山东问题的无理解决方案。北京商会举行会议并通电其他城市商会，请求他们统一行动，共同支持中国在巴黎和会的要求；国民外交学会派代表谒见总统徐世昌，强烈要求他给在巴黎的中国代表下令，拒绝在不合理的处置山东问题的协定上签字。当日下午，北京各界人士的集会还一致决定，5 月 7 日即日本提出“二十一条”最后通牒四周年当天，在中央公园召开国民大会；同时分别致电各省各团体，“凡我国民当有觉悟，望于此日一致举行国耻纪念会，协力对外，以保危局”，号召同日举行大会以壮声势。

汪大燮与总统交涉未果，失望和愤恨之中找北京大学校长蔡元培，让学生监督政府。于是，蔡元培约见学生段锡朋、罗家伦、傅斯年、许德珩等。（后 32 名学生被逮捕，由林长民、汪大燮、王宠惠等拜见总统作保获释。日方认定汪、林煽动学生，曾向北洋政府提出抗议，林为此请求辞去外交委员会相关职务，以免政府为难。《每周评论》第 21 号《一周中北京的公民大活动》一文中说："这回北京市民的公愤，全是外交协会林长民等煽动起来的。"）

在北京的大学校园里，热血沸腾的学生们行动起来了！

作为五四游行学生领袖之一的许德珩回忆：

五月二日，我从蔡校长那里听到了这个晴天霹雳的消息，便约集参加国民杂志社的各校学生代表，当天下午在北大西斋饭厅召开了一个紧急会议，讨论办法。高工的一位学生代表夏秀峰当场咬破手指，写血书，大家激动得眼里要冒出火来。

5 月 2 日，国民杂志社的各校代表在西斋饭厅召开紧急会议。3 日下午，北京大学贴出通告，召集所有北京大专学生代表晚 7 时，在北河沿的大礼堂召开紧急会议，并邀约北京 13 个中等以上学校学生代表参加。

5 月 3 日晚间的会议是在极具悲愤的感情气氛中进行的。这一点可以从一名北大学生的叙述中得到验证：

我们起初讨论国家的危机，大家都同意，造成山东危机问题的原因是腐败和不公平。所以我们作学生的应该奋斗，让全世界看到"强权绝对不是公理"……会场上当大众情绪十分紧张的时候，一个法律系学生谢绍敏，当众用口咬破中指，撕裂衣襟，用血大书"还我青岛"四个字，向大众揭示，所有的到会人都肃然感动。接着便是一阵鼓掌和万岁声，全场顿现出凄凉悲壮的气象。

会议结果，学生们约定第二天到天安门集合，举行游行示威。

1919 年 5 月 4 日，古都北京失去了往日的宁静，中国外交在巴黎和会上的惨败引发了青年学生心中郁积已久的愤怒，它们像火山一样突然喷发出来，一场惊天动地的学生运动爆发了！以北京大学为首的各高校3000多名学生涌出校园。学生们先在天安门讲演，分发《北京学界全体宣言》，然后组成队伍，到东交民巷游行示威。但是，在巷口学生被堵了整整两个小时，气急之下，转而向位于东长安街北面的胡同而来，烧了当时主持签订“二十一条”的外交总长曹汝霖的宅院。最后32名学生被捕，为了救同学，北京学生开始罢课，并向全国各阶层呼吁，支持学生的反帝爱国运动。运动很快在全国引发广泛的响应，上海、天津、济南、武汉、长沙、广州等大城市都成为风暴的中心。在各地学生的宣传组织下，各地的工人、商店店员都联合起来罢工、罢市，尤其是上海的工人阶级，他们

1919年5月4日下午，北京3000余名学生在天安门前集会，要求收回山东主权、拒绝在凡尔赛合约上签字、取消“二十一条”、惩办三个亲日派官僚曹汝霖、章宗祥、陆宗舆，五四爱国运动由此爆发。图为北京大学学生队伍向天安门进发

不但冲破本国资本家的约束，而且冲破外国资本家（以日本为多）的阻挠，参加罢工。以上海工人6月3日以后的全面罢工为界，五四运动过渡到全社会爱国运动阶段，工人阶级成了五四运动的主力。

五四运动最先以青年学生为主力，但随着运动的开展，工人、工商业者、市民以及农民，还有军队的士兵也参与其中。山东省胶济铁路沿线驻扎着日本侵略军，周边农民断绝对日军的粮食、蔬菜等供应，以自己的方式进行反抗。5月23日，《益世报》刊登山东第五师10080名士兵的集体通电，表示将来国家对外，无论如何，均抱铁血为目的，以表示军人等热忱；孙中山代表的南方政府大力支持，甚至波及统治阶级内部。北洋军阀中的亲英美派和亲日派为此分化加剧。在野的亲英美派直系军阀本身就和执政的亲日皖系军阀为利益而纷争不休，此时，借助于汹汹民情，向政敌发起猛烈进攻，直系军阀、时任第三师师长的吴佩孚致电北洋政府大总统，声援支持学生运动。

大江南北、长城内外，乃至世界各地社会各阶层、各派势力的态度和行动，给了北洋政府巨大的压力。尤其是上海的“三罢”，给了北洋政府沉重的打击。淞沪护军使卢永祥和沪海道尹沈宝昌在6月8日给北洋政府的急电中称：“此次沪上风潮始由学生罢课，继由商人罢市，近且将有劳动工人同盟罢工。……星星之火，可以燎原，失此不图，将成大乱，……上海为东南第一商埠，全国视线所及，内地商埠无不视上海为转移。”

上海地区的斗争风浪，持续推动全国许多地区高潮迭起，而全国地区的斗争浪潮最后又汇聚到北京，推动五四运动的发源地——北京斗争的深入。北京局势隐藏着巨大的危机。

6月7日，北京总商会在给北洋政府的呈文中说：“水能载舟，亦能覆舟，民气之奋兴，诚未可遏塞而致使溃决。侧闻罢学罢市，各省已有逐渐响应之虑，京师彼此激刺，亦暗有浮动情形。”

在全社会的压力之下，北洋政府在6月10日，罢免了曹汝霖、章宗祥、陆宗舆三个卖国贼，6月28日，在巴黎和会上的中国代表全体罢会，拒签和约。

五四运动至此达成了两个目的。

二、五四运动的影响

（一）国内形成马克思主义传播热潮

五四运动以后，马克思主义从形形色色的各种社会主义流派中脱颖而出。

五四运动激发了青年学生改造中国社会的热情。他们说："我们处在中国现在的社会里头，觉着四周的种种环境，层层空气，没有一样不是黑暗、恶浊、悲观、厌烦，如同掉在九幽十八地狱里似的。若果常如此，不加改革，那么还成一种人类的社会吗？所以我们不安于现在的生活，想着另创一种新生活；不满于现在的社会，想着另创一种新社会。"

创新生活、创新社会的呼声在五四运动之后的中国大地上如同大潮涌起，汹涌而来。在知识界，各种宣传新思想、新文化的团体和刊物，如雨后春笋破土而出。据统计，五四运动之前，介绍、倡导新思想、新文化的期刊，只有《新青年》《每周评论》《新潮》等寥寥几种，但五四运动后的第一年中，新的出版物就骤然增加到400多种。绝大多数的刊物都宣称以介绍新思潮和改造社会作为自己的重要"旨趣"。

在出版刊物的同时，志同道合的青年知识分子还自然地结集成一个个进步社团。五四运动前，青年学生中的进步社团就有国民社、新潮社、工学会、少年中国学会和互助社、新民学会等；五四运动之后，随着刊物的剧增，以刊物为中心，以文会友交流思想的学生社团也大量涌现，小到几人，大至数十人，甚至上百人，大都由同一学校或同一地区的青年学生组成，刊物的名称大多也是社团的名称。如由赵世炎发起成立的社团“少年学会”，其名称就来自于他创办的刊物《少年》；周恩来等组织的觉悟社，就由刊物《觉悟》之名而定。[①] 据此推测，在五四运动后的一年中，400 多份刊物，就意味着有数目相近的社团活跃在青年学生中间。

呼唤新思潮，改造旧社会。但什么是新思潮？如何真正改造旧社会？从 1840 年鸦片战争失败以来整整 80 年，中国人从“师夷之长技以制夷”到“中体西用”，进而“君主立宪”，再到“民主共和”，一路走来，每一步都伴随着尖锐对立的新旧之争，每一步都寄托着国人的强国富民之梦。然而，一次又一次的幻灭，让人们饱尝失望的苦涩和探索的艰辛，同时也在不断启发中国人进行更深层的思考和更理性的选择。

第一次世界大战使西方资本主义的魅力荡然无存，尤其是在五四运动期间，中国人更是从巴黎和会的实际教训中，领教了“公理战胜强权”的实质，认清了帝国主义的本质：“挟国际猜忌、利权竞争的私心的资本主义、帝国主义，不论他是东方的、欧美的，绝讲不出公道话来。……我们应该依赖民族自决的力量，去解决一切纠纷，不可再蹈‘以夷制夷’的覆辙。”因此，在五四运动之后，在五彩缤纷的各色“主义”中，社会主义思潮成为当时中国进步思想界的主流。

但是，那个时候的社会主义囊括了众多的流派，主义与主义之间相去甚远，孰是孰非，莫衷一是，所有热切渴待救国真义的中国知识分子，不由得发出“隔着纱窗看晓雾”的感慨，他们迫切需要一种科学的社会主义，从真正意义上解决中国的问题。曾经亲历这种感受的瞿秋白在回忆中写道：

社会主义的讨论，常常引起我们无限的兴味。然而究竟如俄国十九世

① 转引自李新、陈铁健：《伟大的开端》，上海人民出版社 1991 年版，第 179 页。

纪四十年代的青年似的，模糊影响，隔着纱窗看晓雾，社会主义流派、社会主义意义都是纷乱，不十分清晰的。正如久壅的水闸，一旦开放，旁流杂出，虽是喷沫鸣溅，究不曾自定出流的方向。其时一般的社会思想大半都是如此。[①]

就在这些“旁流杂出”的社会主义流派中，以李大钊为代表的先进中国人，通过“惊秋的一片桐叶”——俄国十月革命，敏锐地感知和接受了马克思的科学社会主义，他们迅速把目光转向研究和宣传十月革命与马克思列宁主义，开始与资本主义的救国方案决裂，用无产阶级的世界眼光观察中国的命运，重新考虑中国的道路问题。1918 年，李大钊发表《法俄革命之比较观》《庶民的胜利》《Bolshevism 的胜利》等文章，开始表达和传播马克思主义的若干观点。1919 年 5 月，李大钊又在《新青年》推出“马克思研究号”，发表《我的马克思主义观》一文，该文长达 2 万多字，系统介绍了马克思主义的三个组成部分——唯物史观、政治经济学和科学社会主义，标志着李大钊等人系统传播马克思主义的开始。10 月 12 日，国民杂志社召开周年纪念大会。李大钊在会上用马克思主义观点分析五四运动，指出“此番运动仅认为爱国运动，尚非恰当，实人类解放运动之一部分也”[②]。马克思的理论武装使李大钊等人站得更高，看得更远，认清了人类历史的发展趋势和方向，中国的发展前景逐渐在他们眼前明朗起来。

1920 年四五月间,《东方杂志》《新青年》等刊物刊登苏俄政府发表的第一次对华宣言，宣布“废弃（沙俄在中国境内享有的）一切特权”。苏俄的宣言与帝国主义的掠夺形成了鲜明的对照，强烈的反差对中国人产生

① 转引自陈旭麓:《近代中国社会的新陈代谢》，上海人民出版社 1992 年版，第 402 页。

② 《李大钊选集》，人民出版社 1959 年版，第 255 页。

极大的吸引力，激发了中国人对社会主义的进一步的好感。因此，五四运动以后，越来越多的中国青年把目光转向苏俄社会主义，把探究真理的兴趣聚焦于马克思主义。当时有一位美国学者分析，对于中国的知识分子来说，既要否定中国过去的传统，又要否定西方对中国现在的统治，因而出路只能是成为马克思主义者。

五四运动直接促进了马克思主义在中国的广泛传播，北洋政府视之为“洪水猛兽”，连续下令查禁“过激主义”的刊物，但真理势不可挡。李大钊在1920年底指出：“晚近以来，高等教育机关里的史学教授，几无人不被唯物史观的影响，而热心创造一种社会的新生。”

“理论一经掌握群众，也会变成物质力量。”五四运动以后马克思主义在中国的传播深刻地改变了中国社会的发展轨迹。

（二）工人阶级第一次登上中国的政治舞台

五四运动给中国工人阶级提供了一个重要的契机，使得他们第一次认识到自己的巨大力量和作用，从此，一支独立的政治力量登上了历史舞台。可以说，五四运动有力地推动了中国工人阶级在政治上的成熟，中国工人运动的发展从此进入了一个新阶段。

中国工人阶级的队伍在第一次世界大战期间迅速扩大，产业工人由1913年的100万左右，增至1919年的300万，加上120万的手工业工人和店员，以及大战期间赴欧的10多万华工的陆续回国。这样，到五四前夕，中国工人阶级在人数上虽然不能说庞大，但已经是一支相当可观的力量。

五四运动是以北京爱国青年学生为先导掀起的伟大反帝爱国运动，运动虽然表现了不屈不挠的斗争精神，但中国现代革命的历史曾一再证明：单纯的学生运动不可能给反动阶级的统治以致命的打击。所以，时至6月1日，北洋政府还公然发布两道指令，一是为卖国的曹汝霖、章宗祥、陆宗舆辩护；二是公开污蔑和打击学生的爱国行动。6月3日，北洋政府进一步实行高压政策，大肆逮捕走出校门的学生，两天内被捕者达千人。北洋政府的倒行逆施激起了广大工人群众的义愤，他们在关键时候挺身而出，站到学生这一边。由于工人阶级的加入，五四运动从“六三”之后发生了根本性的改变。正如上海学联在告同胞书中所言：“学生罢课半月，政府不惟不理，且对待日益严厉。乃商界罢市不及一日，而北京被捕之学生释；工界罢工不及五日，而曹、章、陆去。”此后，工人阶级成为五四运动的主力军，对五四运动的胜利起了决定性的作用。

放眼世界，在绝大多数西方发达资本主义国家，为推翻本国封建主义的统治，资产阶级和工人阶级曾经一度结成联盟，反对共同的敌人。这个时候，由于资产阶级无论在财力、物力、人力方面都存在优势，因此在这个联盟中，资产阶级往往占据主导地位，无产阶级成为被领导阶级。在五四运动之前，尤其在辛亥革命前后，中国的革命情形一度出现类似的状况，中国非常薄弱的工人阶级依附于资产阶级，在其引导下，进行了旧民主主义革命。但是，五四运动改变了这一局面。在五四运动中，中国资产阶级因其自身的特点，表现出致命的软弱性和妥协性，他们的革命性远远低于无产阶级。

在“六三”以后的“三罢”斗争中，民族资产阶级尤其是一些中小店主，有许多良好的表现，难能可贵，但是，民族资产阶级虽然参加了反帝国主义和反封建军阀的斗争，他们的不彻底性和软弱性也是随处可见。他们极力强调运动只是“对内”而非“对外”，幻想依靠英美各国来反对日本，因而百般设法限制运动的范围。更为明显的是，他们虽然同意罢市，但坚决反对罢工，不断渲染罢工的危险性。6月7日，纺织业资本家穆藕初在军阀卢永祥召集的会上说：“查上海人民号称百万，而劳动工人居百分之十二（实际不止此数），纱厂工人占最多数，一闻商界罢市，各工人亦有罢工之议。湘玥（穆藕初的字）以工界罢工最为危险，遂邀各纱厂开紧急会议，竭力遏止，……”[1] 在这些民族资本家看来，在日资开办的企业进行罢工情有可原；而中国人开办的工厂则不能罢工，相反，他们提出“工战”（加紧生产，发展资本主义以抵制帝国主义的经济侵略）的口号，对工人进行欺骗，企图把工人的爱国热情引导到增加生产，以便为他们增加利润上来。

然而，工人们在看清资本家的企图后，进行了坚决的斗争，如钢铁厂万余工人在 6 月 8 日集会，“群情激奋，主张罢工，众心坚决，不可遏止”。资本家们企图“设法开导”，阻止这一罢工，并提出“静候三日”，进行欺骗，但是，工人们并没有接受这一“开导”，也没有“静候三日”，而是在次日（9 日）立即进行罢工。对于买办资本家的斗争，工人们的表现更为彻底。

中国工人阶级从五四运动开始，彻底认清了资产阶级的本质特性，不再成为革命的附庸而受其左右。1919 年 6 月 22 日，戴季陶撰文指出：“就这次的现象来看，工人直接参加社会运动的事已经开了幕。”

（三）一大批先进知识分子从激进的民主主义者转变成马克思主义者，走上了将马克思主义与工人运动相结合的道路

五四运动以后，中国工人运动的继续发展迫切需要马克思主义作为自己的思想武器；马克思主义在中国的广泛传播迫切需要工人运动作为自己的物质力量。先进的中国青年知识分子感受到了这一伟大历史汇合的必然，时势造英雄，他们成为时代的弄潮儿，站到了历史的最前沿。

对于工人阶级在五四运动中的作用，当时作为运动先导的学生并没有完全意识到。在 6 月 3 日北洋政府大肆逮捕学生的消息传到上海之后，上

① 《新闻报》，1919 年 6 月 8 日。

海学生“沿街乞求”商铺罢市，并没有想到动员工人罢工。6月5日的上海各界联合会议，实际上没有工人代表也没有工界代表参加，甚至有些部门的工人，如电车工人、电话局接线工人、外国人的佣工等开始罢工时，一些学生代表还曾经进行劝阻。但是，当“六三”以后工人自己开始罢工后，他们展现的觉悟性和战斗力，不仅使先进知识分子受到极大的鼓舞和教育，而且使他们认识到：工人阶级是改造中国创造新生活必须依靠的阶级力量！陈独秀明确宣布：“社会上各项人，只有做工的是台柱子，因为有他们的力量才能把社会撑住。”[①] 当时，在人们心目中，尤其是在先进青年知识分子的心底，“劳工神圣”的思想油然而生。

另一方面，工人群众在罢工斗争中意识到迫切需要革命理论的指导，要求知识分子把“知识道德”灌输给他们，与他们一起共同扫除种种不平等。有工人在全国学生联合会上的演说中表示：经过这次运动，你们瞧瞧我们这些没有知识的人，我们也希望同你们打成一片，学点知识。[②]

可以说，五四运动创造了知识分子与工人阶级相互需求的契机。李大钊当时就曾鲜明指出：“要想把现代的新文明、新文化，从根底输到社会里面，非把知识阶级与劳工阶级打成一气不可。”[③]

五四运动以后，平民教育讲演团有了很大的发展。1919年7月，上海学联发出《义务教育团进行办法》。10月，全国学联发出《实行平民教育案》，要求各地学联、各校学生会设立平民义务夜校和通俗讲演团。在李大钊等人的影响下，许多先进青年知识分子深入工厂、工人住处，对工人的生产劳动、日常生活进行实际调查，在与工人阶级的大量接触中，加强同工人阶级的联系。在此期间，全国各类民间教育运动风生水起。

① 《新闻报》，1919年6月8日。

② 张允侯等编:《五四时期的社团》(第二卷)，生活·读书·新知三联书店1979年版，第155—156页。

③ 《晨报》，1919年2月20日。

以北京大学学生邓中夏为例，他领导的北京平民教育讲演团在五四以后发生了很大变化。原来讲演团活动的范围仅限于市区，对象是城市贫民、小资产阶级和商人。1920 年 3 月以后，讲演团宣布今后除城市讲演外，还要注重乡村讲演、工场讲演。4 月 3 日至 8 日，北京大学放春假，平民教育讲演团利用这个假期，举行了第一次的“乡村讲演”：第一组以丰台为中心，到丰台、七里庄、大井村；第二组到长辛店和赵辛店；第三组到通州农村。讲演团到村庄后，先放留声机吸引群众，然后讲演。虽然由于农村分散，听众不够广泛，但短短的几天累计仍然有听众900余人。[①] 5 月前后，邓中夏和讲演团的同人经常到长辛店和南口铁路工人中工作。当时工人的生活条件极为艰苦，但讲演团的学生们和工人同吃、同住，在亲密无间的交往中，用真情打动工人们，加强彼此的思想交流。有同学回忆当时的邓中夏：“他是湖南宜章人，口音与长辛店、南口的同志相差很远，然而他却能突破语言上的障碍，与他们谈笑自若。我曾亲眼见他在车辆修理厂活动，与工人同志打成一片，工人同志很主动地接近他，在他和他们之间，殆已结成了深厚的友谊。”[②]

在天津，天津学联创办了 4 所平民夜校、5 所国民半日学校、2 所工人星期日学校，并组织讲演团到天津附近县的农村去讲演。单单是北洋大学就组织了几十个讲演团，张太雷就是当时积极的组织者。张太雷是天津北洋大学法政科的学生，是领导天津五四运动的学生领袖之一。此外，南京、武汉、长沙、济南、芜湖等地，也都有类似的学校。反映了知识分子开始接近工农群众，开始探索与工农群众相结合的正确道路。

到 1920 年 5 月前后，五四运动已经发展到了一个新的阶段，即中国

① 彭明：《五四运动史》（修订版），人民出版社 2019 年版，第 433 页。

② 杨东莼：《关于五四运动和邓中夏同志几点回忆》，《五四运动回忆录》，北京知识产权出版社 2013 年版，第 237 页。

工人阶级和青年知识分子这两股力量相结合的阶段。

5月1日这一天，北京和上海的工人和学生，都举行了声势浩大的纪念“五一”劳动节活动。《新青年》在5月1日出版“劳动节纪念号”，李大钊在此发表了《“五一”运动史》，陈独秀发表了《劳动者底觉悟》《上海厚生纱厂湖南女工问题》。蔡元培为该号题字“劳工神圣”。孙中山题字“天下为公”。别出心裁的是，该号还邀请了13位工人前来题字，反映工人们的心声。此外，该号比平时增加一倍以上篇幅，刊登了多篇知识分子深入天津、唐山、陕西等地工人群众之中进行调研而写成的调查报告。如《唐山劳动状况》一文，就由邓培[1]深入唐山机器制造厂收集素材写成。此外，还有高君宇的《山西劳动状况》、高语罕的《芜湖劳动状况》等，这些调查报告的题材和内容如此真实，非亲力亲为不可写就。

《新青年》第七卷第六号“劳动节纪念号”

除《新青年》外，北京《晨报》，天津《大公报》，上海《民国日报》《时报》《申报》等都报道了各地庆祝情况和发表纪念文章。《觉悟》《星期评论》《新社会》《北京大学周刊》等出版了劳动节纪念专号；上海《新妇女》、苏州《妇女评论》等刊物，也发表了纪念文章和有关工人情况的调查报告。[2]

① 邓培：中国工人运动早期领导者。

② 彭明：《五四运动史》（修订版），人民出版社2019年版，第432页。

“五一”当天，北京大学一部分学生和工友一起，在北大二院讲堂举行了大会，李大钊和学生代表都做了讲话。何孟雄等 8 位学生雇了两辆汽车，在全城散发《五月一日北京劳工宣言》传单。邓中夏等学生，则在当天赶到长辛店等工人聚集的地方进行演讲。

经过这次“五一”劳动节的宣传活动，中国工人阶级的影响和声誉获得极大提高，促进了工人阶级和革命知识分子的结合。当时国内的舆论界盛赞：“五四运动以后，新文化的潮流滚滚而来，‘劳工神圣’的声浪就一天高似一天，到了今年，北京人士虽然感想不尽相同，但几乎没有一个人不晓得有劳动节。单看这一点，中国这一年的进步不能算不快。”①

（四）五四运动的国际影响

共产国际开始关注中国的革命。

五四运动在国际上也产生了极大的反响，它不仅让英、美、法、日等帝国主义看到了中国人民反抗外来侵略的决心和力量，也让新生的俄国苏维埃政权以及共产国际看到了东方中国的希望。列宁和共产国际的领导人密切关注中国革命的发展态势，他们期待中国大众了解、同情布尔什维克主义，达到扩大社会主义势力范围，对抗世界帝国主义的目的。

根据近年来不断解密的各国档案材料，最早在 1918 年 2 月，苏俄就曾向中国派出密使，其中有一个叫波波夫的上校军官，在上海从事翻译工作并曾与孙中山接触。接着又派来布尔什维克成员布尔特曼，与李大钊、邓中夏等人联系。有了他们的秘访基础，五四运动以后，俄共中央和共产国际正式、公开派遣了第一位俄国使者，他就是大家熟知的维经斯基，他直接帮助中国的早期共产主义者建立共产党。

1920 年 4 月，维经斯基一行到达北京。就在北大红楼的图书馆，

---

① 《劳动节的北京》,《民国日报》1920 年 5 月 1 日。

李大钊为远道而来的维经斯基举行了一个隆重而朴素的欢迎会。在以后的那段时间里，维经斯基成了这里的常客，他和李大钊的多次会谈，根据后来的情况推测，内容涉及建党问题。

鉴于北京的政治氛围，李大钊建议并介绍维经斯基到上海会见陈独秀。

三、中共一大的召开

（一）“南陈北李，相约建党”的佳话

从6月9日开始，陈独秀就与李大钊等人研究五四运动的发展前景。虽然罢免了卖国贼，但北洋政府依然对他们礼遇有加。曹汝霖一家被安置在北海团城居住，章宗祥则安置在北海静心斋，段祺瑞、徐世昌亲自上门看望，慰勉有嘉。[①] 此外，皖系军阀依然在北京耀武扬威，那些步军统领、警察总监依然欺压百姓、打击学生。可见，一场声势浩大的群众运动仅仅只有这么一个结局是不够的，对改变中国社会益处了了。因此，学生的导师、中国思想界的先驱们，亲自动手，希冀对北洋政府做进一步的“根本之改造”。于是，陈独秀和李大钊等人起草了一份《北京市民宣言》，宣言中说：

中国民族乃酷爱和平之民族。今虽备受内外不可忍受之压迫，仍本斯旨，对于政府提出最后最低之要求如左：一，对日外交，不抛弃山东省经济上之权利，并取消民国四年七年两次密约。二，免徐树铮、曹汝霖、陆宗舆、章宗祥、段芝贵、王怀庆六人官职，并驱逐出京。三，取消步军统领及警备司令两机关。四，北京保安队改由市民组织。五，市民须有绝对集会、言论自由权。我市民仍希望和平方法达此目的。倘政府不顾和平，

① 《曹汝霖一生之回忆》，中国百科全书出版社2009年版，第155页。

不完全听从市民之希望，我等学生商人劳工军人等，惟有直接行动，以图根本之改造。特此宣告，敬求内外士女谅解斯旨。[①]

11日傍晚7点，陈独秀约上高一涵、王星拱、程演生和邓初四人，一起去香厂散发传单。当年这里开办了一家城南游艺园，因此到晚上，更是熙熙攘攘，热闹非凡。陈独秀登上四楼的露天阳台，迅速往下撒大把传单，但很快被附近的警察发现并逮捕，送到了警察厅。

作为北大教师，又是发起新文化运动的旗手，陈独秀之名如雷贯耳，如此声名在外的文化人士被捕，自然会掀起一场轩然大波。消息传开后立刻引起了巨大的社会轰动，一时间舆论鼎沸，新闻媒体纷纷报道，一致谴责反动当局的倒行逆施，要求释放陈独秀出狱。

慑于巨大的舆论压力，北洋政府终究不敢冒天下之大不韪。9月16日，被拘留关押了98天的陈独秀终于在安徽同乡作保下，由京师警察厅释放。这一天，北京城几乎万人空巷，迎接陈独秀出狱，北京大学和进步团体还举行了各种各样的欢迎庆祝活动。北京、上海的各报刊纷纷报道此事，一时间，陈独秀成为英雄人物，妇孺皆知，家喻户晓。

但是，北洋政府并不善罢甘休，出狱后的陈独秀活动依然受限，没能得到完全自由，被要求在没有当局允许的情况下，“不得擅自离京”。但是，自由的思想是禁不住的。

1920年2月，因散发传单被捕而后保释的陈独秀，违反北洋政府“不得擅自离京”的规定出京讲学，面临再次入狱的危险。为了躲避军阀政府的迫害，陈独秀不得不从北京秘密迁移至上海。根据高一涵的回忆，陈独秀先藏匿在王星拱家中，然后由李大钊亲自护送出京。他们俩乔装打

---

① 北京市档案馆编:《五四运动档案史料选编》(下)，新华出版社2019年版，第697页。

扮成商人模样，取道天津去上海。在这几天旅行中，两人商定由陈独秀在上海开展活动成立共产党早期组织，李大钊同时在北京采取相应行动，以便形成一个南北遥相呼应的局面。这就是相传已久的“南陈北李，相约建党”的一段佳话。这也是五四运动结出的最大硕果。

（二）各地共产党早期组织的成立

1920 年 8 月，在维经斯基的帮助下，由陈独秀主持，上海的共产党早期组织在法租界老渔阳里 2 号《新青年》编辑部正式成立，当时取名为“中国共产党”。这是中国的第一个共产党组织，陈独秀为书记，成员有俞秀松、李汉俊、陈公培、陈望道、杨明斋、施存统、李达、邵力子等。1921 年的一份重要档案文献记载：“中国的共产党组织是从去年年中成立的。起初，在上海该组织一共只有五个人。领导人是享有威望的《新青年》的主编陈同志。这个组织逐渐扩大活动范围，现在已有六个小组，有五十三个成员。”①

上海的共产党早期组织一经成立，就通过写信联系、派人指导或具体组织等方式，积极推动各地共产党早期组织的建立，实际上起着中国共产党发动组的作用。

在北京的李大钊与陈独秀在这段时间里一直保持密切联系，同步行动。1920 年 5 月，在陈独秀为纪念国际劳动节为工人阶级鼓与呼的同时，李大钊在北京遥相呼应。10 月，李大钊、张申府、张国焘在北京大学图书馆李大钊的办公室正式成立了北京的共产党早期组织，取名为“共产党小组”。11 月底，北京共产党小组举行会议，正式决定将北京共产党组织命名为“中国共产党北京支部”。会议推选李大钊为书记，张国焘负责组织，罗章龙负责宣传。到 1921 年 7 月，又发展了宋介、李梅羹、张太雷、

① 《共产主义小组》（上册），《中国共产党第一次代表大会》，中共党史资料出版社 1987 年版，第 52 页。

1920年10月，北京共产党早期组织在北京大学图书馆李大钊办公室正式成立，取名“共产党小组”，李大钊为小组负责人。图为北京大学图书馆李大钊办公室

陈为人、吴汝明等进步师生入党。

武汉的共产党早期组织，是在上海共产党早期组织直接指导下成立的。1920年夏，李汉俊写信给董必武等商谈武汉建党，后又专程来武汉磋商建党大业。与此同时，陈独秀的留日同学刘伯垂途经上海回武汉，陈独秀与之约谈，交给他一份手抄的中国共产党党纲，派他回武汉与其他共产主义者共同组织共产党武汉支部。1920年秋，由刘伯垂召集，在蛇山南麓武昌抚院街董必武寓所内召开了共产党武汉支部成立大会。

毛泽东在五四时期曾两次来到北京。他在回忆自己的这段思想转变时说：“我第二次到北京期间，读了许多关于俄国情况的书。我热心地搜寻那时候能找到的为数不多的用中文写的共产主义的书籍。……我一旦接受了马克思主义是对历史的正确解释以后，我对马克思主义的信仰就没有动摇过。……到了一九二〇年夏天，在理论上，而且在某种程度的行动上，我已成为一个马克思主义者了，而且从此我也认为自己是一个马克思主义者了。”①1920年五六月间，毛泽东为开展“驱张”宣传，还在上海居住过

① 埃德加·斯诺：《西行漫记》，解放军文艺出版社2002年版，第131页。

两个月，在此期间多次去霞飞路老渔阳里2号拜访当时正在与共产国际代表酝酿建党的陈独秀，商讨组织“改造湖南联盟”计划。两人真诚相见，无话不说。陈独秀谈了自己的建党计划，毛泽东谈了自己对读过的马克思主义书籍的想法。在“北大”受李大钊演讲和文章的影响，毛泽东逐步接受马克思主义理论；在上海与陈独秀的多次谈话对于毛泽东坚定马克思主义信仰起了重要推动作用。正如毛泽东与斯诺谈话中讲的：“我第二次（应是第三次）到上海的时候，曾经和陈独秀讨论我读过的马克思主义书籍，陈独秀谈他自己的信仰的那些话，在我一生中可能是关键性的这个时期，对我产生了深刻的印象。”7月回到长沙后，毛泽东从传播马克思主义和寻找志同道合的“真同志”入手，先后成立文化书社、俄罗斯研究会等团体，并与新民学会的中坚蔡和森等讨论建党问题。蔡和森当时正在法国勤工俭学，他写信给毛泽东提出必须建立中国共产党，“因为他是革命运动的发动者、宣传者、先锋队、作战部。以中国现在的情形看来，须先组织他，然后工团、合作社，才能发生有力的组织。革命运动、劳动运动，才有神经中枢”。毛泽东“表示深切的赞同”[①]。1920年秋，新民学会已有100多名会员，在毛泽东、何叔衡等人的积极活动下，长沙共产党早期组织于1920年底在新民学会的先进分子中秘密诞生。因湖南反动军阀的残暴统治，长沙党组织的建立和活动都十分隐蔽。

毛泽东汇编的《文化书社社务报告（第二期）》

① 《新民学会资料》，人民出版社1980年版，第105页。

五四运动期间，杨匏安等人在广东积极宣传马克思主义，使远在中国最南端的广州，很早就接纳了马克思主义，并拥有一支力量强大的马克思主义宣传队伍，谭平山、阮啸仙、彭湃、刘尔崧、周其鉴、林修梅（林伯渠的堂兄）等都位列其中。在马克思主义的影响下，这些具有共产主义思想的革命者通过举办平民夜校、职工学校，出版刊物，组织团体等方式，自觉地向工人群众灌输马克思主义理论。1920 年 5 月初，广州工人和学生数万人参加“五一”纪念大会，共同举行“五四”救国一周年大会，以及数千人参加 5 月 7 日“国耻纪念日大会”等等，展现了马克思主义与工人运动的紧密结合。1920 年 12 月，陈独秀带着党纲亲自来到广州，最终于 1921 年春“开始成立真正的共产党”，当时取名为“广州共产党”。[①]

在 1919 年的五四运动中，山东济南的原同盟会成员王乐平与陈独秀相识，两人书信往来密切。此外，王乐平与北京的先进知识分子也建立了密切的联系。在王乐平的齐鲁通讯社成员里，就有山东省立第一师范学校学生王尽美和省立第一中学学生邓恩铭。1920 年秋，他俩在济南成立马克思学说研究会，研究和传播马克思主义。在上海、北京党组织成员的影响和帮助下，1921 年春成立了济南共产党早期组织，齐鲁书社为其活动场所。

在国内多地筹组共产党早期组织的同时，旅日、旅法的青年学生中，也成立了共产党早期组织。五四运动之后，中国青年学生中掀起了赴法国勤工俭学热潮，人数达 1600 左右，以湖南、四川两省为最多。“因为法国是欧洲文明中心世界，学术发明，多由法国……俄国革命进步最快，是因为俄国有新党主政，俄国党人，无不曾历法国。吾人欲察其发动之源，亦不可不一往考查。”[②] 巴黎和会期间，在法留学生是阻止北洋政

① 《广州共产党的报告》,《中共中央文件选集》第一册，中共中央党校出版社 1989 年版，第 20—25 页。
② 《送留法勤工俭学学生之演说》,《晨报》1919 年 4 月。

府代表在和约上签字的一支重要力量。旅法华人中的共产党早期组织于1921年成立，成员有张申府、刘清扬、周恩来等。他们利用欧洲方便条件大量收集和阅读马克思主义著作，多方面了解国际工人运动的状况和经验，并在旅法的学生和劳工中开展革命宣传。日本是辛亥革命以来青年学生的传统留学集聚地，最初由上海的共产党早期组织成员施存统和周佛海发起成立旅日学生中的共产党早期组织，并很快发展到10多人。

中国共产党早期组织在全国范围内有组织、有计划地宣传马克思主义，批判各种反马克思主义思潮，轰轰烈烈开展工人运动，努力促进了马克思主义同中国工人运动的结合。“星星之火，可以燎原”，中国共产党早期组织犹如点点星火，洒落在经过五四运动风暴洗礼之后的中国大地上，一场新革命的熊熊烈火即将燃起。

就这样，成立全国统一的组织——中国共产党，已经水到渠成。

（三）一大的召开

中国共产党的建立，有两个远道而来的客人是应当记住的。他俩不仅是这一场惊天伟业的历史见证者，而且是直接的推动者和指导者。这两个人，一个叫马林；另一个叫尼科尔斯基。马林在上海进行活动的公开身份是一家英国杂志《东方经济学家》的记者。尼科尔斯基当年来华同时肩负着两项使命：一是代表共产国际远东书记处参加中共的成立大会；二是作为赤色职工国际的代表，指导中国的工人运动。

在1921年的初夏，马林和尼科尔斯基几乎同时到达上海，他们共同工作到这一年的12月，这期间，他们两人几乎天天在一起。据中共一大参与者回忆，都认为尼科尔斯基是马林的助手，因为参加中共一大时，尼科尔斯基才23岁，马林已经38岁了，年龄较尼科尔斯基大得多。而且，马林精通英语，在中共一大代表中，李达和李汉俊都操一口流利的英语，与马林可以自由交流。相反，尼科尔斯基只会俄语，仅懂一点英语，与中国代表交流困难。由于语言障碍，他在会上很少发言。但实际情况却大大出乎人们的意料，马林才是尼科尔斯基的助手。在荷兰发现的“斯内夫利特档案”中记载：“……和尼科尔斯基同在上海期间，我只局限于帮助他执行共产国际远东书记处交给他的任务，我从来不独立工作，以避免发生组织上的混乱。”马林颇受列宁器重，是列宁亲自推荐来华的，身份是共产国际执委，但为什么却成为只有23岁的尼科尔斯基的助手？尼科尔斯基在当时当地有何来头？其中原因至今不得而知。作为中共一大这样重大历史事件的参与者，中国学者始终对尼科尔斯基怀着强烈的好奇。因此，为了认识尼科尔斯基的“庐山真面目”，史学家们一定会有进一步的考证。

马林、尼科尔斯基到达上海后，很快与李达、李汉俊取得了联系。根据和他俩约谈所掌握的情况，认为在中国成立全国统一的共产党组织的条件已经成熟，建议及早召开党的全国代表大会来促成这个伟大的事业。李达在他的《中国共产党的发起和第一次、第二次代表大会经过的回忆》中回忆这段经历，他写道：“六月初旬，马林（荷兰人）和尼可洛夫（俄人）由第三国际派到上海来，和我们接谈了以后，他们建议我们应当及早召开全国代表大会，宣告党的成立。于是由我发信给各地党小组，各派代表二人到上海开会，大会决定于七月一日开幕。”①

根据商议结果，决定邀请上海、北京、长沙、武汉、济南、广州以及日本共7个共产主义小组各派两名代表出席党的全国代表大会，不考虑每个地区党员人数的多寡。因为法国路途遥远，信件往返及代表赶来已经来不及了，所以就没有给法国共产主义小组寄发邀请信。据说，当时考虑到各地代表来上海路途遥远，经费困难，就从马林带来的活动经费中，给每一位参会代表寄发路费100元，会议结束回去时再每人发给50元。邀请

① 李达：《中国共产党的发起和第一次、第二次代表大会经过的回忆》（1958年8月2日），《“一大”前后》（二），人民出版社1985年版，第10页。

信及汇款均由“二李”（李达、李汉俊）分别寄出。

就在各地党组织纷纷响应上海的召唤，推选代表、准备启程、赶赴上海之际，上海党组织的主要成员李达和李汉俊作为发起者和东道主也在为会议的联络、筹备和会务工作忙得不可开交。所幸的是，李达有一位贤内助叫王会悟，她是一位相当能干的新女性，自告奋勇地承担了会址的选定和外地代表的食宿等具体事务。

王会悟，1898 年出生于浙江乌镇的一户书香门第，按辈分，她是沈雁冰（茅盾）的表姑。筹备中共一大时，王会悟已经是上海女界联谊会理事、社会主义青年团团员和《妇女声》杂志社编辑，广泛的社会工作使她在上海结交了不少人。李达将安排到会代表的住宿、会场选址以及安全防范等问题，都和妻子王会悟商议解决。关于住宿，王会悟立即想到了博文女校。接下来是选择开会的地址。这次，王会悟把目光落到了距博文女校不远的李公馆。李公馆位于法租界贝勒路树德里 3 号（解放前曾改为望志路 106 号，现为兴业路 76 号），它的主人就是李汉俊的哥哥李书城。李书城是同盟会元老，早年追随孙中山参加辛亥革命，曾任北洋政府陆军总长，如今刚买下这幢老式石库门房，砖木结构的两层楼房。当时，李书城正与夫人外出旅游，他们的家正好用来开会。

就这样，到 7 月 23 日，包括上海的李达、李汉俊在内，来自五湖四海的 13 位中共一大代表已全部会集到上海。

会议原定由党的主要创始人和领袖陈独秀主持，但陈此刻却远在广州。因此，来自北京的李大钊的学生张国焘，也是这次大会筹备者之一，就被临时推荐为会议的主持者。担任会议记录的是毛泽东和周佛海两人，这是原先就已经确定的。年轻的刘仁静坐在马林旁边，这位北大英语系高才生的任务是充当翻译。

马林首先指出，中国共产党的成立具有重大的世界意义，共产国际增添了一个东方支部，苏俄布尔什维克又多了一个亲密战友。他希望中国同志努力工作，接受共产国际的指导，为了全世界无产者联合起来做出自己的贡献。接着，马林分析了国际形势，介绍了共产国际当前的工作状况，以及他个人在爪哇建党活动的情况和经验。

7月24日举行了第二次会议，各地代表报告本地区党团组织的状况和工作进程，并交流了经验体会。此外，这一次会议的另一项重要工作是根据马林的建议，选出一个起草纲领和工作计划的委员会，并要求给这个委员会两天时间来完成这些工作，其他成员则休会休息。于是，这个夜晚，大家又立马进行人员推选。张国焘是会议主席，自然是这个委员会的当然人选。李汉俊作为这次会议的发起人和东道主，又有通晓四国语言的“资本”，被大家推选为委员会成员。刘仁静虽然年纪最小，但他却是老资格的马克思理论家，拥有“小马克思”的雅号，他也就当仁不让地进入了这个委员会。后来据董必武自己的回忆，他和李达也是起草者。

就这样，根据会议的安排，7月25日、26日两天没有举行会议，而是用于起草党的纲领和今后工作计划等文件。7月27日、28日和29日三天，代表们又全部回到了会场，大会连续举行了三次会议，集中议论此前起草的纲领和决议。

就在7月29日这个晚上，马林提议接下去的会议应该更换地点。他认为在李公馆已经颇有时日，这么多人晚上进出一个地方，容易引起旁人尤其是无孔不入的巡捕的警觉。周佛海后来在1942年出版的回忆录《往矣集》中提到:“会议开到第五晚时，究竟是马林有经验，他说:‘明晚一定要换个地方，我们在此一连开了几晚会，一定使巡捕注意。’我们说反正明天只有一晚，一时又不易找地方，大概不要紧。于是决定仍然在原地。”

由于一连几天，李公馆内外平安无事，全无一点非常迹象，会议代表们都逐渐失去了原先的警惕。7月30日晚8点，会议又如常开始，但仅仅过了几分钟，一个穿灰色长衫的中年男子突然从虚掩的后门闯入室内，当全神贯注的会议代表们抬头发现，此人已经窜到了客厅。大家赶紧质问其寻找何人，只见这个不速之客滴溜溜转着眼睛朝屋里环视了一周之后，含含糊糊地回答说找社联的王主席，话刚出口，又赶紧说自己找错了地方，慌慌张张地，一边退出客厅，一边道歉。李汉俊知道公馆附近确有一个“社联”，但并没有设“主席”一说，觉得此事蹊跷。正在发言的共产国际代表马林有着丰富的地下工作经验，他一看境况，马上预感到事态不妙，建议赶快中断会议，分头撤离！

然而，会议还没有结束，各项预定的议程没有完成，会场已经暴露了。下一步怎么办呢？在李公馆继续召开会议肯定是不行了，必须马上找到一个安全的新会址。到哪里能找到一个合适的地方呢？代表们为了这个问题，真是绞尽脑汁。王会悟想出了一个好主意。她建议代表们上她家乡嘉兴的南湖去开会。南湖位于嘉兴城南，湖面不小，但游人不多，距沪杭铁路嘉兴站不远，湖上游船可以包租，随意游泊。

到这个时候，参加会议的代表只剩下10人。共产国际代表马林和尼科尔斯基因为是外国人，已受到法国巡捕的注意，为安全起见，不便到嘉兴参加会议。李汉俊是一大上海会址的房主，因担心已受监视，不宜离开。何叔衡因事几日前就回了长沙。莫名其妙不肯前往的是陈公博。

在南湖上举行的这一天会议，主要是继续上海7月30日未能进行的议题。会议先是讨论并通过《中国共产党的第一个纲领》，这份15条约700字的简短纲领，确定了党的名称、政治主张、奋斗目标、基本政策、组织原则，以及共产党与其他政党的关系，兼有党纲和党章的内容，是党的第一个正式文献。在这个纲领中，确定党的名称为中国共产党，第二条规定党的纲领是：（1）以无产阶级革命军队推翻资产阶级，由劳动

上海中共一大会址

阶级重建国家，直至消灭阶级差别；（2）采用无产阶级专政，以达到阶级斗争的目的——消灭阶级；（3）废除资本私有制，没收一切生产资料，如机器、土地、厂房、半成品等，归社会所有；（4）联合第三国际。党纲中还包含一些属于党章性质的条文，如关于党员条件，党纲第四条规定，“凡接受我党的纲领和政策，愿意忠于党，不分性别、国籍，经过一名党员介绍，均可成为我们的同志；但在加入我党之前，必须断绝同反对我党党纲之任何党派的关系”。党纲第五条规定“介绍党员的手续如下：被介绍人应当由当地委员会审查；审查期限至多两个月。审查后经过半数以上党员同意，申请人即可取得党员资格。如该地区已成立执行委员会，应由该委员会批准”。党纲还规定了除为现行法律所迫或征得党的同意外，不得担任政府官员或国会议员，但士兵、警察、文职雇员不受此限。这一条可以说是对第三、四、五次会议上争执不下的难题的决断。

南湖会议通过的党纲，确定党采取苏维埃的形式，把工农劳动者和士兵组织起来，宣传共产主义，承认社会革命为党的首要政策。这表明中国共产党同一切资产阶级政党及其他非无产阶级政党有着根本的区别。这个党纲，还说明党从一开始建立，就是以马克思列宁主义作为自己的指导思想和行动指南，它完全是按照列宁主义的建党思想建立的布尔什维克式的党。

在今天看来并不十分成熟的一大纲领，在当年却是多人参与、四次修改的结果，十分不易。早在上海共产党早期组织创建时，就酝酿了第一个党纲草案；北京党组织拟定的临时纲领，是第二个党纲草案；以后，陈独秀又在广州起草了第三个草案，强调实行党的集权制；最后，李汉俊又在上海起草了一个党纲草案，因坚持实行地方分权，与陈独秀意见相左。两人各执己见，最后竟至不欢而散。一大党纲吸取以前四个党纲草案之长，终于获得全体代表的同意。

通过党纲后，接着讨论并通过《中国共产党的第一个决议》，对今后党的工作做出安排部署。鉴于党的力量还弱小，决定以主要精力建立工会组织。即“我党主要的目的，在组织各种产业工会”，同时指出，“以阶级斗争的精神灌输予各工会”。在如何对待现有其他党派的态度问题上，讨论中出现了短时间的争论。最后接受了原草案的观点，即“在政治斗争中，在反对军阀主义及官僚主义中，在要求言论、出版及集会的自由中，当必须表明我们的态度时，我党应坚守无产阶级的立场，并不准与其他党派建立任何关系”。

在讨论决议中，分歧最大的是党的对外关系原则，尤其是怎样认识和对待南方的广州政府和孙中山的国民党。包惠僧认为国民党是一个腐化堕落的集团，广州到处有赌场、妓院、烟馆，没有一点革命的味道。南方政府代表资产阶级利益，搞军事独裁，和北方政府是一丘之貉。孙中山举着革命的旗帜迷惑百姓，比北洋军阀更可怕、更危险。我们党不能和南方政府发生关系，更不能与国民党妥协共事。董必武等代表不同意包惠僧的观点。他们认为孙中山的革命性是值得肯定的，孙文学说有其进步意义。南方政府并非一无是处，党的领袖陈独秀还在南方供职，可见，不能把南方政府彻底否定。总之，对南方政府与国民党的看法无法在会上取得统一意见，最后，这个问题只能搁置不提，只笼统规定对其他政党采取排斥的不合作的态度。①

岁月沧桑，环境险恶，南湖会议讨论通过的党纲和决议这两个文件的中文原件已不知遗落在何方。现存的只有俄译本和英译本。俄译本原存共产国际，20 世纪 50 年代由苏共中央把这些档案资料移交给中共中央的共产国际中共代表团；而英译本却是一大逃兵陈公博 1924 年在美国哥伦比亚大学撰写的硕士论文——《中国的共产主义运动》的两则附录。陈公博也许做梦也不会想到自己批判中国共产党的论文，居然为中国共产党保存了一份珍贵的史料。这两个译本因经过不同人、不同语种的翻译，在文字的表述上不可能完全保持原来的面貌，但具体的条文以及内容是基本一致的。

南湖会议的最后一项议程，是选举了党的中央领导机构。代表们认为目前党员人数少、地方组织尚不健全，暂不成立中央委员会，先建立三人组成的中央局。这样，经过与会代表的无记名投票，陈独秀、张国焘、李达当选为中央局成员。陈独秀虽然没有出席这次会议，但鉴于他在新文化运动时期的巨大影响与声望，以及在建党活动中的特殊作用，大会选举他担任中央局书记，张国焘为组织主任，李达为宣传主任。党的第一个中央机关由此产生。

党的纲领和中央领导机构的产生，标志着中国共产党在嘉兴正式诞生，这是开天辟地的大事，具有划时代的伟大意义。中国的历史从此将开始书写崭新的篇章。

---

① 转引自李新、陈铁健:《伟大的开端》，上海人民出版社 1991 年版，第 449 页。

现在我们知道中共一大是在1921年7月23日召开的，但为什么却把7月1日作为建党日？

把中共的诞辰纪念日定在7月1日，是毛泽东首先提出来的。1938年5月，毛泽东在延安抗日战争研究会上发表著名的《论持久战》的演讲时说：“今年七月一日，是中国共产党建立的十七周年纪念日。”毛泽东说7月1日是诞辰纪念日，并没有说该日是一大的开幕时间。当时，在延安的中共一大参加者只有毛泽东和董必武两人。他们只是隐隐约约地记得一大在7月召开，具体是哪一天不甚明了。由于会议是在秘密状态下进行的，无档案资料可供查阅和考证，因此，就暂且把7月的第一天作为象征性的党的生日。

毛泽东提出把7月1日作为中共诞辰纪念日，当时并没有马上被人们普遍接受。同年6月，陕甘宁边区党委在发出的《抗战周年及中共十七周年纪念宣传大纲》中提出：“七月七日是我们抗战周年纪念，同时这一个月又是中共成立十七周年纪念。……我们决定在今年7月1日到7日为‘抗战周年纪念与中共十七周年纪念宣传周’。”另外，《新华日报》在8月1日发表的张闻天《中国共产党十七周年纪念》中说：“中国共产党从它产生之日到今天已经十七周年了。”很明显，张闻天认为党的诞辰纪念日应该在8月1日。到1940年7月1日，《新华日报》又发表题为《中共成立十九周年纪念》的社论，文中只含糊地说：“民国十年（1921年）七月初，中国和海外各地的中国共产主义者联合起来召开了第一次全国代表大会。中国共产党从此就正式向中国工人阶级和全体人民以及世界人士宣布成立了。”从这些文章中可以看出，当时在中共的报纸和杂志所发表的文章中，对中共的诞辰纪念日仍然没有一个统一的说法。

1941年6月30日，中共中央正式发出《关于中国共产党诞生二十周年、抗战四周年纪念指示》。其中明确表示：“今年‘七一’是中共产生的二十周年，……”这一指示的发出，仿佛一锤定音，把7月1日正式确定为党的生日。同年7月1日，延安的《解放日报》、重庆的《新华日报》也纷纷发表关于纪念中国共产党诞生20周年的社论以及纪念文章。从这以后，党刊每年都有纪念“七一”的活动和报道，“七一”成为中国共产党和中国人民的例行纪念日。在20世纪70年代末，当史学界最终考证清楚中共一大是1921年7月23日开幕时，党中央仍按照惯例，把7月1日作为中共的诞辰纪念日。[①]

① 参见刘宋斌、姚金果:《中国共产党创建史》，福建人民出版社2002年版，第488页；罗平汉《党史细节》，人民出版社2011年版，第27页。

近代中华民族的遭遇与共同抗争

主 讲 人：王学斌[1]
主讲时间：2022 年 2 月 14 日

习近平总书记在 2019 年 9 月 27 日召开的全国民族团结进步表彰大会上指出："近代以后，面对亡国灭种的空前危机，各族人民共御外侮、同赴国难，抛头颅、洒热血，共同书写了中华民族艰苦卓绝、气壮山河的伟大史诗。其中涌现出一大批少数民族的卫国英烈、建党先驱、工农运动领袖、抗日英雄、开国将领，为民族独立和人民解放作出了不可磨灭的历史贡献。'人心所归，惟道与义。'在百年抗争中，各族人民血流到了一起、心聚在了一起，共同体意识空前增强，中华民族实现了从自在到自觉的伟大转变。"毫无疑问，面对近代"数千年未有之大变局"，中华民族各族同胞同仇敌忾，携手共同抗争，最终战胜了这场不公正的遭遇。以史为鉴，可知政治因革兴替，重温往昔，更觉和平来之不易，因此，在了解这一段抗争历史过程的基础之上，反思前人政治实践中的

① 中共中央党校（国家行政学院）文史部教授。

教训，总结改革与革命、思想启蒙与道路选择等问题的经验，则显得尤为必要。

一、“大历史观”视野下的近代遭遇

在 2021 年 2 月 20 日的党史学习教育动员大会上，习近平总书记指出：“要教育引导全党胸怀中华民族伟大复兴战略全局和世界百年未有之大变局，树立大历史观，从历史长河、时代大潮、全球风云中分析演变机理、探究历史规律，提出因应的战略策略，增强工作的系统性、预见性、创造性。”这就为全党开展党史学习教育定下了主基调，提出了高质量的新要求：要用大历史观来系统学习百年大党的奋斗历程、深入把握党一步步创造辉煌的规律所在。毫无疑问，我们站在新的历史方位上回望近代中华民族的遭遇与共同抗争的艰辛历程，同样也应当采用大历史观对该进程加以考察。

所谓“大历史观”，简言之，意味着我们要秉持一种整体化的文明思维与历史意识，在回顾往昔、直面现在、开创未来的维度上，在立足中国、环顾世界、纵贯古今的视野中，考察关乎我国发展进程的重大事件。具体到这段近代历程，我们必须将其置于悠长深厚的文明演进与历史变迁的脉络中，由文明转型、道路选择、思潮交融与精神传承四个维度去追根溯源、多方比较，才有可能从这一幅雄壮斑斓的百年画卷中提炼出历久弥新、值得资鉴的历史意义和时代价值。

历经 5000 多年的孕育、生长、碰撞与融汇，我国形成了独具一格的中华文明。我们的文明可谓悠久，虽然屡经内在嬗变、外来冲击，俱能凤凰涅槃、再造重生，终成为人类历史上硕果仅存的一种原生性文明；我们的文明可谓深厚，在先秦百家争鸣、两汉经学兴盛、魏晋南北朝玄学流行、隋唐儒释道并立、宋明理学发展等不同历史阶段的重重积淀与塑造下，传统文化渊源有自、丰富多元；我们的文明可谓开放，文明因交流而多彩，文明因互鉴而丰富，丝绸之路的开辟，遣隋遣唐使大批赴华，法显、玄奘西行取经，郑和七下远洋，明清之际利玛窦、南怀仁东来，在平等交往中，中华文明走向了世界，成为人类文明的一部分。也正是在数千载岁月无声的潜移默化下，中华文明既坚守本根又与时俱进，使中华民族保持了民族自信和强大的修复能力，培育了共同的情感和价值、理想和精神。

然而，任何文明有其优长，定亦有其不足，中华文明概莫能外。降至清代，随着统治者政治上奉行专制高压，文化上大兴文字狱，对外关系上采取闭关锁国，中华文明逐渐失去了往日活力。与此同时，欧洲英法诸国通过第一次工业革命，实力与日俱增，开始不断对外扩张。终于在1840年，西方与中国再度相遇，此次的剧情不再是温情脉脉，而是剑拔弩张。之后不仅是西力东侵、资本东移，西学也伴随坚船利炮如潮水般涌入华夏大地。作为亲历者，民国教育家蒋梦麟曾如此形容西潮拍岸的景象："西方文化在法国革命和工业革命之后正是盛极一时，要想吸收这种文化，真像一顿饭要吃下好几天的食物。如果说中国还不至于胀得胃痛难熬，至少已有点感觉不舒服。因此中国一度非常讨厌西方文化，她惧怕它，诅咒它，甚至踢翻饭桌，懊丧万分地离席而去，结果发现饭菜仍从四面八方向她塞过来。"

毫无疑问，彼时中国深陷于晚清官员李鸿章口中所形容的"数千年未有之变局"里，换言之，中国已处在文明转型的"历史三峡"之中。盲目拒斥西方并不是正确之道，到头来只会被列强踢出局。危难当前，破局之道，只有励精图治，实现向民族国家迈进的现代转型。

于是，一代代国人蒿目时艰，不由得发出慨叹：未来中国究竟往何处去？路在何方？

二、上下求索：近代中华民族的不懈抗争

走向复兴的道路从来都不平坦。

毛泽东同志在《中国革命和中国共产党》一文中明确指出，“帝国主义和中华民族的矛盾，封建主义和人民大众的矛盾，这些就是近代中国社会的主要的矛盾。当然还有别的矛盾，例如资产阶级和无产阶级的矛盾，反动统治阶级内部的矛盾。而帝国主义和中华民族的矛盾，乃是各种矛盾中的最主要的矛盾。这些矛盾的斗争及其尖锐化，就不能不造成日益发展的革命运动。伟大的近代和现代的中国革命，是在这些基本矛盾的基础之上发生和发展起来的。”一部近代抗争史，在某种意义上讲，就是数代中华儿女们力图解决帝国主义与中华民族这对主要矛盾的历史。

第一次鸦片战争后，林则徐、魏源等先觉者首倡“师夷长技以制夷”的主张，积极学习西方。可惜国人尚沉睡于“天朝上国”之梦境里，魏源耗时 10 余年所撰写的近百万言巨著《海国图志》居然未引起同胞重视。反倒邻邦日本将该书视作珍宝，日本思想家吉田松阴拜读后感叹“万国环绕，其势如此，若我茫然拱手立于其中，不能察之，实在危险得很”。此书实为日后明治维新提供了最初的思想资源。

历史学家蒋廷黻认为自 1840 年始，清政府在“战后与战前完全一样，麻木不仁，妄自尊大……中华民族丧失了二十年的宝贵光阴”。直至第二次鸦片战争爆发，英法联军攻陷北京，“堂堂天朝，竟任夷队纵横，为之大哭”，士大夫们纷纷惊愕失措。痛定思痛，唯有改弦易辙，选择改革，洋务运动由之开始。这场以自强求富为目标的运动历时 35 年，时间不可谓不长；从中央到地方自上而下推动，力度不可谓不大；由军工制造延及民营企业，规模不可谓不广；改革的最初目标便是抵御外侮，自强求富，期待不可谓不高。奈何 1894 年中日甲午战争，清军一败涂地，徒带来“海内痛恨倭人，忧危朝事，众情愤懑之声状”而已。为何追摹洋务也改

变不了任人欺凌的现状？作为当时新政实操者的李鸿章道出了实情：“我办了一辈子的事，练兵也，海军也，都是纸糊的老虎，何尝能实在放手办理？不过勉强涂饰，虚有其表，不揭破犹可敷衍一时。”单靠引进军事科技，发展工商业，并不是治本之计。

此路不通，则再觅新径。1898 年 6 月 11 日，旨在学习西方君主立宪制的戊戌变法正式启动。这场涉及政治、经济、文化、教育等诸多领域的资产阶级改良运动，却因保守势力的阻挠、实施者能力不济和变法措施过于激进等因素，仅持续了 103 天即宣告失败。可见，资产阶级改革道路，也绝非救国良策。

之后，清政府于 1901 年又启动了历时 10 年的最后一次改革尝试——清末新政。1901 年 1 月 29 日，慈禧太后发布了变法谕旨，宣布清政府正式推行政治改革。清政府在这篇谕旨中，指出不仅要学习“西艺之皮毛”，还要学习“西政之本原”。这反映出，20 世纪初的改革将打破中西学之间的隔阂，进行文化教育、经济和政治的全面变革。新政启动阶段，清政府的政治改革主要侧重行政机构调整方面。几年酝酿后，在上下内外各种策动、要求、呼应与逼迫下，1905 年末，清末的政治改革开始进入深水区。

1906 年 9 月 1 日，清政府终于颁布了中国历史上第一道政治改革上谕。清政府宣布立宪，承认传统政治体制的不合时宜，这在中国历史上固然具有革命性的意义，但这只是问题的开始，而不是问题的终结。实际上政治改革由于涉及权力再分配这一最根本的问题，它已触及政治体制最敏感的神经部位，清政府是否能够适时调整自己的思路和策略，将改革更加向前推进一步，即进行实质性的改革，将对政治改革的成败产生决定性的影响。

然而伴随着 1908 年底光绪皇帝与慈禧太后相继去世，清政府进入了后权威时代。以载沣为首的皇族当政，他们继续强化中央集权，特别是维护少数统治者的既得利益。皇族内阁的出台和铁路干线国有政策的实施，成为压死骆驼的最后一根稻草。

改革不行，便只有革命。从 1894 年兴中会成立，到 1911 年辛亥革命爆发，民主革命伟大先行者孙中山先生筚路蓝缕，百折不挠，用了 17 年的时间带领无数革命志士推翻了在中国延续长达 2000 多年的封建帝制，建立了亚洲第一个民主共和国。辛亥革命作为我国历史上划时代的一次重大政治事件，代表了近代以来中国政治现代化的起点和开端，民主共和的观念也随之逐渐深入人心。

不过皇帝虽然没了，但是依旧乱象丛生。国民党人发动的反抗袁世凯反动统治的“二次革命”很快便被镇压。袁世凯接着倒行逆施，解散国会、修改宪法，终于在 1916 年复辟帝制。虽然护国战争击碎了袁世凯的洪宪帝制幻梦，但帝制的失败并不意味着共和的胜利，之后的结局，是中国社会愈发解体，国家走向了四分五裂，中间还有张勋拥戴溥仪复辟之闹剧，举国陷入大小军阀混战之中。

数代中国人真心向西方学习，前仆后继，却一再无疾而终，道路选择上的惨痛教训历历在目。内忧未已，外患骤至。就在国内政局风雨飘摇之际，1919 年 5 月初，中国外交团在巴黎和会力争权益失败的消息传到国内，所谓“公理战胜强权”的美丽童话顿时化为幻影。

“国亡了，同胞起来呀！”学生领袖罗家伦写出了国人的真切心声。

中国又一次站在了道路选择的十字路口。

三、从理论的“三岔口”走向觉醒

著名学人梁启超先生在回顾近代道路选择的理路时写道：国人“先从器物上感觉不足”，接着“是从制度上感觉不足”，辛亥之后“便是从文化根本上感觉不足”。这大致勾勒出了从鸦片战争到五四运动的变迁轨迹，但尚未从更纵深的时代背景和文化演进的角度去探究为何最终落脚点是思想理论层面。

具体而言，五四运动孕育于戊戌维新以来文化演变积累的基础之上，同时受黑暗淆乱的民初思想状况之刺激，从而终在 1919 年 5 月 4 日这一天如火山般喷涌而出。循着由表及里的发展脉络，大致可概括为三个方面。首先，文学改良促使白话国语最终成立，新文学建设因之成绩斐然。数千年来，中国言文分离的现象极其严重，势必造成上层文化与下层文化间的隔膜，极大妨碍了文化创新机制的发展。清末时期，人们已经开始探索便于民众读书识字的办法。据统计，清末刊行的白话报刊数目大约有 140 种，这是个相当可观的数字。应当说，清末一股具有相当规模的白话文运动潮流已悄然兴起，并且成为五四时期白话文运动的前驱。当然，真正使得白话文取代文言文成为创造一切文学的利器，还是在新文化运动时期。胡适在《建设的文学革命论》一文中，旗帜鲜明地提出“国语的文学，文学的国语”10 字口号。此文一出，标志着文学革命与国语运动“双潮合一”。以陈独秀、胡适、鲁迅、刘半农等为主的新文化人纷纷投身新

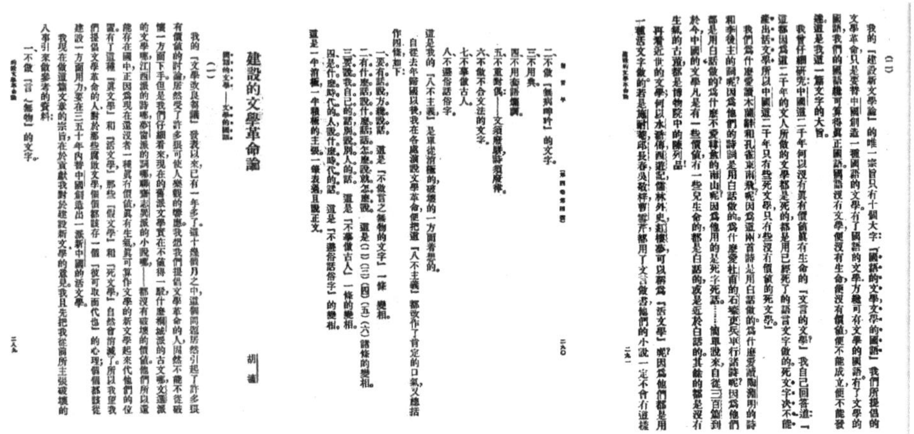

建設的文學革命論

胡適

國語的文學——文學的國語

（一）

我的「文學改良芻議」發表以來，已有一年多了。這十幾個月之中，這個問題居然引起了許多很有價值的討論，居然受了許多很可使人樂觀的響應。我想我們提倡文學革命的人，固然不能不從破壞一方面下手。但是我們仔細看來，現在的舊派文學實在不值得一駁。什麼桐城派的古文哪，文選派的文學哪，江西派的詩哪，夢窗派的詞哪，聊齋志異派的小說哪，——都沒有破壞的價值。他們所以還能存在國中，正因為現在還沒有一種真有價值，真有生氣，真可算作文學的新文學起來代他們的位置。有了這種「真文學」和「活文學」，那些「假文學」和「死文學」，自然會消滅了。所以我望我們提倡文學革命的人，對於那些腐敗文學，個個都該存一個「彼可取而代也」的心理；個個都該從建設一方面用力，要在三五十年內替中國創造出一派新中國的活文學。

我現在做這篇文章的宗旨，在於貢獻我對於建設新文學的意見。我且先把我從前所主張破壞的八事引來做參考的資料：

一、不做「言之無物」的文字。

二八九

新青年 〔第四卷第四號〕 二九〇

二、不做「無病呻吟」的文字。

三、不用典。

四、不用套語爛調。

五、不重對偶：——文須廢駢，詩須廢律。

六、不做不合文法的文字。

七、不摹倣古人。

八、不避俗話俗字。

這是我的「八不主義」，是單從消極的，破壞的一方面著想的。

自從去年歸國以後，我在各處演說文學革命，便把這「八不主義」都改作了肯定的口氣，又總括作四條，如下：

一、要有話說，方纔說話。這是「不做言之無物的文字」一條的變相。

二、有什麼話，說什麼話；話怎麼說，就怎麼說。這是（二）（三）（四）（五）（六）諸條的變相。

三、要說我自己的話，別說別人的話。這是「不摹倣古人」一條的變相。

四、是什麼時代的人，說什麼時代的話。這是「不避俗話俗字」的變相。

這是一半消極，一半積極的主張。一筆表過，且說正文。

（二）

我的「建設新文學論」的唯一宗旨只有十個大字：「國語的文學，文學的國語。」我們所提倡的文學革命，只是要替中國創造一種國語的文學。有了國語的文學，方纔可有文學的國語。有了文學的國語，我們的國語纔可算得真正國語。國語沒有文學，便沒有生命，便沒有價值，便不能成立，便不能發達。這是我這一篇文字的大旨。

我曾仔細研究：中國這二千年何以沒有真有價值真有生命的「文言的文學」？我自己回答道：「這都因為這二千年的文人所做的文學都是死的，都是用已經死了的語言文字做的。死文字決不能產出活文學。所以中國這二千年只有些死文學，只有些沒有價值的死文學。」

我們為什麼愛讀木蘭辭和孔雀東南飛呢？因為這兩首詩是用白話做的。為什麼愛讀陶淵明的詩和李後主的詞呢？因為他們的詩詞是用白話做的。為什麼愛杜甫的石壕吏，兵車行諸詩呢？因為他們都是用白話做的。為什麼不愛韓愈的南山呢？因為他用的是死字死話。……簡單說來，自從三百篇到於今，中國的文學凡是有一些價值有一些兒生命的，都是白話的，或是近於白話的。其餘的都是沒有生氣的古董，都是博物院中的陳列品！

再看近世的文學：何以水滸傳，西遊記，儒林外史，紅樓夢，可以稱為「活文學」呢？因為他們都是用一種活文字做的。若是施耐庵，邱長春，吳敬梓，曹雪芹，都用了文言做書，他們的小說一定不會有這樣

二九一

《建设的文学革命论》

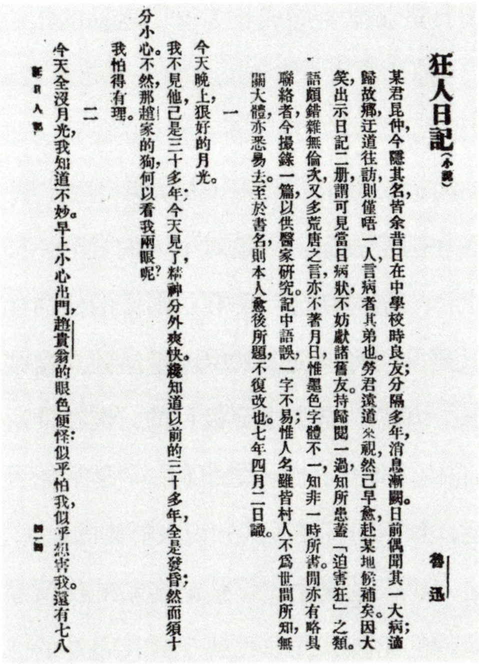

狂人日記（小說）

魯迅

某君昆仲，今隱其名，皆余昔日在中學校時良友；分隔多年，消息漸闕。日前偶聞其一大病；適歸故鄉，迂道往訪，則僅晤一人，言病者其弟也。勞君遠道來視，然已早愈，赴某地候補矣。因大笑，出示日記二冊，謂可見當日病狀，不妨獻諸舊友。持歸閱一過，知所患蓋「迫害狂」之類。語頗錯雜無倫次，又多荒唐之言；亦不著月日，惟墨色字體不一，知非一時所書。間亦有略具聯絡者，今撮錄一篇，以供醫家研究。記中語誤，一字不易；惟人名雖皆村人，不爲世間所知，無關大體，亦悉易去。至於書名，則本人愈後所題，不復改也。七年四月二日識。

一

今天晚上，狠好的月光。

我不見他，已是三十多年；今天見了，精神分外爽快。纔知道以前的三十多年，全是發昏；然而須十分小心。不然，那趙家的狗，何以看我兩眼呢？

我怕得有理。

二

今天全沒月光，我知道不妙。早上小心出門，趙貴翁的眼色便怪：似乎怕我，似乎想害我。還有七八

1918 年 5 月，鲁迅首次以该笔名在《新青年》第四卷第五号上发表中国第一篇现代白话文小说《狂人日记》，揭露封建礼教“吃人”的本质，成为把文学革命的形式和内容相结合的典范，在中国近现代文学史上有着重要的地位和影响

文学创作热潮。其中以鲁迅的成绩最大，他曾自我评价道：“从 1918 年 5 月起，《狂人日记》《孔乙己》《药》等，陆续的出现了，算是显示了‘文学革命’的实绩。”

其次，新式教育理念的广泛引介，教育改革随之趋于深入。白话国语的普及，利用社会大众对新式知识、思想的接受，发端于清末的新式教育改革也由此步入了快速发展阶段。从 1902 年清廷学部拟定一系列办新学的文件到 1905 年科举制的废除，配合了学制颁布后兴学政策的落实，出现了中国近代史上难得的兴办新学的热潮。至 1909 年，各级各类新式学堂的数量已超过 5000 所，在校学生超过 160 万人。与此同时，在清末新政的激励下，近代留学教育在进入 20 世纪后骤然勃兴，先是在 1906 年前后形成了规模盛大的留日高潮，然后在 1908 年美国实行“退款兴学”政策后留美潮流逐渐兴起。其中尤以留日学生在清末民初的影响力为大，以

陈独秀、李大钊、鲁迅等为代表的留日进步学生终成长为五四运动的核心力量。

最后，青年学生的觉醒，新型知识人群体的出现。新式教育的推进，进步思想的不断涌入，加之风起云涌的时局，终引发清末民初青年学生们的整体觉醒。青年们的觉醒，主要体现在两个方面，一是对个人的觉醒，即对自主人格、个性自由的向往与追求；二是对社会、民族、国家的使命的觉醒，也就是说，广大青年自觉意识到自己将担负未来中国走向独立富强的重任。如蔡和森在彼时致信毛泽东，坦言："吾人之穷极目的，惟在冲决世界之层层网罗，造出自由之人格，自由之地位，自由之事功……然后始可称发展如量。"青年学生们的纷纷觉醒，预示着五四一代知识人群体的诞生。

语言的递嬗、教育的革新，加之知识人的诞生，促使诸多新的价值观念相互激荡，深入人心。可知五四运动的出现，并非独然于时代之外的产物，而是清末以来文化变迁积淀的结果，有着深厚的背景。并且随着这场运动的深入发展，最终与马克思主义深度结合，"十月革命一声炮响，给我们送来了马克思列宁主义"，中国革命从此步入了新阶段。

揆诸史实，该情况与五四前后中国复杂激荡的思想局面也密不可分。那时的中国思想界，可以说是诸种思潮并峙，知识分子们堪称面临着理论抉择的"三岔口"。1918 年底，梁启超赴法参加巴黎和会，沿途目睹饱受战火蹂躏后的欧洲大陆，满目疮痍、一片瓦砾，不禁喟叹："欧洲人做了一场科学万能的大梦。到如今却叫起科学破产来。"曾几何时，欧洲所代表的，是国人刻意追求的"现代性"文明。然而一战爆发所造成的景象，正如英国史学家霍布斯鲍姆所形容的，"19 世纪崇高伟大的文明大厦，也从此在战火中灰飞烟灭"。这令中国人不得不重新审视中西文化，重新思考中国未来的指导理论问题。以梁启超、梁漱溟为代表的学者，通过反思现代性，主张对于中西文化问题"正是要下解决的时候，非有此种解决中国民族不会打出一条活路来”，采取中西调和的方式以期复兴中华文明，片面强调了文化的承继性却忽略了文化的时代性。以胡适、丁文江为代表的学者，则执着于对现代性之追求，指出所谓“欧洲科学破产论”，其实不过“谣言”而已，他们这种近乎偏见般对反省的拒绝，实际上弱化了个人的思想张力，其在五四运动后思想影响力的消退，恐与此颇有关联。以陈独秀、李大钊为首的部分新文化旗手，他们首先深刻反思现代性，如陈独秀引介欧洲最新思潮动向：“当代大哲，若德意志之倭根，若法兰西之柏格森，虽不以现实物质文明为美备，咸揭橥生活问题，为立言之的。生活神圣，正以此次战争，血染其鲜明之旗帜。欧人空想虚文之梦，势将觉悟无遗。”正是在透彻反思欧洲的基础之上，俄国十月革命爆发，他们终皈依马克思主义。从此，马克思主义成为中国革命、建设、改革事业的指导思想，中国共产党担负起领导人民实现民族独立、人民解放和国家富强、人民幸福的历史重任。

从反思现代性到服膺马克思主义，中共早期领导人的思想内在演进脉络，彰显出他们高度的文化自觉与文化自省。

应当说，在近代世界剧烈的大变局中，中华文明不得不进行转型，探索真正适合自身发展的道路。“千淘万漉虽辛苦，吹尽狂沙始到金。”最终经过风云激荡的五四运动洗礼与锤炼，中国人找到了马克思列宁主义，中国革命有了正确的前进方向，中国人民有了坚强的领导核心。这就是近代中华民族这段可歌可泣的抗争历程所昭示的历史逻辑、实践逻辑与理论逻辑。

四、“中华民族”意识的觉醒与“中华民族复兴”理念的诞生

伟大的运动必定会留下伟大的思想遗产。正是在波澜壮阔的抗争进程中，中华民族各族同胞之间的联系更为紧密，现代“中华民族”的意识也

随之更为强烈，倡导“中华民族复兴”的理念也从中诞生。

根据已有的材料可以判断，近代最早较为明确提出中国各民族一体融合的“大民族”现代观念，且率先在这一意义上使用“中国民族”和“中华民族”一词者，应该都是近代著名思想家梁启超。1902年4月，在《新民丛报》第5号上连载的《中国学术思想变迁之大势》一文中，梁启超写道：“上古时代，我中华民族之有海思想者厥惟齐。故于其间产出两种观念焉：一曰国家观，二曰世界观。”继梁启超之后，1907年，著名立宪派代表杨度也成了“中华民族”一词早期的自觉使用者。他在《中国新报》上刊载的《金铁主义说》一文中强调“故欲知中华民族为何等民族，则于其民族命名之顷，而已含定义于其中”，“中国之在今日世界，汉、满、蒙、回、藏之地，不可失其一部，汉、满、蒙、回、藏之人民，不可失其一种，……人民既不可变，则国民之汉、满、蒙、回、藏五族，但可合五为一，而不可分一为五。分一为五之不可，既详论之矣。至于合五为一，则此后中国，亦为至要之政”。

进入民国初年，自觉而公开地标举再造现代“中华民族”旗帜最为鲜明突出的先驱者，当推李大钊。1917年2月19日和4月18日，李大钊在《甲寅日刊》先后发表《新中华民族主义》和《大亚细亚主义》两篇力作，针对日本人宣扬的所谓以日本民族为中心的大亚细亚主义，提出了中国人应激发出一种以各民族融合为基础的“新中华民族主义”的自觉，来实现对古老中华民族的“更生再造”。他着意强调：“以吾中华之大，几于包举亚洲之全陆，而亚洲各国之民族，尤莫不与吾中华有血缘，其文明莫不以吾中华为鼻祖。今欲以大亚细亚主义收拾亚洲之民族，舍新中华之觉醒，新中华民族主义之勃兴，吾敢断其绝无成功。”其见解堪称相当敏锐且高瞻远瞩，何其豪迈而富有担当。

从九一八事变到一二·九运动，再到卢沟桥事变和全面抗日战争爆发，亡国灭种的民族危机提出了加紧中国各民族团结和进一步凝聚融合的严峻使命。于是，现代“中华民族”一词和概念，在舆论的引导下，因为它自身简洁鲜明地体现了与侵略者对立的国人之整体性、命运的共同性、生存发展的神圣感、团结合作的庄严性，以及与历史相连的族群自信心，且能超越党派差异，成为各类媒体中出现最频繁，也最能激发国人抗战斗志，最易为国内各种政治势力所接受的时代词汇。

也正在这般如火如荼的抗争进程中，“中华民族复兴”的理念逐渐于20世纪20年代由学术界酝酿并提出。到了全民族抗战爆发前后，中国共产党接受和认可了“中华民族复兴”的理念，并赋予其新的内涵。毛泽东、张闻天、王明、周恩来、朱德等领导人和中共中央政府文件，已开始陆续正面地使用这一话语。如1937年9月，张闻天和毛泽东联合署名的《关于国共两党抗日民族统一战线建成后宣传内容的指示》中，就明确写道：“中华民族之复兴，日本帝国主义之打倒，将于今后的两党团结与全国团结得到基础。”从而“中华民族复兴”的理念，逐渐上升为全民族共享的政治语言的重要基础。

2019年4月30日，在纪念五四运动100周年大会上，习近平总书记强调：“我们要建设的社会主义现代化强国，不仅要在物质上强，更要在精神上强。精神上强，才是更持久、更深沉、更有力量的。”这段话可谓意味深长。我们未来要实现的伟大复兴，既不能退回闭关锁国的僵化模式，也不能误入改旗易帜的称霸歧途，而是走中国特色社会主义发展道路，那必定是一个曾经拥有5000多年历史底蕴和文化滋养的中华民族之复兴。以此大历史观的眼光回望近代中华民族的遭遇和共同抗争历程，这就必然要求我们从历史逻辑、理论逻辑、实践逻辑相结合的高度，讲清楚为什么该历程对当代中国发展进步具有如此重大而深远的影响，讲清楚为什么马克思主义能够成为中国革命、建设、改革事业的指导思想，讲清楚为什么中国共产党能够担负起领导人民实现民族独立、人民解放和国家富强、人民幸福的历史重任，讲清楚为什么社会主义能够在中国落地生根并不断完善发展。只要坚持这种锲而不舍的历史追问，坚持这种返本开新的思想阐释，始于 180 多年前的这段历程将永远绽放出耀眼的时代光芒！